AU-DELÀ DU CHEMIN
LE MOINS FRÉQUENTÉ

SCOTT PECK

AU-DELÀ
DU CHEMIN
LE MOINS
FRÉQUENTÉ

Le développement spirituel à l'ère de l'anxiété

TRADUIT DE L'AMÉRICAIN
PAR CATHERINE DERIVERY

*Collection dirigée
par Ahmed Djouder*

Titre original:

THE ROAD LESS TRAVELLED AND BEYOND
Publié par Simon & Schuster, New York.

Introduction

J'ai soixante ans. Un âge différemment perçu selon chacun. J'ai l'impression d'avoir déjà vécu assez longtemps pour remplir trois vies et ne suis pas au meilleur de ma forme, si bien que, pour moi, avoir soixante ans signifie qu'il est temps de mettre de l'ordre dans mes affaires, comme on dit. Le moment est venu de régler les problèmes en suspens, dans la mesure de mes moyens, évidemment. C'est le but de ce livre.

J'ai écrit *Le Chemin le moins fréquenté*[1] à quarante ans, dans la force de l'âge. C'est comme si j'avais ouvert un robinet d'où sont sortis mes autres livres : neuf pour être exact, sans compter celui-ci. Chaque fois, on me demandait quel était mon objectif en publiant tel ou tel ouvrage, comme si j'avais une stratégie en tête. En réalité, si je les ai faits, c'est tout simplement parce qu'il me semblait que chaque livre me demandait : « Écris-moi. » Bien qu'il soit très difficile de définir ce concept, celle que l'on appelle « la Muse » existe bien, et j'ai toujours travaillé sous ses ordres.

C'est ainsi, mais il y a certainement une explication plus complexe. L'un de mes livres, un recueil de conférences, s'appelle *Plus loin sur le chemin le moins*

---

1. Scott Peck, *Le Chemin le moins fréquenté : apprendre à vivre avec la vie*, Robert Laffont, 1987.

fréquenté[1], du nom de la série de bandes magnétiques d'où il est tiré. Le titre de celui-ci peut faire croire qu'il s'agit d'une sorte de *Le Chemin le moins fréquenté III*. J'ai peur que cela ne soit mal interprété ; ma muse ne me laisserait pas écrire toujours le même livre, quels que soient les arguments commerciaux le justifiant.

Tous mes livres sont différents les uns des autres. Mais pas complètement. Avec l'âge, j'ai fini par réaliser que chacun, à sa manière, tente d'aborder la même longue série de sujets. Récemment, je me suis rendu compte que ces thèmes m'accompagnent depuis toujours. J'ai publié *Le Chemin le moins fréquenté* à l'âge de quarante ans. Mais je sais aujourd'hui que j'ai commencé à travailler dessus – et sur les autres – avant même l'adolescence. Peut-être même suis-je né en étudiant ces questions, ou *pour* les étudier. Je ne sais pas.

Ce que je sais en revanche, c'est que l'ouvrage était déjà en gestation une vingtaine d'années avant la publication du premier titre. Fin 1957, début 1958, à vingt et un ans, j'ai écrit une thèse au titre ronflant : *Anxiété, science moderne et problème épistémologique*. L'épistémologie est cette branche de la philosophie qui pose la question : « Comment savons-nous ce que nous pensons savoir ? Comment savoir ? » Le problème de l'épistémologie, c'est que les philosophes n'ont jamais réussi à répondre à cette question. Au XIXᵉ siècle, beaucoup pensaient que la réponse venait de la science. Nous ne pouvions être sûrs de nos connaissances que grâce à la méthode scientifique. Pourtant, je l'ai souvent souligné, la plus importante découverte de la science moderne est qu'il existe des limites à l'investigation scientifique. On ne trouve guère plus de certitude en science qu'en théologie. Cette incertitude génère l'angoisse et l'on tremble en décou-

1. Scott Peck, *Plus loin sur le chemin le moins fréquenté*, Robert Laffont, 1995.

vrant que nos plus éminents cerveaux sont précisément ceux qui savent le mieux… qu'ils ne savent rien. C'est pourquoi le poète W. H. Auden a baptisé notre siècle l'« ère de l'anxiété » – où l'ère de la raison a prouvé qu'elle était aussi insatisfaisante que l'ère de la foi.

Ma thèse n'apportait pas de réponse, seulement des questions, de celles que, d'une manière ou d'une autre, j'ai soulevées dans chacun de mes livres. Un des thèmes principaux est l'incitation à une plus grande diversité de pensées dans notre quête de réponses. C'est pourquoi la troisième des quatre grandes parties du *Chemin le moins fréquenté* finit ainsi : « Tout comme il est essentiel que notre vue ne soit pas altérée par la vision scientifique des choses, il est également fondamental que notre sens critique et notre scepticisme ne se laissent pas aveugler par la beauté rayonnante du royaume spirituel. »

Après avoir réussi à dépasser cette thèse – du moins le pensais-je –, je me suis attelé à construire ma vraie vie : école de médecine, mariage, enfants, spécialité en psychiatrie, service militaire et service public et, peut-être, exercice de la médecine en cabinet privé. Avant même de savoir qu'un livre – encore moins plusieurs – allait surgir, j'ai commencé presque inconsciemment à imaginer quelques prudentes tentatives de réponses à mes questions. Ce n'est que vingt ans après, lorsque j'ai estimé en avoir obtenu suffisamment, que je me suis attelé à la rédaction du *Chemin le moins fréquenté*. Au fur et à mesure que les réponses s'accumulaient, j'ai continué à écrire des ouvrages qui me semblent tous très différents.

Ils le sont. Mais qu'ils soient destinés aux adultes ou aux enfants, qu'ils portent sur l'individu ou sur la société, qu'il s'agisse de fictions ou de témoignages, il faut tous les considérer comme un développement des thèmes principaux du *Chemin le moins fréquenté*. En tant que développement cependant, ils vont plus loin, plus profond ; ils vont *au-delà*. Ce livre s'intitule *Au-delà du chemin le moins fréquenté*, précisément parce qu'il relate comment j'ai été poussé – en trébuchant parfois – à aller au-delà de mon premier livre, à la fois dans mes publications et dans mon évolution personnelle, tout au long des vingt dernières années.

Certains verront dans ce livre une compilation, un condensé ou un résumé de mes précédents ouvrages, mais ce serait une erreur. J'ai choisi d'être très sélectif en l'écrivant. Le mot « synthèse » serait plus adapté, mais il ne reflète pas le côté au-delà du livre. Car, en plus de mettre de l'ordre, j'ai voulu ouvrir de nouvelles perspectives. J'ai été grandement incité à le faire par une citation attribuée au grand juriste américain Oliver Wendell Holmes Jr. : « Je me moque de la simplicité de ce côté-ci de la vie, mais je donnerais ma vie pour la simplicité de l'autre côté. » Sa vision des choses m'a conduit à organiser ce travail en trois parties.

Dans la première partie, « La croisade contre le simplisme », je décris les pensées primitives et simplistes qui sont la source de tant de maladies individuelles et sociales.

Dans la deuxième partie, « Lutter contre la complexité de la vie quotidienne », je décris les choix complexes que nous devons continuellement faire et refaire pour bien vivre.

Et dans la troisième partie, « La science de Dieu », je dis jusqu'où l'on peut aller si l'on accepte de payer toutes ses dettes, tant intellectuelles qu'affectives.

Bien que l'expression « l'autre côté » puisse sembler être une allusion au paradis, je ne suis pas sot au point de penser que l'on peut atteindre le paradis de ce côté-ci de la vie. Ce que je veux dire, c'est que l'on peut vivre en relation plus étroite avec le sacré : de l'autre côté de la complexité, il existe une sorte de simplicité qui nous enseigne avec humilité qu'au bout du compte tout conduit à Dieu.

Première partie

LA CROISADE CONTRE LE SIMPLISME

1

Pensées

En Irlande, au Moyen-Orient, en Somalie, au Sri Lanka, et dans quantité d'autres régions du monde déchirées par la guerre, les préjugés, l'intolérance religieuse, la cupidité et la peur ont explosé en une violence qui a pris la vie de millions d'êtres. En Amérique, les dommages causés par le racisme institutionnalisé sont peut-être plus subtils mais non moins dévastateurs pour le tissu social. Les riches contre les pauvres, les Noirs contre les Blancs, les anti-avortement contre les pro-avortement, les hétérosexuels contre les gays, ces clivages sont tous à la source de conflits sociaux, politiques et économiques disputés sous la bannière de quelque idéologie ou croyance profondément ancrée. Au vu de leurs conséquences dévastatrices, doit-on continuer de les considérer comme des idéologies et des croyances rationnelles ou comme de simples rationalisations d'actes par ailleurs déraisonnables ? En fait, combien de fois avons-nous cessé de penser à ce que nous croyons ? L'un des principaux problèmes auxquels nous sommes confrontés en tant qu'individus et en tant que société est de penser de manière simpliste – ou de ne pas penser du tout. Ce n'est pas seulement un problème parmi d'autres, c'est le problème.

Vu les imperfections de notre société et l'apparente spirale descendante que suivent nos valeurs spirituelles et morales ces dernières années, penser est devenu fondamental. C'est urgent aujourd'hui – peut-être plus urgent que tout –, parce que la pensée est l'outil grâce auquel nous décidons et agissons sur toute chose dans un monde chaque jour plus complexe. Si nous ne commençons pas à penser comme il faut, il est fort probable que nous finirons par nous tuer nous-mêmes.

D'une manière ou d'une autre, chacun de mes livres a été – symboliquement et dans son contenu – une croisade contre la pensée simpliste. J'ai commencé *Le Chemin le moins fréquenté* par une allégation : la vie est difficile. Dans *Plus loin sur le chemin le moins fréquenté*, j'ai ajouté : « La vie est complexe. » On pourrait dire ici qu'« il n'y a pas de réponse facile ». Je crois également que pour trouver des réponses il faut d'abord penser mieux, et cela n'est pas aussi simple qu'il y paraît.

Penser est difficile. Penser est compliqué. Et penser est – plus que toute autre activité – un processus, avec un sens, une direction, un laps de temps et une série de pas et d'étapes nécessaires pour obtenir un résultat. Penser correctement requiert un processus laborieux, parfois pénible, jusqu'à s'habituer à être « en réflexion ». Puisque c'est un processus, la direction peut ne pas être toujours bien définie. Toutes les étapes, tous les pas ne sont pas linéaires, ils ne sont pas non plus toujours dans la même séquence. Certains sont circulaires et se chevauchent. Tout le monde ne cherche pas à obtenir le même résultat. Cela étant, pour penser correctement, on doit se garder des réflexions simplistes dans l'analyse des questions importantes.

Bien que chacun soit différent, un des défauts les plus courants est de croire que l'on sait instinctivement comment réfléchir et communiquer. En fait, c'est tout le contraire, car les gens sont soit trop suffisants pour remettre en cause leurs idées, soit trop égocentriques pour investir leur temps et leur énergie dans cette activité. Ce qui explique qu'ils soient incapables de dire pourquoi ils pensent ce qu'ils pensent et comment ils prennent leurs décisions. Et quand ils sont acculés à le faire, on constate leur peu de conscience de la dynamique entrant en jeu pour penser et communiquer comme il faut.

Dans toute ma carrière de conférencier, j'ai donné deux séminaires d'une journée entière sur le thème de la pensée. À la fin de l'un d'eux, quelqu'un a lancé, exaspéré : « Le sujet est tout simplement trop vaste. » Il est vrai que la pensée n'est pas un sujet que tout le monde peut digérer entièrement en une séance. On peut écrire des livres entiers sur le sujet – cela a d'ailleurs été fait. Il n'est pas surprenant que beaucoup de gens rechignent aux énormes efforts nécessaires à la révision et au contrôle de leur réflexion. Il n'est pas non plus surprenant qu'à la fin de ces séminaires la plupart des participants se soient sentis à ce point écrasés par tout ce que la pensée implique réellement qu'ils en étaient soit paralysés, soit horrifiés. Inutile de préciser que mes interventions ne furent pas les plus populaires. Tout ce déploiement d'énergie nécessaire à la réflexion peut nous sembler bien fatigant, mais l'absence de réflexion cause encore plus de problèmes et de conflits pour nous en tant qu'individus et pour la société dans laquelle nous vivons.

La phrase souvent citée de Hamlet, « être ou ne pas être ? », est une des ultimes questions existentielles de la vie. Une autre question concerne notre interprétation de cette existence. Je vais paraphraser Shakespeare en demandant : « Penser ou ne pas penser ? » Voici l'ultime question destinée à combattre le simplisme. Et, à ce point de l'évolution humaine, cela pourrait bien être l'exact équivalent d'« être ou ne pas être ? ».

De par ma pratique en tant que psychiatre et mes expériences et observations en général, je suis devenu familier des erreurs les plus courantes empêchant de penser correctement. L'une d'elles est, bien sûr, de ne pas penser du tout. Une autre consiste à utiliser une logique unidimensionnelle, des stéréotypes et des étiquettes pour élaborer des hypothèses de pensée. Une autre encore est de croire que la pensée et la communication ne réclament pas beaucoup d'efforts ou que penser est une perte de temps (ce qui est un effet particulier de la rage que l'on éprouve à voir s'accumuler les problèmes quotidiens dans le cadre d'une vie sociale stressante).

Leonard Hodgson a écrit : « L'erreur n'est pas de faire confiance à notre raison, c'est que, par la faute de nos péchés, notre raison soit imparfaitement rationnelle. La solution n'est pas de remplacer la compréhension rationnelle par d'autres formes d'acquisition des connaissances ; c'est d'entraîner notre raison à être vraiment elle-même. » Bien que le choix des mots puisse être trompeur, puisque le livre date d'il y a plus de cinquante ans, la réflexion de Hodgson colle au problème auquel nous sommes confrontés aujourd'hui. Je remplacerais le mot « raison » par « pensée » et tout ce qu'il implique. Par « péchés », Hodgson faisait allusion, je suppose, aux péchés « originaux » de paresse, peur et orgueil qui nous limitent ou nous empêchent d'atteindre notre potentiel humain. En se référant à « l'entraînement de notre raison à être vraiment elle-même », Hodgson suggère que nous permettions à notre vrai moi d'atteindre sa vraie dimension, quelle qu'elle soit. Non que nous ne devions plus faire confiance à notre cerveau, surtout à nos lobes frontaux, mais qu'au contraire nous les utilisions davantage. À cause de nos péchés de paresse, peur et orgueil, nous n'exploitons pas notre cerveau à fond. Nous devons nous entraîner nous-mêmes à être pleinement humains.

L'INTÉRÊT D'AVOIR UN CERVEAU

Aussi évident que cela puisse sembler, si nous avons été dotés d'un si gros cerveau, c'est bien que nous puissions penser. L'une des caractéristiques différenciant les êtres humains des autres créatures est la taille relativement grande de leur cerveau comparée au poids du corps. (À l'exception des dauphins et des baleines, qui ont des cerveaux proportionnellement plus gros que les humains par rapport à leur corps, ce qui explique que beaucoup de défenseurs des droits des animaux soient si véhéments dans leur mission de protection de ces espèces ; ils pensent que les dauphins et les baleines pourraient être, d'une certaine manière, plus intelligents que nous.)

Chez les êtres humains ou les autres mammifères, le cerveau est composé de trois parties – le cerveau limbique, le cerveau moyen et le néocortex. Chacun a une fonction unique dans l'orchestre des organes qui travaillent à l'unisson pour nous garder en vie.

Le cerveau limbique – aussi appelé cerveau reptilien – est à peu près similaire chez les humains et chez les vers de terre. En haut de la colonne vertébrale se trouve un renflement de forme allongée, ou *medulla oblongata*. Le cerveau est traversé de toute une collection de cellules nerveuses qualifiées de centres nerveux. Dans le cerveau limbique, ces centres servent à contrôler les besoins physiologiques, tels que la respiration, les battements du cœur, le sommeil, l'appétit et d'autres fonctions primitives de base.

La partie appelée cerveau moyen est plus grande et plus complexe. Ses centres nerveux sont impliqués dans la gestion et la production des émotions ; les neurochirurgiens ont identifié leur emplacement exact. Ils peuvent introduire des électrodes ou de fines aiguilles dans le cerveau d'un être humain localement anesthésié et allongé sur une table d'opération, et provoquer chez lui des émotions spécifiques comme la colère, l'euphorie et même la dépression en lui envoyant un millivolt de courant électrique.

Le néocortex est composé essentiellement de notre cortex cérébral, qui joue lui aussi un rôle dans les activités primitives comme l'instinct et la locomotion. La plus grande différence entre nous, les êtres humains, et les autres mammifères est la taille de notre néocortex, et plus spécifiquement de la partie appelée lobes frontaux. L'évolution humaine a commencé, à l'origine, avec le développement des lobes frontaux. Ils sont impliqués dans notre capacité à porter des jugements, et c'est là que la gestion de l'information – la pensée – a lieu essentiellement.

Tout comme notre capacité à apprendre dépend de notre pensée, notre capacité à penser correctement dépend de nos connaissances. C'est pourquoi on peut dire que la faculté d'apprendre est encore un facteur distinguant les êtres humains des autres créatures. Bien que nous ayons des instincts comme les autres animaux, ils ne gouvernent pas notre comportement à un aussi haut degré qu'eux, car ce facteur nous octroie le libre choix. Cette combinaison de lobes frontaux et de liberté nous permet d'apprendre tout au long de la vie.

Par rapport à celle des autres mammifères, la période de dépendance de notre enfance est beaucoup plus longue comparée à notre espérance de vie. À cause de notre relatif manque d'instinct, nous avons besoin de tout ce temps pour apprendre avant d'être capables de nous lancer seuls. Apprendre est donc fondamental pour pouvoir grandir en conscience, penser en toute indépendance et maîtriser les connaissances nécessaires pour survivre et se développer.

Quand on est jeune, notre dépendance vis-à-vis de ceux qui nous élèvent modèle notre pensée et ce que nous apprenons. Vu la longueur de cette dépendance, on risque de développer des schémas de pensées qui tendent à s'enraciner au point de sembler irréversibles. Mais si, durant nos jeunes années, des adultes nous aident à apprendre à penser correctement, cela nous sera utile d'une multitude de manières. Si au contraire, au cours de ces années, nous sommes en contact avec des adultes à la pensée douteuse, désordonnée ou limitée, la nôtre sera détériorée par ce que nous apprenons ou n'apprenons pas d'eux. Il serait toutefois absurde de présumer qu'on est condamnés ; une fois adultes, on ne dépend plus des autres pour savoir quoi penser ou faire.

Il y a de saines différences et des différences malsaines. Dans *Le Chemin le moins fréquenté*, j'écris que la dépendance entre adultes physiquement en bonne santé est pathologique – cette maladie est toujours la manifestation soit d'un défaut, soit d'une maladie mentale. Il faut cependant faire la différence avec ce que l'on appelle communément les besoins ou les sentiments de dépendance. Et nous en avons tous, même ceux qui prétendent le contraire. Nous avons tous eu le désir d'être dorlotés, d'être éduqués sans efforts de notre part, que des personnes plus fortes que nous prennent soin de nous en ayant vraiment notre intérêt à cœur. Mais, en général, ces désirs ou sensations ne gouvernent pas nos vies ; ils ne sont pas le thème principal de notre existence. Si cela se produit et qu'ils commencent à influencer la qualité de notre existence, c'est que nous souffrons d'une maladie psychiatrique appelée syndrome de la personnalité passive et dépendante. Une telle dépendance est, à la base, un trouble de la pensée – plus spécifiquement une résistance à penser pour nous-mêmes.

La relation entre ces divers désordres et notre cerveau est tout aussi complexe que la quantité de troubles provenant de notre résistance à penser. Une zone de recherche particulièrement intéressante a permis de faire la lumière sur certains aspects de cette relation. Au cours des vingt dernières années, une percée fondamentale a été réalisée grâce aux recherches sur la division du cerveau : on a examiné plus avant le fait déjà établi que le néocortex est divisé en deux parties : la droite et la gauche. Un corps de fibres ou matière blanche, le *corpus callosum*, connecte ces deux hémisphères. On pense que le cerveau gauche est notre cerveau déductif, alors que le droit serait particulièrement impliqué dans le raisonnement inductif. Ces schémas ne sont pas totalement absolus, mais ils indiquent des tendances.

Certaines personnes atteintes d'épilepsie ont été traitées et parfois guéries en coupant cette connexion entre les deux moitiés du cerveau. Par la suite, ces patients au « cerveau dissocié » ont été scientifiquement étudiés. Le résultat de ces études montre que, si l'on couvre un des yeux de quelqu'un dont le cerveau a été dissocié, de manière à ce que l'information visuelle n'arrive qu'au cerveau gauche, et que vous lui montriez, par exemple, une bouilloire électrique, la description qu'il fera de l'objet sera très spécifique et éloquente. Il pourra dire : « C'est une boîte avec un fil électrique et une résistance chauffée à l'électricité. » Et il va continuer à décrire les différents composants avec une précision impressionnante, mais il lui sera impossible de nommer l'appareil. Si, au contraire, l'information lui parvient par le côté droit du cerveau, il sera capable de nommer l'appareil sans toutefois pouvoir expliquer à quoi il peut bien servir.

Les recherches sur le cerveau dissocié ont donc montré que le cerveau gauche est celui de l'analyse, à même de prendre un tout et de le séparer en morceaux, alors que le cerveau droit est celui de l'intuition, apte à rassembler des morceaux pour en faire un tout. En tant qu'êtres humains, nous avons la faculté d'apprendre ces deux types primaires de pensée : le concret et l'abstrait. La pensée concrète traite les informations dans leur forme matérielle. La pensée abstraite traite les informations en général et en termes théoriques.

Les résultats des recherches sur le cerveau dissocié ont suggéré que les différences de genre vont au-delà du simple conditionnement social. Les femmes semblent avoir un cerveau droit plus développé, tandis que, pour les hommes, ce serait le cerveau gauche. Ce qui expliquerait pourquoi, en matière de sexe et d'amour, les hommes seraient plus intéressés par les parties comme les seins, les jambes et le pénis, alors que les femmes s'intéressent davantage au modèle entier, qui peut inclure non seulement le stimulus sexuel mais aussi une soirée avec dîner aux chandelles. Voilà pour quelle raison, dans la guerre des sexes, les femmes ont tant de mal à comprendre pourquoi les hommes sont obsédés par ces stupides parties physiques bien concrètes et pourquoi, de leur côté, les hommes ont des difficultés à comprendre ce qui incite les femmes à perdre du temps avec tout ce romantisme du « dîner aux chandelles » avant de passer aux choses sérieuses.

Les recherches sur le cerveau dissocié représentent, à mon sens, le plus grand progrès dans le domaine de l'épistémologie, car elles suggèrent que nous possédons au moins deux modes de connaissance et que, bien évidemment, le résultat sera meilleur si nous utilisons à la fois la pensée du cerveau droit et celle du gauche. C'est pourquoi je suis un ardent défenseur de la pensée androgyne. Être androgyne, cela ne veut pas dire être asexué. Les hommes ne sont pas privés de leur masculinité ni les femmes de leur féminité s'ils sont androgynes. Ils exhibent plutôt les caractéristiques des deux sexes. De ce point de vue, penser impliquerait la capacité d'utiliser les deux hémisphères du cerveau pour intégrer les réalités abstraites et concrètes.

Dans *The Friendly Snowflake*[1], Jenny, le personnage principal, est typiquement androgyne. Elle se sert de cet aspect dual de ses capacités intellectuelles pour s'interroger sur la pertinence, à ses yeux, de la présence mystérieuse d'un flocon de neige amical. Dennis, son frère, est typiquement cerveau-gauche. Il ne s'intéresse qu'aux faits analytiques et concrets, et a moins de goût pour le mystère, ce qui le rend plus étroit de vues.

On m'a raconté que, pour guider leur pensée, les Sumériens suivaient une règle fondamentale proche de la théorie du cerveau dissocié. Dès qu'une décision importante devait être arrêtée (le plus souvent s'il fallait ou non faire la guerre aux Babyloniens), ils devaient littéralement y réfléchir à deux fois. Si la première décision avait été prise alors qu'ils étaient sous l'emprise de l'alcool, il fallait la reconsidérer dès qu'ils avaient dessoûlé. S'ils avaient déclaré : « Faisons la peau à ces salauds », alors qu'ils ne tenaient plus debout, le lendemain matin, la décision pouvait ne plus paraître si intelligente. Inversement, s'ils étaient parfaitement sobres lorsqu'ils avaient résolu que c'était une bonne idée stratégique de mettre une raclée aux Babyloniens, ils faisaient une pause et annonçaient : « Commençons par boire un peu de vin. » Une fois soûls, ils pouvaient finir par se dire : « Pourquoi faire la guerre aux Babyloniens ? Merde, on adore les Babyloniens ! »

---

1. Scott Peck, *The Friendly Snowflake : A Fable of Faith, Love, and Family*. Andrew McMeel Plus, 2001.

Les Sumériens n'avaient peut-être pas notre technologie, mais ils avaient la bonne démarche. Et on ne voit pas pourquoi nous ne serions pas capables aujourd'hui de penser de manière raisonnable. Sauf en cas de maladie ou d'accident, nous avons ces merveilleux lobes frontaux à notre disposition. Mais cela ne signifie pas que les gens les utilisent au mieux de leurs capacités. En fait, les lésions cérébrales ne sont pas le seul facteur qui contribue à la pensée irrationnelle ou à l'absence de pensée tout court. C'est même le facteur le moins important. Parmi les plus importants, il y a les différentes manières dont la société nous incite à ne pas faire usage de nos lobes frontaux en valorisant la pensée simpliste, unidimensionnelle, comme étant le mode normal de fonctionnement.

LE SIMPLISME ET LA SOCIÉTÉ

Où que l'on pose son regard, les faits sont accablants. La pensée simpliste est devenue si courante qu'on la considère comme la manière normale et conventionnelle de voir les choses dans certaines couches de la population. Des exemples récents de ce simplisme ravageur sont donnés par les commentaires de deux politiciens américains. L'un d'eux a affirmé que les femmes violées ne tombent pas enceintes parce que « les fluides corporels ne s'écoulent pas, les fonctions corporelles sont bloquées » pendant l'agression, comme si cela enlevait quelque peu au crime son caractère odieux. L'autre, expliquant pour quelle raison il voulait réduire les subventions fédérales à la recherche sur le sida, a déclaré qu'il ne voyait pas pourquoi il fallait donner de l'argent au combat contre une maladie provoquée par « la conduite délibérée, révoltante et dégoûtante » des gays. Or il est établi que le sida est transmis

21

sexuellement – lors de rapports homo et hétérosexuels –, ainsi que lors de transfusions sanguines, pendant la grossesse, et de manière accidentelle lorsque des soignants se blessent avec du matériel contaminé, comme des seringues hypodermiques. Le commentaire de ce politicien porte non seulement les marques du préjugé, mais aussi du simplisme.

Nombreuses sont les institutions qui, parce qu'elles ne donnent pas l'exemple de ce que veut vraiment dire penser, préparent les gens à le faire de manière simpliste. Cette incapacité est imputable aux plus influentes de nos institutions sociales, dont font partie bien souvent la famille, l'Église et les médias. Dans la mesure où elles exercent une immense emprise sur notre vie, les faux messages qu'elles nous communiquent sur ce qui est important dans la vie ne peuvent être pris à la légère. Parce qu'elles nous présentent comme justes certaines manières de vivre et de penser, ces institutions ont le pouvoir de nous tromper et de nous manipuler. Souvent, sans le faire exprès, elles propagent des demi-vérités, parfois même des contre-vérités, sous le couvert d'idées culturelles que nous considérons comme « normales » sans nous interroger davantage. Pour des raisons culturelles, nous postulons habituellement que, si tout le monde pense ceci ou fait cela, alors cela doit être normal et correct.

Tout est normalisé, le bon comme le mauvais. Il existe bien sûr des normes positives, comme celles qui favorisent l'éthique du travail et encouragent la courtoisie dans les interactions avec les autres. Celles-ci ne posent pas de problème. Nous devons repenser celles qui contribuent au chaos culturel. Je les appelle « normes négatives » ; on les présente souvent sous un habillage visant à leur donner un air séduisant. Mais, si l'on gratte la surface, on découvre qu'elles sont négatives précisément parce qu'elles s'opposent à notre développement. Elles sont fondées sur des demi-vérités et de véritables mensonges ayant pour but de nous manipuler, faisant de nous des otages psychologiques et spirituels.

Dans *Les Gens du mensonge*[1], j'ai montré que le mensonge conduit à la confusion. En raison des difficultés que rencontreraient les institutions si elles devaient reprendre à leur compte des mensonges patents, elles préfèrent manipuler les gens en avançant des demi-vérités. C'est une approche plus séduisante. Mais une demi-vérité – qui en général sonne vrai mais ne l'est pas vraiment – risque de produire encore plus de confusion. Comme l'a dit le grand poète anglais Tennyson : « Un mensonge qui est une moitié de vérité est le plus noir des mensonges. »

Le pire des mensonges avancé par différentes institutions sociales est que nous sommes sur terre pour être heureux tout le temps – cela correspond bien à notre nature humaine et à notre paresse. Les médias et l'Église nous bombardent littéralement avec le mensonge selon lequel nous sommes là pour vivre agréablement et confortablement. Pour des raisons de profit, les mensonges du matérialisme et de la publicité suggèrent que, si ce n'est pas notre cas, c'est que nous mangeons la mauvaise marque de céréales ou conduisons le mauvais type de voiture ; voire que nous nous y prenons mal avec Dieu. Quelle perfidie ! La vérité est que nos meilleurs moments sont précisément ceux où nous ne sommes ni heureux ni satisfaits, mais où nous luttons et cherchons.

Dans ce bombardement de pensées unidimensionnelles, on nous dit de manière claire mais subtile ce que nous devons faire pour tenir notre place dans la société.

---

1. Scott Peck, *Les Gens du mensonge*, J'ai lu, 1992.

On nous décourage de remettre en question ou de trier et encore moins d'affronter les mensonges du matérialisme. Si on veut paraître normal, il faut simplement accepter de faire comme tout le monde. Et ce n'est pas seulement une question de pression ; bien souvent, nous acceptons les mensonges de notre plein gré. Notre paresse – notre idolâtrie naturelle du confort – nous rend complices des mass media. Bien sûr, tout le monde n'est pas ainsi, mais nombreux sont ceux qui se font une opinion – même sur des questions importantes – en partant d'une information très limitée sur ce que la société leur indique comme étant « normal ». Si on leur donne le choix, la plupart des gens préfèrent ne pas penser sérieusement aux choses. Ils choisissent la voie de la paresse, acceptant des préjugés et des stéréotypes simplistes. Dans leur quête d'intégration, pour ne pas se différencier des voisins, être sûrs d'avoir bien le même standing, ils sont la proie des mensonges et des manipulations des médias. Ils se sentent tenus d'acheter les céréales dont la publicité leur dit qu'elles préserveront leur santé, sans s'interroger sur la validité de ces affirmations. Ils fondent leur estime de soi principalement sur l'achat de voitures de luxe et d'autres biens qu'ils s'offrent au risque de se retrouver lourdement endettés.

Nombreux sont ceux qui adhèrent aux normes négatives, même si leur voix intérieure leur dit que c'est louche. Ils sont comme des « ronds » qui s'efforceraient d'entrer dans les cases « carrées » des comportements culturels. Ils ne sont pas prêts à remettre en cause les normes, en partie pour ne pas avoir à payer le prix de l'impopularité, pour ne pas risquer d'être perçus comme des parias, des anormaux. Souvent, ils finissent par le regretter. Ayant bâti une solide carrière à trente-cinq ans, mais toujours célibataire, Sally est soumise à une grande pression sociale la poussant à épouser le prochain homme qui se présentera. Étant donné le préjugé social envers les « vieilles filles », elle succombe sans s'interroger davantage sur la question et sur elle-même. Mais, des années plus tard, elle finira peut-être par comprendre qu'elle aurait dû suivre ses propres intuitions sur la question. Licencié lors d'un plan de restructuration à l'âge de cinquante-cinq ans, Bill regrettera peut-être vivement de ne pas avoir saisi l'occasion de poursuivre la carrière dont il rêvait en tant qu'infirmier et d'avoir accepté la norme du cadre dynamique. Dans notre société, les hommes sont soumis à une énorme pression pour démontrer leur virilité par leurs revenus. Mais, au bout du compte, Bill a perdu parce qu'il n'a pas eu le courage d'être différent.

Les images véhiculées par les médias sont emplies de notions rigides sur notre humanité. La femme de cinquante ans, qui ne peut se résoudre à ne plus en avoir trente, se rendra malheureuse pour préserver son alliance avec le simplisme et, ce faisant, laissera passer l'occasion de percevoir l'aspect positif du vieillissement. On peut, bien sûr, se dire qu'après tout c'est son problème, mais il faut bien comprendre que cette femme n'est pas un cas isolé. La norme négative de notre publicité suggère directement ou indirectement que les femmes sont fondamentalement des objets sexuels dont la valeur décline avec l'âge et que le vrai mâle est celui qui gagne de l'argent. En partie à cause du simplisme inhérent à la pensée sexiste, bien des hommes considèrent que leur travail a immensément plus de valeur que les talents ménagers de leur épouse ; cela leur permet d'améliorer leur image d'eux-mêmes en dépit des tensions qu'engendre le fait d'avoir de telles idées fausses. Plutôt que de procéder à une mise à jour de leurs conceptions, les hommes et les femmes adoptent la pensée simpliste pour se conformer aux normes négatives.

On peut se sentir prisonnier de ce dilemme. Nous sommes pris entre les exigences de la conformité, d'une part, et de l'autre, grâce à notre libre arbitre, nous pouvons décider que notre intérêt est de nous dégager de la pensée conventionnelle du groupe. Nous pouvons parfaitement penser de manière indépendante sur les questions importantes plutôt que de nous fier aux lieux communs de la société dans laquelle nous vivons. Bien sûr, cela demande des efforts. Lorsqu'on nie sa propre autonomie, il ne faut pas s'étonner de se sentir confus ou mal à l'aise. Mais, lorsqu'on utilise des formules simplistes fondées sur ce qu'il est « normal » ou à la mode de faire, le résultat habituel est un chaos interne, voire externe.

CE QUI FAIT PARTIE DE LA MODE N'EST PAS FORCÉMENT À LA MODE

L'influence massive de la mode dans notre culture conduit souvent au conformisme par la pensée simpliste. Notre culture est obsédée par la mode, qu'il s'agisse de ce que l'on doit porter, écouter, ou de l'idéologie politique à laquelle il convient d'adhérer. L'invraisemblable importance que nous accordons à la mode décourage la pensée indépendante et encourage la pensée convientionnelle conforme aux conceptions, aux idées reçues et aux stéréotypes. Cette manière de penser peut être à la limite de l'irrationnel ou carrément franchir la frontière de la folie, comme ce fut le cas lors de la guerre du Vietnam.

Nous avons l'obligation de confronter les notions simplistes sur ce qu'être « normal » devrait impliquer : une obligation d'exercer sa pensée critique. Prenez, par exemple, la Constitution américaine. Pendant près d'un siècle, elle considérait qu'un esclave était trois cinquièmes d'une personne. C'était délirant. Cela ne veut rien dire, trois cinquièmes d'une personne. Ou bien on est un être humain ou bien on ne l'est pas. Cette anomalie ne fut pas véritablement remise en cause pendant des dizaines d'années.

Exercer la pensée critique ne signifie pas que chacun de nous doive devenir une encyclopédie ambulante. Cela veut simplement dire que nous avons le devoir d'étudier et de réfléchir sur les sujets les plus importants. L'un des aspects essentiels de la pensée critique est de savoir distinguer ce qui est primordial de ce qui ne l'est pas. Il faut savoir reconnaître les lacunes de nos connaissances, au lieu de laisser la vanité, la peur ou la paresse nous faire croire que nous savons tout.

IDÉES REÇUES, STÉRÉOTYPES ET ÉTIQUETTES

Faire comme si l'on savait tout, même ce que l'on ne sait pas, c'est s'exposer à passer pour un idiot. Pour certains, le simplisme des idées reçues est un mode de vie. D'aucuns supposent que leur mode de pensée, qu'il s'agisse du droit à l'avortement ou de la prière dans les écoles, doit être « toujours juste », quelles que soient les preuves du contraire. Lorsqu'il s'agit du besoin précaire de préserver leur propre sens erroné de l'intégrité et de la dignité, leur image de soi se drape dans l'arrogance. Ils ne peuvent pas ou ne veulent pas considérer d'autres possibilités, comme si l'abandon de leur simplisme était pire que la mort.

Certains des préjugés les plus courants – et souvent les plus destructeurs – concernent des stéréotypes sur nous-mêmes et les autres : on étiquette et catalogue les gens et les choses d'une manière simpliste, puis on porte des jugements sur la base des préjugés que nous attachons à ces catégories. Ces préjugés nous induisent fréquemment en erreur. Le héros de mon roman *Au ciel comme sur terre* commence par supposer qu'il n'y aura pas de mystère au ciel, que tout sera simple, direct et bien défini. À sa grande surprise, il découvre qu'au contraire, au ciel, comme sur terre, tout est surprises, détours et retours, et non une utopie simpliste.

On juge en général les autres selon des étiquettes – par exemple, les gens de gauche sont des cœurs d'artichaut et les gens de droite des psychorigides arrogants. Les étiquettes raciales et ethniques sont pleines de préjugés erronés sur le caractère des individus faisant partie de ces groupes. Les opinions politiques d'un juif peuvent être incorrectement perçues sur la base de catégories divisant les juifs en orthodoxes, conservateurs et réformistes. Les marchands de voitures d'occasion sont ordinairement perçus comme étant peu scrupuleux, ce qui fait un tort considérable à la réputation de nombreux commerçants honnêtes. Et il existe un préjugé courant selon lequel les chrétiens sont fondamentalistes et les agnostiques ne peuvent être spirituellement mûrs.

Certains stéréotypes contiennent peut-être un fond de vérité, mais le plus souvent ils sont trop simplistes pour prendre en compte les différences subtiles et les similitudes lorsque l'on compare et juge. Quand ils sont extrêmes, ils peuvent constituer la base de préjugés conduisant à des actions potentiellement destructrices. L'intrigue de mon roman policier *Un lit près de la fenêtre*[1] repose sur la pensée stéréotypée d'un jeune détective. À cause de ses nombreux préjugés, le lieutenant Petri commet un grand nombre d'erreurs de raisonnement et de jugement qui le conduisent presque à arrêter un innocent. Son premier préjugé l'amène à restreindre

---

1. Scott Peck, *Un lit près de la fenêtre : où il est question de mystère et de rédemption*, Robert Laffont, 1991.

son enquête à une infirmière simplement parce qu'elle avait une liaison avec la victime. Son second préjugé est de croire que cette femme ne pouvait pas être amoureuse de la victime parce que celle-ci souffrait de malformations physiques, alors qu'en fait elle lui était profondément attachée. Et parce que beaucoup de patients de la maison de repos étaient morts pendant que l'infirmière était de service, le lieutenant Petri en déduit que c'est une meurtrière en série qui tue les malades par pitié.

L'un des préjugés les plus cyniques du lieutenant Petri s'avère être le plus aveuglant. Il croit que les gens séniles qui se trouvent dans les maisons de retraite ne peuvent pas penser. En conséquence de quoi il ne voit pas les signes subtils, ignore les indices principaux et néglige les aspects importants de ses rapports avec les autres pendant son enquête. Pour les stéréotypes génériques de ce personnage sur les clients des maisons de retraite, je me suis servi de moi-même comme modèle. Au début de ma carrière, je travaillais dans une maison de retraite et je supposais que ces endroits n'étaient que des dépotoirs de morts vivants. Avec le temps, j'ai découvert que c'était en fait un environnement complexe, rempli de gens intéressants, d'humour, d'amour et de tous les autres aspects du comportement humain. Tout comme moi, le lieutenant Petri finit par apprendre à voir au-delà de la surface des choses. Progressivement, on lui ouvre les yeux, et il comprend que la pensée simpliste nous conduit souvent à des impasses. C'est effectivement ce qui se passe lorsque nous faisons strictement confiance aux préjugés, étiquettes et stéréotypes, et considérons les gens de manière simpliste. Il serait simpliste de penser que, parce que j'écris sur les questions spirituelles, je n'ai pas des défaillances comme tout le monde.

Dire de quelqu'un qui se proclame chrétien qu'il est automatiquement plus saint que les autres relève d'un autre préjugé simpliste. Dans le cas de la religion, on a particulièrement tendance à utiliser des étiquettes et des préjugés pour valider sa propre spiritualité. Certains imaginent que la religion à laquelle ils appartiennent est forcément le seul et unique moyen d'atteindre Dieu. C'est faux : Dieu s'intéresse plus à la substance qu'aux étiquettes.

Il y a toujours un risque à étiqueter les gens et les choses, c'est réducteur. À mon sens, l'idée que quelqu'un de beau est aussi plus gentil et plus intelligent qu'un laid n'est qu'un préjugé, pas une vérité. Pourtant, toutes les études sur le sujet montrent que la plupart des gens préfèrent les personnes jugées attirantes et, le plus souvent, leur attribuent de telles qualités.

En réduisant la vie à ce qu'elle a de plus superficiel, ce genre de préjugé nous évite de remettre en cause nos conclusions. Il serait toutefois tout aussi simpliste de dire qu'il n'y a jamais de bonnes raisons d'utiliser des étiquettes. Les scientifiques doivent catégoriser les choses pour tester leurs théories et reproduire des résultats. Les enseignants doivent savoir que tous les élèves de cinquième n'ont pas le talent pour devenir de grands écrivains. Les parents doivent savoir distinguer entre les goûts personnels et les tempéraments de leurs enfants s'ils veulent être capables de répondre aux besoins spécifiques de chacun d'eux. Les étiquettes ont donc leur utilité, même si elle est limitée. Lorsqu'elles sont productives, elles nous aident à prendre des décisions rapidement, ce qui peut parfois nous sauver la vie. Si vous êtes dans une rue la nuit et qu'un inconnu menaçant s'approche de vous avec un pistolet, il serait idiot de dire : « Voyons, analysons ceci avant de nous enfuir. »

Nous avons besoin d'étiquettes pour évaluer certaines choses. Parfois, nous devons prendre des décisions temporaires tant que nous ne disposons pas d'informations ou d'expériences sur une situation ou une personne. Mais, dans la plupart des cas, nous avons tendance à étiqueter pour les mauvaises raisons. Lorsque nous collons des étiquettes aux gens dans le but de les discriminer injustement – ou parfois pour nous trouver des excuses –, nous leur attribuons certaines qualités en l'absence des informations nécessaires pour étayer nos suppositions. Parfois, les conséquences peuvent être destructrices non seulement pour les autres mais pour nous-mêmes.

LA PENSÉE CRIMINELLE ORDINAIRE

Si nous sommes honnêtes avec nous-mêmes, nous devons admettre qu'à un moment ou à un autre nous avons eu des pensées criminelles, qui ne sont qu'une des formes de la pensée désorganisée. Les réflexions théoriques sur la pensée criminelle sont tirées la plupart du temps d'une étude faite sur des criminels. Mais la ligne de partage est mince entre les criminels et nous. Les recherches sur la pensée criminelle minimisent les formes de pensée irrationnelle qui conduisent à des décisions désordonnées. La plupart des formes de pensée criminelle sont simplistes, unidimensionnelles, et non sophistiquées. Il y a chez certains une tendance à se percevoir toujours comme la victime. Les gens qui pensent de la sorte n'assument pas la responsabilité de leurs choix. D'autres manquent de recul par rapport au temps, ce qui les conduit à vivre essentiellement dans le présent sans investir dans le futur ni tenir compte des conséquences de leurs actes.

Il existe un aspect des formes de pensée criminelle particulièrement répandu parmi les couches non criminelles de la population. Il s'agit de ce que l'on pourrait appeler une « attitude de possession », ou peut-être de droit à la possession. Elle renvoie à une assurance frisant le narcissisme. Ceux qui en sont affublés parviennent à justifier le fait de violer les droits ou la propriété d'autrui. Si leur pensée découle d'un « complexe d'infériorité », ils se perçoivent comme des victimes sans défense, protestent et se plaignent du manque d'opportunités qu'ils ont eu dans la vie en raison de leurs origines ethniques, de leur famille ou de leur situation économique. Ils ne prennent jamais en ligne de compte leur propre inaptitude à fournir l'effort nécessaire pour améliorer leur existence. Considérant que la société leur doit quelque chose, ils se permettent de voler ou de manipuler les autres, aveugles à leur propre incapacité à envisager des manières différentes de penser et de vivre.

Chez d'autres, le sentiment d'être dans leur bon droit découle d'un « complexe de supériorité ». Une personne peut croire qu'elle a toujours priorité sur les autres, encore une fois, en raison de ses origines ethniques, économiques ou familiales. Elle croira également que ses pairs sont supérieurs et qu'on leur doit donc tout, même si, pour l'obtenir, il faut prendre aux autres. Elle estimera avoir droit à la meilleure éducation et aux meilleurs emplois mais sera offensée si d'autres veulent la même chose. Le problème n'est pas de désirer ce que la vie a de mieux mais d'être prêt à violer les droits des autres en les discriminant, en les exploitant et en les opprimant, bref en leur niant les mêmes droits, les mêmes opportunités et les même accès aux ressources que soi.

Bien sûr, tout cela relève de la pensée simpliste. On la retrouve autant chez les gens considérés comme intelligents et qui réussissent, qui ont fait des études dans les meilleures écoles et dirigent les plus grandes compagnies, que chez les exclus, les criminels et les malades mentaux. Le dénominateur commun est notre tendance naturelle à ne pas savoir penser correctement.

LE PROBLÈME EST QUE VOUS NE PENSEZ PAS ASSEZ

Il y a des années j'ai suivi un patient qui est un exemple typique des problèmes découlant d'une incapacité à réfléchir. Son but principal – défaut majeur de sa pensée – était la résistance au changement. Le fait de supposer qu'il est possible de ne pas changer, ou simplement d'éviter le changement dans un monde en perpétuelle mutation, relève à la fois de l'illusion et de l'hallucination. Cet homme habitait une petite ville à une vingtaine de minutes de mon cabinet. Je l'ai vu deux fois par semaine pendant quatre ans, et il dépensa toutes ses économies. Cet investissement en temps et en argent aurait dû refléter un intérêt pour le changement et le développement. J'ai découvert que ce n'était pas le cas.

Au début, je lui ai donné un plan avec un raccourci pour venir me voir, ce qui lui permettait d'économiser du temps et de l'argent. Six mois après le début de sa thérapie, il s'est plaint du temps que cela lui prenait de venir en voiture. Je lui ai dit : « Pourquoi vous n'essayez pas le raccourci ? » Ce à quoi il répondit : « Je suis désolé, j'ai perdu le plan. » Je lui en ai donné un autre. Six mois plus tard, il s'est plaint une nouvelle fois. Je lui ai demandé : « Mais pourquoi vous ne prenez pas le raccourci ? » Et il m'a rétorqué : « C'est l'hiver, et je n'aime pas les petites routes verglacées. » Je lui ai demandé s'il avait encore perdu le plan et j'ai fini par lui en donner un autre. Enfin, près d'un an plus tard – cela faisait deux ans qu'il était en thérapie –, il s'est plaint de nouveau, et je lui ai encore demandé : « Vous avez essayé le raccourci ? » Il m'a répondu : « Oui, j'ai essayé, mais ça ne va pas plus vite. » Alors je lui ai dit – et ce n'est pas une remarque typique d'un analyste : « John, levez-vous du divan, nous allons faire une expérience. » Je lui ai laissé le choix d'être celui qui conduisait ou celui qui observait. Nous sommes montés dans ma voiture et avons pris sa route habituelle. Au retour, nous avons emprunté le raccourci. Celui-ci lui aurait fait économiser cinq minutes sur chaque trajet. « John, lui ai-je dit, j'aimerais vous faire remarquer quelque chose. Vous avez perdu dix minutes chaque jour que vous êtes venu à mon cabinet. Au cours des deux dernières années, vous avez perdu deux mille minutes, c'est-à-dire trois jours. Vous avez perdu trois jours de votre vie. Et en plus vous avez fait un détour de vingt kilomètres pour ne pas prendre ce raccourci. Et, comme si ce n'était pas assez, vous avez menti pour protéger votre névrose. »

Il a fallu attendre encore une année (trois années de thérapie, donc) pour que John dise finalement : « Eh bien, je suppose que le but principal de toute ma vie est d'éviter tout changement. » C'est pour cela qu'il ne voulait pas prendre le raccourci. Cela aurait voulu dire penser et faire quelque chose d'autre que ce à quoi il était habitué. La même chose était vraie de notre travail en commun. Mais son utilisation de l'expression « je suppose » montrait clairement que John n'était pas encore prêt à reconnaître la nécessité du changement. Le pouvoir de la névrose est incroyable. John n'était pas une réussite pour moi en tant que thérapeute. Jusqu'à la fin de notre travail, il a continué à se préparer à l'échec en évitant les risques liés au changement. Comme John, de nombreuses personnes fuient le changement nécessaire au développement. Elles ne sont pas disposées à essayer de reformuler certains des préjugés et des illusions qu'elles tiennent pour vrais.

À l'époque où j'étudiais pour devenir psychiatre, la schizophrénie était considérée comme un trouble de la pensée. Depuis lors, j'en suis venu à croire que tous les troubles psychiatriques sont des troubles de la pensée. Les individus atteints de maladies mentales graves, comme certaines formes de schizophrénie, sont de toute évidence les victimes d'une pensée désorganisée ; ils peuvent être si déconnectés de la réalité qu'ils n'assurent plus les activités quotidiennes les plus banales. Pourtant, nous connaissons tous des narcissiques, des obsessionnels compulsifs et des passifs dépendants dans notre vie de tous les jours. Si leur santé mentale est fragile, ils réussissent toutefois à avoir l'air « normal » et à se débrouiller. Mais, en fait, ils souffrent aussi d'une pensée désorganisée. Les narcissiques sont incapables de s'intéresser aux autres. Les obsessionnels compulsifs ne peuvent avoir une vue d'ensemble. Les passifs dépendants ne parviennent pas à penser par eux-mêmes.

Dans tous les dérèglements psychiatriques que j'ai rencontrés au fil des ans, une désorganisation de la pensée était en jeu. La plupart des gens qui entreprennent une thérapie souffrent ou d'une névrose ou d'un trouble du caractère. Parmi tous ceux qui ne consultent jamais de psychothérapeute, ces troubles sont tout aussi répandus et résultent d'une même désorganisation de la pensée. À la base, ce sont des illusions de responsabilité qui reflètent des manières divergentes de penser et d'être en contact avec eux, le monde et les problèmes de la vie.

Le névrosé vit dans l'illusion d'être responsable de tout et de tout le monde et, en conséquence, il assume souvent trop de responsabilités. Lorsqu'un névrosé entre en conflit avec le monde, il a tendance à croire que tout est sa faute. La personne affligée d'un trouble du caractère vit, au contraire, dans l'illusion qu'elle ne devrait pas être responsable d'elle-même ou de qui que ce soit d'autre. Elle risque donc de ne pas assumer ses responsabilités. Lorsque ceux qui souffrent de troubles du caractère entrent en conflit avec le monde, ils supposent automatiquement que c'est le monde qui a tort.

Bien sûr, nous vivons tous avec certaines illusions. Ce sont ce que les psychologues appellent des « illusions saines », qui nous aident à surmonter les transitions de la vie et nous donnent espoir. Prenez, par exemple, l'illusion de l'amour romantique. Sans elle, les gens ne se marieraient pas. L'illusion que le fait d'élever des enfants sera plus amusant que pénible est aussi une illusion saine. Sans elle, nous n'aurions pas d'enfants. Moi-même, je supposais que les choses seraient de plus en plus faciles avec mes enfants à mesure qu'ils grandiraient. Aujourd'hui encore, j'ai l'illusion que les choses seront plus aisées avec mes enfants quand ils auront atteint la quarantaine. Ce sont des illusions de ce type qui nous font aller de l'avant et nous aident à vivre.

Les illusions ne sont donc pas totalement mauvaises, sauf lorsque nous nous y raccrochons trop longtemps ou lorsqu'elles ne sont plus utiles. Les problèmes surgissent dès lors que nos illusions interfèrent avec notre développement. Par exemple, la jeune fille de seize ans qui est obsédée par son alimentation et son apparence peut finir par penser qu'elle n'est pas assez mince pour se comparer aux autres filles de son lycée. Si cette illusion est poussée à l'extrême, elle peut devenir anorexique et se laisser mourir de faim. Ou bien elle parviendra à sortir de ce dilemme névrotique en grandissant et se sentira plus sûre d'elle-même. Le jeune garçon qui n'est pas doué pour le sport s'apercevra peut-être que ses qualités intellectuelles compensent son manque de qualités athlétiques. S'il apprend à valoriser son intellect, il aura plus de chances de surmonter le complexe d'infériorité névrotique qu'il ressent lorsqu'il se compare aux sportifs de son lycée. Ainsi donc, une légère névrose ou un léger trouble du caractère ne sont pas nécessairement irréversibles. D'un autre côté, nos névroses et nos troubles de caractère durables sont handicapants si on ne s'en occupe pas. Ils peuvent se développer et devenir de véritables obstacles sur notre chemin. Jung a écrit : « La névrose est toujours un substitut pour une souffrance légitime. » Mais le substitut peut devenir plus douloureux que la souffrance légitime qu'il était censé remplacer au départ. La névrose elle-même finit par devenir le principal problème. Comme je l'ai dit dans *Le Chemin le moins fréquenté* : « Fidèles à eux-mêmes, nombre de personnes tenteront d'éviter cette douleur et ce problème et empileront successivement les couches névrotiques. Heureusement, pourtant, certains ont le courage de faire face à leurs névroses et de commencer, en général avec l'aide d'un psychothérapeute, à apprendre comment éprouver la souffrance légitime. En tout cas, lorsque nous évitons la souffrance légitime résultant de la confrontation avec les problèmes, nous évitons également le développement que les problèmes exigent de nous. C'est pour cette raison que, dans la maladie mentale chronique, nous cessons de nous développer et que nous nous retrouvons coincés. Et sans développement, sans guérison, l'esprit humain commence à se dessécher. »

TROP PENSER, C'EST LE PROBLÈME DE QUELQU'UN D'AUTRE

Trop souvent, nous nous faisons du mal en pensant de manière simpliste, mais il existe d'autres moments où les gens peuvent chercher à nous nuire parce que nous pensons bien. Si nous pensons beaucoup et que d'autres n'apprécient pas, c'est leur problème, pas le nôtre. Si vous utilisez votre cerveau, cela peut créer un problème à ceux qui cherchent à profiter de vous, à vous manipuler, à vous soumettre ou à vous effrayer. Leur motivation cachée peut être de vous empêcher de comprendre le pouvoir personnel découlant de la capacité d'exercer sa pensée de manière indépendante

On investit énormément d'efforts pour nous faire croire à tout ce qui est écrit dans les journaux et à tout ce que nous dit le gouvernement. Après tout, si nous sommes incapables de penser par nous-mêmes, nous serons les cibles faciles de la domination et de la manipulation. Pour nous garder en état de dépendance, on nous enseigne qu'il n'est pas utile de trop penser. Mes propres parents avaient l'habitude de me lancer : « Scotty, tu penses trop. » Combien de parents ou d'enseignants ont dit la même chose aux enfants : « Ne pense pas trop » ? C'est une chose horrible. Si nous avons un cerveau, c'est pour nous en servir. Mais nous vivons dans une culture qui accorde peu de valeur à l'intellect, à la capacité de bien penser, perçue comme différente, voire dangereuse. Pour quiconque est en situation de domination, comme les parents, les employeurs ou le gouvernement, celui qui pense de manière indépendante peut être considéré comme menaçant.

La réaction la plus courante à tous mes ouvrages est que je ne dis rien de particulièrement neuf. En effet, j'écris sur des sujets auxquels les gens réfléchissent depuis longtemps mais qu'ils ont peur d'évoquer. Étant donné la culture dans laquelle nous vivons, ils trouvent une grande consolation à savoir qu'ils ne sont ni seuls ni fous. Et il faut effectivement faire preuve de courage pour être différent et oser être soi-même. Si nous décidons de penser par nous-mêmes, nous devons être prêts à en subir les contrecoups. Nous risquons même d'être jugés excentriques ou désagréables. On nous reléguera peut-être aux marges de la société, nous considérant comme des anormaux au pire sens du terme. Mais si nous recherchons notre développement personnel, nous devons oser penser.

Cela peut prendre une vie à bien des gens pour parvenir à accepter la liberté de penser par eux-mêmes. Or cette voie vers la liberté est barrée par des mythes sociaux. L'un d'entre eux voudrait nous faire croire qu'après l'adolescence, on ne peut plus vraiment changer. En fait, on peut changer et se développer tout au long de sa vie, parfois de manière très subtile. C'est un choix. Et c'est souvent lorsqu'on rencontre les crises de l'âge mûr que la pensée se déploie dans des directions nouvelles et indépendantes. Pour certains, la pensée indépendante s'éveille seulement au moment où ils sont sur le point de mourir. Et, pour quelques-uns malheureusement, cela ne se produit jamais.

LE BON, LE MAUVAIS ET L'ENTRE-DEUX

Le dicton selon lequel « vous êtes ce que vous pensez » dit vrai. Vous êtes ce à quoi vous pensez le plus. Vous êtes ce à quoi vous ne pensez pas. Pour résumer, le bon, le mauvais et tout ce qui se trouve entre ce que nous pensons et ne pensons pas nous renseignent grandement sur qui nous sommes. Lorsque toutes nos pensées sur tous les sujets sont simplistes, nous nous attendons à toujours trouver des solutions simples, des réponses évidentes et des résultats clairs, même dans des situations complexes. Il nous faut accepter le fait que de nombreuses situations, comme par exemple épouser telle personne plutôt que telle autre, choisir telle carrière ou telle autre, acheter telle maison, comportent des paris. Nous devons apprendre à vivre avec l'« entre-deux » de l'incertitude.

Comme je le faisais remarquer dans *Le Chemin le moins fréquenté*, une certaine tolérance pour l'incertitude est essentielle au processus de remise en cause de nos préjugés. Et dans *Un lit près de la fenêtre*, mon détective se fourvoie avec sa pensée stéréotypée essentiellement parce qu'il est incapable de laisser passer une période d'incertitude. Mais, puisque nous ne pouvons jamais être certains d'avoir bien pris en compte tous les aspects d'une situation, la décision de penser en profondeur conduit souvent à une certaine inaction. Il y a toujours une possibilité d'avoir oublié quelque chose, et il faut être disposé à supporter la douleur de l'incertitude. Face à elle, il faut quand même être capable d'agir et de prendre des décisions à un certain moment. Lorsque nous évaluons nos pensées et nos émotions, ce qui compte le plus est de savoir si l'on est disposé à accepter le fait de ne pas tout savoir. Cela veut dire qu'il faut non seulement savoir être introspectif mais aussi douter. Je pense que le doute est le point de départ de la sagesse.

Dans ma pratique de psychothérapeute, j'ai découvert que de nombreuses personnes s'accrochent avec ténacité aux certitudes de leurs croyances d'enfant, comme si elles ne pouvaient fonc-tionner en tant qu'adultes sans cette assurance. C'est seulement lorsqu'elles seront confrontées au gouffre béant, que le doute et l'incertitude émergeront ; en cas de crise, ceux-ci deviennent une grâce salvatrice.

Il arrive souvent qu'après une ou deux années de thérapie les patients se retrouvent bien plus déprimés que lorsqu'ils sont venus me voir la première fois. J'appelle ce phénomène la « dépression thérapeutique ». À ce stade, ils se rendent compte que leurs vieilles façons de penser ne fonctionnent plus et ils en viennent à juger certaines de leurs habitudes idiotes ou inappropriées. Les nouvelles façons de penser leur semblent encore risquées, terrifiantes et intrinsèquement difficiles, mais ils ne peuvent plus faire marche arrière ; ils ne peuvent pas encore avancer non plus et, dans leur entre-deux, ils dépriment. C'est à ce moment-là qu'ils se demandent : « À quoi bon me fatiguer ? Pourquoi courir le risque de changer mes croyances ? Pourquoi ne pas laisser tomber et me suicider ? Pourquoi me donner du mal ? À quoi bon ? »

Les réponses à ces questions ne sont jamais faciles. Les manuels de médecine ou les ouvrages de psychiatrie n'en parlent pas, parce qu'il s'agit pour l'essentiel de questions existentielles et spirituelles, sur le sens de la vie. Bien qu'elle soit difficile, je dis que cette période de dépression est thérapeutique précisément parce que, au bout du compte, ce questionnement spirituel fait évoluer ces patients qui ont entrepris une thérapie à long terme.

Dans l'introduction du *Chemin le moins fréquenté*, j'écrivais que je ne fais pas vraiment de distinction entre l'esprit et l'âme, et donc pas de distinction entre le développement spirituel et le développement mental. On ne peut pas séparer la pensée – l'intellect – du développement psychologique et spirituel. Lorsque j'étais en formation, il était à la mode de décrier l'intuition intellectuelle. La *seule* chose que l'on estimait importante était l'intuition émotionnelle, comme si la compréhension intellectuelle ne valait rien. C'était de la pensée simpliste. Je suis d'accord pour admettre qu'en dernière instance il doit y avoir de l'intuition émotionnelle, mais, la plupart du temps, on ne peut pas même commencer à comprendre les aspects émotionnels d'un individu si on n'a pas d'intuition intellectuelle.

Prenons pour exemple le complexe d'Œdipe. Un adulte qui n'a pas résolu son complexe d'Œdipe ne peut être soigné – pour autant qu'il puisse l'être – s'il ne sait pas d'abord intellectuellement ce qu'est le complexe d'Œdipe.

Pour devenir des adultes épanouis, nous devons d'abord résoudre le dilemme œdipien consistant à abandonner nos émotions sexuelles envers nos parents. S'il s'agit d'un garçon, le père est perçu comme rivalisant pour l'attention de la mère. S'il s'agit d'une fille, le désir pour le père en tant qu'objet sexuel ou d'amour implique une compétition avec la mère. Pour la première fois de leur vie, fondamentalement, les enfants font l'expérience de la perte. Ils doivent abandonner quelque chose d'important pour eux qu'ils ne peuvent posséder. Dans mon expérience, les gens qui ne parviennent pas à résoudre convenablement leur complexe d'Œdipe auront par la suite les plus grandes, les plus sévères, voire les plus insurmontables difficultés à renoncer à quoi que ce soit, puisqu'ils n'auront jamais affronté ce premier renoncement. Il est donc essentiel de parvenir à accepter l'impossibilité de posséder le parent du sexe opposé de la manière qu'on avait fantasmée.

Un bon exemple est celui de cette femme qui avait déménagé de Floride vers le Connecticut pour suivre une thérapie avec moi. Elle avait lu *Le Chemin le moins fréquenté* et avait les moyens d'assumer une telle décision. Rétrospectivement, j'aurais dû l'en dissuader : elle aurait très bien pu trouver un autre thérapeute sur place. C'est l'une des nombreuses erreurs que j'ai commises dans son cas, et sa guérison a été imparfaite. À cause des obstacles que j'ai rencontrés au cours de sa thérapie, la seule fois où nous avons abordé les véritables problèmes est le jour où elle s'est entendu dire clairement pour la première fois les raisons cachées pour lesquelles elle m'avait approché. À la fin de cette séance, elle était restée assise dans sa voiture à sangloter en frappant le volant de ses mains. « Lorsque j'aurai surmonté mon complexe d'Œdipe, a-t-elle dit, le docteur Peck m'épousera-t-il ? » J'étais devenu la figure paternelle dans sa vie, le remplaçant du père qu'elle ne pouvait avoir. Plus tard, elle m'a déclaré : « Vous avez sans doute raison. J'ai peut-être un complexe d'Œdipe. » Mais on ne serait pas arrivé jusque-là si je n'avais pas commencé par lui expliquer intellectuellement de quoi il s'agissait.

Dans un autre cas, j'ai traité un homme, sans succès, pour ses problèmes avec le renoncement. Lorsqu'il est venu me voir, il était torturé, se plaignant d'avoir trois maîtresses. Pour compliquer les choses, il commençait à être attiré par une quatrième. Il m'a dit : « Docteur Peck, vous ne comprenez pas que c'est pour moi un calvaire. Vous imaginez ce que c'est que de devoir se rendre à trois repas de Noël ? » Je lui ai répondu : « En effet, ça ne doit pas vous faciliter la vie... » À l'époque, je ne suivais plus les gens en thérapie, je donnais seulement des consultations. Mais je ne savais pas quoi faire avec cet homme, alors je l'ai prié de revenir. Entre ces deux séances, je me suis demandé si la raison pour laquelle il était incapable de renoncer à aucune de ses petites amies n'était pas un complexe d'Œdipe non résolu. Lors de la deuxième séance, je lui ai suggéré de me parler de sa mère.

C'était, selon lui, une femme exceptionnellement belle. Il semblait intarissable sur le sujet. Il travaillait dans un cabinet de consultants d'entreprise où il s'occupait d'ateliers de psychologie. En dépit de ses connaissances en ce domaine, il était émotionnellement aveugle à ses propres problèmes. Lorsque je lui ai dit : « Au fait, Harry, savez-vous ce qu'est le complexe d'Œdipe ? », il m'a répondu : « Cela a à voir avec les gens, non ? » Cet homme aurait dû savoir, au moins intellectuellement, ce qu'était le complexe d'Œdipe. De toute évidence, il n'avait pas vraiment écouté ce qu'on lui en avait dit au cours de ses études, bien entendu parce que cela concernait sa propre névrose. Une fois le diagnostic posé, je lui ai conseillé un autre thérapeute. J'ai appris par la suite que cela ne s'était pas bien passé. Il ne voulait pas changer. C'est difficile d'aller de l'avant lorsqu'on est incapable de renoncer à quoi que ce soit.

On rencontre des difficultés analogues avec les masochistes. La racine de leur névrose est le désir d'être malheureux. Et, pour aller mieux, ils doivent apprendre à être heureux. Mais leur motivation fondamentale est de ne pas être heureux. Dans des cas de ce type, où l'on s'accroche à quelque chose qui vous rend malheureux sans être disposé à y renoncer, tout est en place pour que la thérapie soit un échec. Renoncer, c'est changer. Comme l'homme qui refusait de laisser tomber ses petites amies, ces individus ne sont pas prêts à effectuer les changements qui les guériraient. C'est le prix qu'il faut payer pour une pensée désorganisée.

LA PENSÉE ET L'ÉCOUTE

Étant donné notre dépendance presque pathologique aux préjugés et aux illusions qui les accompagnent, nous avons souvent du mal à communiquer avec autrui, ce qui est source de grands désordres. Nous sommes indifférents aux fondements de la bonne communication. Il devrait aller sans dire qu'on ne peut véritablement communiquer si on n'écoute pas l'autre, et on ne peut écouter si on ne pense pas correctement. Un psychologue d'entreprise m'a fait remarquer un jour que le temps passé à enseigner certaines choses aux enfants à l'école est inversement proportionnel à l'utilisation qu'ils en feront lorsqu'ils seront grands. Je ne crois pas que ce serait une bonne chose de n'enseigner les choses qu'en proportion de l'usage qu'on en fait après l'école, mais je pense qu'il serait bon d'insister davantage sur les processus de la pensée et de l'écoute.

Dans la plupart des écoles, rien n'est jamais dit de ces aspects cruciaux de la communication. Un dirigeant d'entreprise passe au moins les trois quarts de son temps à penser et à écouter. Il passe une faible partie de son temps à parler et encore moins à écrire. Pourtant, l'instruction que nous recevons dans ces domaines essentiels est inversement proportionnelle à ce qui est requis pour être un bon patron. En fait, ces capacités sont essentielles dans tous les domaines.

Beaucoup de gens imaginent que l'écoute est une interaction passive. C'est précisément le contraire. Bien écouter, c'est exercer activement notre attention, et c'est un véritable travail. C'est parce qu'ils ne s'en rendent pas compte ou ne souhaitent pas faire ce travail que la plupart des gens ne savent pas écouter. Lorsque nous faisons l'effort de communiquer et d'écouter en surmontant l'inertie de notre paresse ou la résistance de la peur, nous progressons d'un pas. Cela représente toujours un effort pénible.

Savoir écouter, se concentrer totalement sur quelqu'un d'autre, est une manifestation d'amour au sens le plus large du terme. Un aspect essentiel de l'écoute est la mise entre parenthèses temporaire de nos préjugés, de nos références et de nos désirs afin de pouvoir expérimenter de la manière la plus profonde possible, de l'intérieur, le monde de l'autre, en se mettant à sa place. Cette union du locuteur et de l'auditeur est en fait une extension de nous-mêmes, et elle nous apprend toujours des choses nouvelles. En outre, puisque écouter c'est savoir mettre entre parenthèses, cela implique une acceptation provisoire totale de l'autre.

Sentant cette acceptation, le locuteur se sentira de moins en moins vulnérable et aura de plus en plus tendance à livrer les tréfonds de son âme à son auditeur. Lorsque cela se produit, les interlocuteurs se comprennent de mieux en mieux. La véritable communication s'est mise en route et le pas de deux de l'amour a commencé. L'énergie qu'exigent la mise entre parenthèses et la concentration totale sur l'autre est si importante que seul l'amour permet d'y parvenir, l'amour étant défini ici comme la volonté de se dépasser au bénéfice du développement mutuel.

Le plus souvent, nous n'en avons pas l'énergie. Même si nous avons le sentiment de savoir écouter dans notre vie professionnelle et sociale, en fait notre écoute est sélective. Nous avons généralement des buts précis en tête et nous nous demandons en écoutant comment atteindre certains résultats pour terminer le plus vite possible la conversation ou la réorienter d'une manière plus satisfaisante pour nous. Beaucoup d'entre nous sont plus intéressés à parler qu'à écouter, ou refusent simplement d'écouter ce qu'ils ne veulent pas entendre.

S'il est vrai que notre capacité d'écoute peut s'améliorer progressivement avec la pratique, cela ne se fait jamais sans effort. Ainsi, vers la fin de ma carrière de psychothérapeute il m'est arrivé de demander à mes patients de répéter, parce que mon esprit était ailleurs. Les premières fois où cela s'est produit, j'ai eu peur qu'ils ne pensent que je n'écoutais pas du tout et ne m'en veuillent. J'ai découvert que, bien au contraire, ils semblaient comprendre intuitivement qu'un élément vital de la capacité de bien écouter est d'être attentif à ces moments où l'on n'écoute pas véritablement. Et ma reconnaissance du fait que mon esprit était ailleurs leur démontrait en réalité que, le reste du temps, je les écoutais vraiment.

J'ai appris que le fait de savoir que l'on vous écoute attentivement est, en soi, remarquablement thérapeutique. Chez près d'un quart de mes patients, qu'il s'agisse d'adultes ou d'enfants, des améliorations considérables, voire spectaculaires, étaient perceptibles pendant les premiers mois de la psychothérapie, avant même que les racines des principaux problèmes aient été trouvées ou que des interprétations importantes aient été faites. Ce phénomène s'explique pour diverses raisons, mais la principale d'entre elles, je crois, c'est que le patient avait le sentiment qu'on l'écoutait véritablement, souvent pour la première fois depuis des années – et, pour certains d'entre eux, pour la première fois tout court.

LIBERTÉ ET PENSÉE

Il existe une distinction nette entre la pensée claire et la pensée désorganisée. Pourtant, c'est une règle en psychiatrie qu'il n'y a pas de mauvaise pensée ou émotion. À certains égards, cette règle est utile. À d'autres, elle est elle-même simpliste. Nous pouvons porter des jugements éthiques seulement sur des actes. Si quelqu'un imagine de vous frapper, puis vous fracasse la tête avec une lampe, c'est mal. Mais le simple fait d'y penser ne l'est pas. C'est la différence entre les pensées privées et les actes « publics ». Ces derniers impliquent une extériorisation de nos pensées par l'action. Il est virtuellement impossible de juger les pensées d'une personne si elles ne se traduisent pas en comportements.

Nous atteignons donc un paradoxe concernant la pensée et la liberté. D'un côté, nous sommes libres de penser ce que nous voulons. Mais cela ne veut pas dire que nous soyons libres d'agir de manière criminelle, d'imposer nos pensées aux autres ou d'entreprendre des actions destructrices sans que cela ait des conséquences.

Ainsi, la liberté de penser et de ressentir s'accompagne de la responsabilité que nous avons d'imposer une discipline à nos pensées et à nos émotions. Certains, comme moi, doivent se donner l'autorisation d'apprendre à pleurer. D'autres, qui sont facilement blessés, auront peut-être besoin d'apprendre à moins pleurer. Nous devons être libres de penser et de ressentir, mais cela ne signifie pas que nous devions exprimer à voix haute la moindre de nos pensées ou porter nos émotions en bandoulière.

Le chanteur protestataire Pete Seeger interprétait une chanson antifasciste allemande qui disait : « *Die gedanken sind frei* », c'est-à-dire « les pensées sont libres ». Pour penser et ressentir, nous devons nous sentir libres. Mais, comme toujours, il y a des restrictions. La liberté sans discipline peut causer des problèmes. En fait, la liberté de penser quoi que ce soit représente un dilemme complexe. Il y a des règles limitant la liberté de la bonne pensée, et toute pensée n'est pas bonne. Une piètre pensée conduit souvent à un piètre comportement. En outre, comme nous l'avons vu dans les exemples de pensée simpliste de notre société, il existe bon nombre de raisons de supposer que la seule raison pour laquelle on considère des pensées extrémistes et mauvaises comme bonnes est qu'elles sont généralement acceptées comme normales. Le fait de laisser aux gens la liberté de penser n'importe quoi peut avoir des conséquences effrayantes. Mais il me semble que nous devons leur laisser cette liberté. En même temps, nous devons admettre que cela ne veut pas dire que tout le monde pensera correctement. En reconnaissant notre liberté de pensée, nous devons toujours garder présent à l'esprit le fait que nous pouvons faire de bons et de mauvais choix. En même temps que la liberté de pensée, nous devons aussi apprendre à tolérer la liberté de n'être certains de rien.

Je suis le fervent partisan de la proposition d'un de mes amis qui souhaite souligner ces points d'une manière symbolique. Il croit que nous devrions écrire une Charte des responsabilités sur la Côte ouest des États-Unis pour équilibrer la Charte des libertés individuelles qui a été promulguée sur la Côte est. En effet, on ne peut séparer la liberté de la responsabilité. Avec la liberté de penser par nous-mêmes, nous devons en dernière instance nous sentir responsables de ce que nous pensons, de la façon dont nous pensons, et de la manière dont nous utilisons notre capacité de penser pour tirer le plus grand avantage de la vie.

Temps et efficacité

L'illusion qu'ont la plupart des gens de savoir naturellement comment on pense s'accompagne d'un préjugé sous-jacent selon lequel la pensée ne demande pas beaucoup d'efforts ou de temps. Nous avons la chance de vivre dans une société qui nous permet d'utiliser efficacement notre temps dans la vie de tous les jours, et nous imaginons donc que les résultats doivent être aussi rapides que le service dans un fast-food. On nous encourage à utiliser notre temps efficacement, mais nous prenons rarement le temps de penser efficacement. Si bien que l'on finit par estimer pouvoir s'occuper des problèmes de la vie réelle aussi vite et bien que dans un épisode de trente minutes d'une sitcom.

Le résultat est que la plupart des gens manifestent peu d'intérêt pour la contemplation. L'effort qu'implique la véritable pensée passe au second plan, et ils se retrouvent à tourner en rond au lieu de s'occuper efficacement des différents dilemmes que nous présente la vie. Ces gens ne songeraient jamais à entreprendre un long voyage en automobile sans consulter une carte pour décider quelle route prendre. Mais, dans leur voyage psychosocial et spirituel à travers l'existence, ils se demandent rarement pourquoi ils vont là où ils vont, s'ils veulent vraiment y aller ni s'ils ont choisi le meilleur chemin.

Dans cette approche simpliste, nous négligeons souvent différents aspects de nos vies qui réclament désespérément notre attention jusqu'au moment où ils prennent l'ampleur de crises à part entière. Nous rejetons de nouvelles opinions qui pourraient faciliter notre développement, simplement parce qu'elles ne s'intègrent pas dans le cadre général de nos idées reçues sur les choses et sur nous-mêmes. Nous gaspillons une part énorme de notre temps uniquement à réagir. C'est comme si nous étions des robots programmés pour réagir à tout ce qui demande le moins de temps et d'attention et ignorer tout ce qui exige de l'énergie et des efforts supplémentaires. Nous écrémons la surface des choses sans réfléchir. Mais nous devons admettre que, pour penser convenablement, il faut y consacrer du temps. Les résultats ne peuvent être instantanés. Nous devons ralentir un peu et prendre le temps de contempler, de méditer et même de prier. C'est l'unique voie vers une existence plus efficace et plus significative.

J'ai déjà dit que je suis naturellement contemplatif. Cela veut dire que, pour moi, le fait de prendre le temps de penser – et de prier – est aussi naturel que le fait de me brosser les dents. Ma routine englobe un total de près de deux heures et demie dans la journée en trois intervalles distincts de quarante-cinq minutes. Je ne consacre pas plus d'un dixième de ce temps à parler à Dieu (ce que la plupart des gens appellent de la prière) et un autre dixième à l'écouter (une définition de la méditation). Je passe le reste du temps à penser, à faire le tri dans mes priorités et à soupeser les différentes possibilités avant de prendre une décision. J'appelle cela « mon temps de prière » parce que, si je l'appelais simplement « mon temps de pensée », les gens le considéreraient comme moins « sacré » et n'hésiteraient pas à m'interrompre. Mais je ne suis pas malhonnête : à bien des égards, la pensée ressemble à la prière.

Ma définition préférée de la prière – une qui ne mentionne même pas Dieu – est due à Matthew Fox, pour qui c'est « une réponse radicale aux mystères de la vie ». La prière a donc tout à voir avec la pensée. Avant de pouvoir répondre de manière radicale, nous devons d'abord savoir penser radicalement. Bien penser est une activité radicale.

Il est important de préciser ce que j'entends par « radical ». Ce mot vient du latin *radix*, « racine ». Ainsi, être radical, c'est aller à la racine des choses, pénétrer leur essence sans se laisser distraire par les superficialités. Le synonyme le plus proche de « radical » est « fondamental ». Les choses fondamentales sont les choses véritablement importantes. Curieusement, le substantif « radical » est utilisé, en anglais, pour décrire les extrémistes de gauche, alors que « fondamentaliste » sert à décrire les extrémistes de droite. Je ne veux pas que l'on pense que mon utilisation de ces deux mots a quoi que ce soit à voir avec cela. Dans ma définition, quiconque pense de manière *profonde* aux questions fondamentales sera radical. Et les actions découlant de ce type de pensée seront également radicales dans le sens où elles chercheront à résoudre les plus graves problèmes de la vie. Cela vaut aussi pour la prière. La prière ne sert à rien si elle ne se traduit pas en actes significatifs.

Les penseurs radicaux sont aussi des penseurs indépendants. Mais ils savent qu'ils ne peuvent pas simplement compter sur eux-mêmes. Penser de manière indépendante ne veut pas dire exagérer jusqu'à exclure de s'informer et d'apprendre des choses d'autrui. Ainsi, bien qu'il soit bon de penser par soi-même, cela n'implique pas de devoir agir comme des enfants révoltés, rejetant toute sagesse conventionnelle et récusant toutes les normes sociales. Ce serait un gâchis d'énergie et une perte de temps. En fait, nous avons beaucoup de choses à apprendre de bons dirigeants et enseignants, que ce soit de manière formelle ou informelle. C'est chez ceux qui savent penser que l'on peut trouver de bons exemples de ce que signifie être efficace et vivre pleinement sa vie.

Parmi mes (nombreuses) identités, il y a celle d'expert en efficacité. En tant que psychiatre et en tant qu'écrivain, je me suis efforcé d'aider les gens à vivre leur vie plus efficacement – pas forcément à se sentir heureux ou à l'aise tout le temps, mais plutôt à apprendre autant que possible quelle que soit la situation et à tirer le maximum de l'existence.

À l'époque où je faisais des conférences, les gens me demandaient souvent comment j'arrivais à faire tant de choses – donner des conférences, écrire, être un père et un mari, un membre actif de ma communauté et un lecteur avide. Je répondais que, comme je passais deux heures par jour à ne rien faire – c'est-à-dire que je prenais le temps de penser, de prier et d'organiser mes priorités –, cela m'avait permis de devenir plus efficace.

Lorsque vous êtes efficace, vous devenez capable de faire plus de choses en moins de temps. En pensant efficacement, vous apprenez à donner la priorité aux choses importantes pour faire vraiment face aux difficultés de la vie, au lieu de prétendre qu'elles ne prêtent pas à conséquence. L'efficacité comporte nécessairement une part de discipline. La discipline implique une capacité à retarder la gratification ainsi qu'à considérer les différentes possibilités. D'un autre côté, la pensée simpliste vous conduit à des réactions indisciplinées, impulsives, au lieu de réfléchir aux choix qui mèneraient à des décisions sages et productives.

Être efficace ne signifie pas être un obsédé du contrôle. Il serait ridicule de prétendre planifier le moindre aspect de sa vie quotidienne. Être efficace veut non seulement dire planifier mais aussi préparer. Lorsque des situations d'urgence se présentent, comme cela arrive inévitablement, on est alors libre de répondre aux impératifs du moment parce qu'on a fait le travail de préparation. Être efficace, c'est être attentif aux choses auxquelles il faut s'occuper avant qu'elles deviennent des problèmes énormes et causent plus de ravages que nécessaire. Le simplisme est inefficace ; c'est la voie de la facilité. Aucun progrès n'est possible lorsqu'on pense en prenant des raccourcis afin d'éviter l'effort et la souffrance de la discipline indispensable pour résoudre les problèmes. Le simplisme est un moyen d'entretenir l'illusion qu'il existe des réponses faciles, mais c'est aussi le chemin le plus sûr vers la rigidité. C'est pour cela que je différencie le simplisme de l'efficacité simple de l'ordre que l'on met dans ses priorités avant de faire des choix. Ces distinctions sont cruciales si l'on doit penser et agir avec intégrité.

LE PARADOXE ET LA PENSÉE INTÈGRE

Je crois que ceux qui adhèrent à l'idée selon laquelle il existe des réponses faciles – une seule raison pour tout – font le lit du simplisme et de l'intolérance intellectuelle. Au cours de mes voyages, j'ai découvert que le sectarisme est la règle plutôt que l'exception. Si l'on présume qu'il existe une raison pour tout, on a naturellement tendance à la chercher et à délaisser toutes les autres possibilités qui seraient potentiellement en désaccord avec elle. Je suis surpris du nombre de gens cultivés qui offrent ou recherchent des explications simplistes à des phénomènes complexes comme les émeutes, l'homosexualité, l'avortement, la misère, la maladie, le mal et la guerre. Je pense qu'il vaut mieux oser vivre avec une absence de raisons plutôt qu'avec des raisons simplistes.

Dans *La Quête des pierres*[1], je rapportais une conversation que j'avais eue avec un riche courtier en Bourse blanc. Nous parlions des émeutes de Los Angeles après l'acquittement des policiers qui avaient passé à tabac Rodney King ; cet homme intelligent et cultivé m'avait assuré qu'elles étaient dues au « déclin des valeurs familiales ». Il déduisait cela du fait que les émeutiers étaient pour la plupart de jeunes Noirs. « S'ils étaient mariés et travaillaient pour subvenir aux besoins de leurs familles, ils n'auraient pas le temps de faire des émeutes », m'a-t-il expliqué.

J'ai virtuellement explosé. Je lui ai rappelé que, pendant deux siècles, nous avions *interdit* aux Noirs de se marier et d'avoir une famille. Nous avions rendu leurs valeurs familiales illégales. Je lui ai donné plusieurs raisons culturelles et historiques pour lesquelles, dans l'ensemble, les femmes noires ont une meilleure éducation et trouvent plus facilement du travail que les hommes noirs. Je lui ai rappelé également que la récession économique en Californie était, à l'époque, pire que dans tous les autres États. Je lui ai parlé du déclin des valeurs du *gouvernement* aux États-Unis. Je lui ai parlé de l'oppression, des préjugés et de la psychologie du désespoir. « Le "déclin" des valeurs familiales est peut-être une des raisons des émeutes, ai-je conclu, mais seulement une parmi quantité de raisons complexes. »

---

1. Scott Peck, *La Quête des pierres*, Robert Laffont, 1998.

Je lui ai donné un cours sur la « surdétermination », l'idée que tout ce qui est important a des causes diverses. Loin d'être simpliste, la surdétermination exige l'intégration d'un grand nombre de dimensions permettant de voir le tableau dans son ensemble. Elle est indispensable pour comprendre maintes questions. Bien penser, cela veut dire percevoir de manière multidimensionnelle. C'est l'essence de la pensée intègre. Pour penser et donc pour agir avec intégrité, nous devons inclure les multiples raisons et dimensions de notre monde incroyablement complexe.

Nous, psychiatres, avons un verbe qui veut dire le contraire d'« intégrer » : « compartimenter ». Compartimenter, c'est prendre des choses qui sont reliées entre elles et les placer dans des compartiments étanches de notre esprit, où elles n'auront pas à se frotter les unes aux autres et ne causeront donc ni douleurs, ni frictions, ni tensions. Dans *Different Drum*[1] et dans *La Quête des pierres*, je citais l'exemple d'un homme qui se rend à l'église chaque dimanche, croyant dévotement qu'il aime Dieu et l'œuvre de Dieu, et qui, le lundi, n'a pas d'états d'âme lorsque son entreprise déverse des déchets toxiques dans le cours d'eau local. Cela est possible parce qu'il a mis sa religion dans un compartiment et son travail dans un autre. Il est ce que l'on appelle un « chrétien du dimanche ». C'est une manière très confortable d'opérer, mais l'intégrité ne l'est pas. Penser et agir avec intégrité exige que nous éprouvions pleinement les tensions de pensées et de demandes concurrentes. Cela exige que nous posions la question essentielle : qu'avons-nous oublié ? Cela nous impose d'aller au-delà de nos illusions et préjugés généralement simplistes pour essayer de découvrir ce qui manque.

---

1. *Différent Drum*, Touchstone Books, 1998.

À mes débuts en psychiatrie, on m'a appris que ce que le patient *ne dit pas* est plus important que ce qu'il dit. C'est un excellent précepte pour nous conduire à la racine de ce qui manque. Par exemple, en psychothérapie, les patients en bonne santé parleront de leur présent, de leur passé et de leur avenir d'une manière bien intégrée. Si un patient n'évoque que le présent et le futur, sans jamais mentionner le passé, vous pouvez être sûr qu'il y a au moins une question importante dans son enfance qui n'a pas été intégrée, résolue, et qu'il faut la faire sortir à la lumière du jour pour que la guérison soit complète. Si le patient n'aborde que son enfance ou son futur, le thérapeute pourra en déduire qu'il a du mal à faire face au « ici et maintenant », difficulté qui a souvent à voir avec l'intimité et le risque. Et si le patient ne mentionne jamais son futur, on pourra en conclure que l'imagination et l'espoir lui posent un problème.

Si vous voulez penser avec intégrité et si vous êtes prêt à supporter la souffrance que cela implique, vous serez inévitablement confronté au paradoxe. Le mot grec *para* veut dire « à côté de, le long de, au-delà de », et *doxa* « opinion ». Ainsi, un paradoxe est « une affirmation contraire aux croyances ordinaires ou qui semble contradictoire, incroyable ou absurde, et qui peut, en fait, être vraie ». Si un concept est paradoxal, cela en soi devrait suggérer qu'il est intègre et qu'il dit vrai. À l'inverse, si un concept n'est pas le moins du monde paradoxal, vous pourrez soupçonner qu'il n'est pas parvenu à intégrer un certain aspect de l'ensemble.

L'éthique de l'individualisme forcené en est un exemple. Nombreux sont ceux qui tombent dans le piège de cette illusion parce qu'ils ne pensent pas ou ne veulent pas penser avec intégrité. Car la réalité est que nous n'existons pas par ou pour nous-mêmes. Si je pense avec intégrité, je dois immédiatement reconnaître que ma vie est nourrie non seulement par la terre, la lune et le soleil, mais aussi par des agriculteurs, des éditeurs, des libraires, ainsi que par mes enfants, ma femme, mes amis, mes professeurs, et donc par tout le tissu de la famille, de la société et de la création. Je ne suis pas qu'un individu. Je suis interdépendant et, la plupart du temps, je n'ai pas le droit d'agir « pour mon seul compte ».

Si aucune partie de la réalité ne manque au tableau, si toutes ses dimensions sont intégrées, vous serez probablement confrontés à un paradoxe. Si on va au fond des choses, presque toute vérité est paradoxale. La vérité, par exemple, c'est que je ne suis pas un individu. Ainsi, chercher la vérité, c'est s'efforcer d'intégrer des choses apparemment distinctes et opposées mais en fait imbriquées et reliées entre elles. La réalité elle-même est paradoxale en ce sens que bien des choses peuvent paraître superficiellement simples, tout en étant souvent complexes – mais pas forcément compliquées. La différence est tout aussi claire qu'entre le simplisme et la simplicité. En fait, l'intégrité implique une grande simplicité.

Le Chemin le moins fréquenté abonde en paradoxes. J'y ai écrit que « la vie est difficile parce que le processus de confrontation et de résolution de problèmes est douloureux ». Mais quand j'affirme que la vie est difficile, je ne veux pas dire qu'elle ne soit jamais facile ou gratifiante. Déclarer que la vie est difficile sans préciser ce que l'on entend par là serait souscrire à l'idée que « la vie est difficile et ensuite on meurt ». C'est une notion simpliste et nihiliste. Elle ignore toute la beauté, la bonté, les possibilités de développement personnel, la sérénité et tous les autres aspects merveilleux de l'existence. Ainsi, une réalité mystérieuse et paradoxale est que, une fois la douleur surmontée, la vie peut apporter des joies sans bornes.

Pour comprendre le paradoxe, il faut être capable de saisir deux concepts contradictoires sans devenir fou.

En tant que psychiatre, je n'emploie pas le terme « fou » à la légère. Les gens peuvent se sentir devenir fous lorsqu'une chose qu'ils pensaient vraie – et qu'ils pensaient être l'unique vérité – est remise en question. Il faut avoir une aptitude particulière à l'acrobatie mentale pour être capable de jongler avec des idées contraires sans automatiquement rejeter ou nier la réalité de l'une ou l'autre. Mais, même si notre impulsion la plus forte est de nier ce que l'on a du mal à digérer – comme, par exemple, le fait que le mal coexiste avec le bien dans notre monde –, la capacité à comprendre le paradoxe est nécessaire lorsqu'il s'agit de faire la part des illusions, des demi-vérités et des mensonges éhontés.

Nous sommes presque tous aptes à penser paradoxalement. C'est l'utilisation ou la non-utilisation de cette capacité qui varie grandement. Elle n'est pas tant déterminée par notre QI que par la profondeur de notre pratique de la pensée. Comme dit l'adage, le raisonnement paradoxal ne s'use que si l'on ne s'en sert pas. Plus on utilise sa faculté à penser paradoxalement, plus on est à même de l'élargir.

Il est indubitable que certains changements sociaux sont indispensables à une meilleure façon de penser. Mais, en même temps, chaque individu est responsable de sa pensée et du moyen de relever ce défi. Au bout du compte, si l'on parvient à apprendre aux gens à bien penser, on pourra traiter la plupart des maux dont ils souffrent, eux et la société. Les bénéfices de la bonne manière de penser en valent la peine – bien plus que la mauvaise, en tout cas. C'est une entreprise pleine d'avenir. Il y a longtemps, j'ai entendu dire : « Une fois qu'un esprit est véritablement élargi, il ne reprend jamais sa forme initiale. »

2

La conscience

L'intérêt de penser correctement, c'est de devenir plus conscient, condition préalable pour résoudre correctement les problèmes. Mais qu'est-ce que la conscience ? Et pourquoi est-elle importante ?

La conscience fait partie de ces nombreuses choses, comme l'amour, la prière, la beauté et la communauté, qui sont trop vastes, complexes et mystérieuses pour se laisser englober par une seule définition. Dans *Le Chemin le moins fréquenté*, je concluais le chapitre sur l'amour par une section intitulée « Le mystère de l'amour ». Après avoir disserté pendant une centaine de pages comme si je savais de quoi il s'agissait, je posais un grand nombre de questions sur l'amour dont je ne connaissais même pas le début de la réponse.

Dans *La Quête des pierres*, j'ai écrit que l'art est aussi difficile à définir. L'une des caractéristiques de l'art est son caractère irrationnel. D'autres créations humaines ont une raison évidente. Elles sont nécessaires, utiles et ont une fonction claire. Peu de gens s'interrogeraient sur le but d'une fourchette ou d'une cuillère, d'un couteau ou d'une hache, d'une maison ou d'un immeuble de bureaux. Mais, dès que vous gravez quelque chose sur le manche de la fourchette, sur la lame du couteau ou les moulures du bâtiment, vous vous livrez à une pratique de décoration et entrez de plain-pied dans le domaine plus du tout rationnel ni facilement définissable de l'art. Que nous nous maquillions, que nous peignions une toile, gravions des pierres, écrivions de la poésie ou jouions de la musique, nous faisons quelque chose d'exclusivement humain. L'art implique ainsi non seulement la conscience de soi, comme le démontre la pratique de l'ornement des corps, mais une conscience des choses et de la beauté extérieure à nous-mêmes.

Il n'est pas surprenant qu'il n'existe pas de définition unique et adéquate de la conscience. On ne peut en général déterminer que des choses plus petites que soi. Je pense que toutes les choses trop grandes pour une seule définition simpliste, comme la conscience, ont en fin de compte quelque chose à voir avec Dieu. C'est pourquoi, par exemple, l'islam interdit toute représentation picturale de Dieu : celle-ci ne pourrait pas saisir ou définir Dieu, et ne constituerait qu'un petit segment du tout, ce qui serait un blasphème.

LE MYSTÈRE DE LA CONSCIENCE

Descartes est célèbre pour avoir dit : « *Cogito, ergo sum* » («Je pense, donc je suis »). J'y ajouterai le mot « conscient » : « Je suis conscient de penser, donc je suis. »

Cela signifie-t-il que les choses sans conscience n'existent pas ? Nullement. Même si l'on suppose que les arbres que je vois de ma fenêtre n'ont pas de conscience, j'apprécie leur présence et suis conscient de leur existence en tant qu'entités distinctes de moi. Ils manifestent tous les signes de la vie. Ils sont constamment revigorés par la terre, la pluie et le soleil ; leur feuillage change de couleur avec les saisons. En fait, on ne peut pas affirmer que les arbres, l'herbe ni même les pierres ne sont pas conscients. Ce n'est qu'une supposition. Ils pourraient être conscients selon une modalité différente de la nôtre. J'aimerais pouvoir lire l'esprit d'un cerf, d'une fleur ou d'un dauphin, et apprécier son degré de conscience, mais je ne peux pas.

Cette notion de conscience n'est donc pas simple. En général, nous avons tendance à concevoir la conscience comme ce qui distingue les êtres humains des autres créatures. D'un côté, le monde dans son ensemble est empli de conscience, vivant et changeant. En même temps, nous sommes tous embourbés dans l'in-conscience, cela est particulièrement perceptible chez les humains car, si certaines personnes pensent de manière approfondie, beaucoup pensent très peu et d'autres pas du tout.

Dans *Le Chemin le moins fréquenté*, j'ai écrit que nous avons un esprit conscient et un esprit inconscient. L'esprit conscient prend les décisions et les transforme en actions. L'esprit inconscient se cache sous la surface ; il possède un savoir extraordinaire dont nous n'avons pas naturellement conscience. Il sait plus que ce que nous savons, « nous » étant notre être conscient. Comment découvrir le mystère de ce qui est caché dans notre inconscient ? C'est une énigme... Mais nous avons quelques idées de ce qui se passe dans le développement de la conscience.

RETOUR SUR NOS LOBES FRONTAUX

Dans le chapitre précédent, j'ai dit qu'une des choses qui semblent distinguer les êtres humains des autres créatures est l'absence relative d'instinct. Ayant peu d'instinct, nous sommes obligés d'apprendre. Puisque nous ne savons pas instinctivement beaucoup de choses, on doit nous apprendre à nous comporter et à faire face aux problèmes de la vie.

Les plus primitifs de nos instincts limités s'appellent des réflexes. Un exemple de réflexe est notre réaction à une douleur soudaine. Si vous placez accidentellement votre main sur un poêle brûlant, vous la retirerez immédiatement, avant même d'avoir ressenti la douleur, parce qu'il existe des « arcs réflexes » dans notre moelle épinière. Les messages de douleur entrants passeront par cet arc vers les fibres nerveuses qui contrôlent le mouvement sans que le cerveau soit impliqué. Mais, si la douleur est un tant soit peu sévère, le cerveau en deviendra très rapidement conscient et nous la ressentirons aussi bien mentalement que physiquement.

Il n'y a pas de site spécifique de la conscience dans le cerveau. Néanmoins, si on devait lui inventer une localisation, on la placerait de préférence dans les lobes frontaux. Les tumeurs dans cette partie du cerveau se manifestent en effet souvent d'abord par une altération de la conscience et de l'attention, et donc une moindre capacité à résoudre des problèmes.

Longtemps, les neuropsychiatres ont effectué des lobotomies préfrontales sur certains patients schizophrènes souffrant de graves troubles hallucinatoires. La procédure chirurgicale est simple et consiste à sectionner les connexions entre les lobes préfrontaux (la partie la plus évoluée de notre cerveau) et le reste du cerveau. Autrement dit, par cette opération, les chirurgiens mettaient hors service la partie la plus développée ou la plus humaine du cerveau. Ils ne faisaient pas cela par cruauté. En fait, au cours de ma carrière, j'ai rencontré plusieurs patients ayant subi une lobotomie préfrontale qui m'ont déclaré que l'opération était la meilleure chose qui leur soit arrivée, parce qu'elle les avait soulagés après des années d'épouvantables souffrances.

Mais le prix à payer était la perte d'une partie de leur humanité : ces patients avaient assurément perdu leur finesse de jugement. L'opération avait dissipé leur douleur mais leur avait laissé une conscience limitée et un ensemble appauvri de réactions émotionnelles.

CE QUE NOUS ENSEIGNE LA GENÈSE, 3

L'anthropologie et la neuro-anatomie suggèrent fortement que l'évolution vise au développement des lobes frontaux et donc à celui de la conscience. Mais la Bible et la mythologie ont aussi beaucoup à nous apprendre sur l'évolution de la conscience humaine. Le grand mythe de la Genèse, 3, l'un des plus complexes et multidimensionnels sur notre humanité, nous fournit un autre indice fondamental. Dieu interdit à Adam et Ève de goûter au fruit de l'arbre de la connaissance du bien et du mal. Mais, poussés par un ange déchu, nous dit-on, ils cèdent à la tentation. Dans leur désobéissance, ils se cachent. Lorsque Dieu leur demande pourquoi ils se cachent, ils lui répondent que c'est parce qu'ils sont nus. « Qui vous a dit que vous étiez nus ? » leur demande Dieu. Et le secret est éventé.

Autrement dit, avoir goûté à l'arbre de la connaissance du bien et du mal a pour premier résultat de rendre Adam et Ève pudiques, parce qu'ils sont conscients d'eux-mêmes. Ils savent qu'ils sont nus. Nous pouvons aussi en déduire que la culpabilité et la honte sont des manifestations de la conscience. Ces deux émotions peuvent évidemment être exagérées au point de devenir pathologiques, mais, lorsqu'elles se cantonnent dans certaines limites, elles sont une partie essentielle de notre humanité, nécessaire à notre développement et à notre bon fonctionnement psychologique. La Genèse, 3 est donc un mythe de l'évolution, et plus particulièrement de l'évolution humaine vers la conscience. Comme d'autres mythes, c'est une incarnation de la vérité. Et, parmi les nombreuses vérités que nous enseigne le mythe du jardin d'Éden, il y a celle qu'il est humain d'être pudique.

J'ai eu l'occasion de côtoyer un grand nombre de gens merveilleux qui aimaient penser de manière approfondie – tous étaient fondamentalement pudiques. Certains ne s'étaient jamais posé la question de savoir s'ils l'étaient ou pas mais, après en avoir parlé avec moi, ils se sont aperçus qu'ils l'étaient bien. Les très rares personnes impudiques que j'ai rencontrées avaient subi des traumatismes de différents types : elles avaient perdu une partie de leur humanité.

Lorsque nous, les humains, sommes devenus conscients de nous-mêmes, c'était en tant qu'entités séparées. Nous avons perdu ce sentiment de ne faire qu'un avec la nature et la création. Cette perte est symbolisée par notre bannissement du paradis. Et, inévitablement, à mesure qu'Adam et Ève ont développé leur conscience d'eux-mêmes, ils ont fini par comprendre que les actions ont des conséquences et que leurs choix seraient toujours un fardeau en vertu de la responsabilité qu'implique tout choix. L'humanité entière a hérité de cette malencontreuse situation. Nous avons tous été rejetés dans le désert de la maturité.

Ainsi, notre évolution vers la conscience a des implications bien plus profondes que la honte et la culpabilité. On ne dispose de son libre arbitre que si l'on est conscient. Cela signifie que Dieu nous a faits à son image à travers le processus de l'évolution. Il nous a donné le libre arbitre. Il n'y a pas de libre arbitre quand on opère à un niveau purement réflexe ou instinctif. Mais je voudrais insister sur le terme « libre ». On peut aussi ne pas être libre lorsqu'on nous pointe un pistolet dans le dos. Dieu (ou l'évolution) nous a accordé la liberté de choisir ce que nous pensons ou faisons.

La Genèse, 3, explique notre besoin de continuer à évoluer vers une plus grande conscience. Vu que l'évolution humaine est un processus qui va de l'avant et que nous sommes d'ores et déjà des créatures dotées de conscience, nous ne retrouverons jamais l'innocence de l'ignorance, quels que soient nos efforts. Les portes du jardin d'Éden nous sont à jamais barrées par des chérubins armés d'épées de feu. Nous sommes à la fois bénis et maudits par notre conscience, car elle s'accompagne de la perception de la réalité du bien et du mal.

LE BIEN ET LE MAL

Les trois premiers chapitres de la Genèse nous apprennent beaucoup sur l'origine du bien et du mal. Au tout début, ils suggèrent que l'impulsion à faire le bien a quelque chose à voir avec la créativité. Dieu a d'abord créé le firmament et vu que c'était bien, puis il a créé la terre et les eaux, les plantes, les animaux et les humains, et il a vu qu'eux aussi étaient de bonnes créations. À l'inverse, l'impulsion à faire le mal est destructrice plutôt que créatrice. Le choix entre le bien et le mal, la création et la destruction, nous appartient. Au bout du compte, nous devons prendre cette responsabilité et en accepter les conséquences.

Dès que Dieu (ou l'évolution) nous a donné le libre arbitre, il a aussitôt lâché le potentiel de mal des humains sur le monde. S'il n'y a pas de choix, il n'y a pas de mal. Si l'on dispose du libre arbitre, alors on dispose du pouvoir de choisir entre le bien et le mal. Et l'on est aussi libre de choisir le bien que le mal. Ce n'est donc pas par hasard si l'épisode suivant nous montre le mal à l'œuvre : dans la Genèse, 4, Caïn tue Abel. S'il choisit de le faire, est-ce une simple question de libre arbitre ? Lorsque Dieu demande à Caïn où est son frère, il répond par une question : « Suis-je le gardien de mon frère ? » C'est une rationalisation grossière et, comme telle, elle représente un certain type de pensée, la pensée défensive. C'est une forme de pensée très superficielle, presque réflexe. Cela semble indiquer que, si Caïn a tué Abel, c'est parce qu'il a choisi de ne pas réfléchir de manière plus approfondie. Le libre arbitre comporte la possibilité de penser ou de ne pas penser, de penser profondément ou superficiellement.

Mais pourquoi choisirait-on de ne pas penser de manière profonde ? Pourquoi quelqu'un déciderait-il de penser seulement de manière simpliste, superficielle et réflexe ? Encore une fois, la réponse est que, en dépit de notre conscience, nous préférons, comme les autres créatures, éviter la souffrance. Penser profondément est souvent plus douloureux que penser superficiellement. Lorsque nous pensons avec intégrité, nous devons supporter la tension de toutes sortes de facteurs et de causes qui s'opposent dans notre esprit. L'intégrité n'est jamais indolore et la conscience est inévitablement associée à la douleur.

Avant d'aborder la question du mal, je voudrais insister sur le fait que nous ne sommes pas ici simplement pour vivre une vie indolore, confortable, heureuse et sans soucis. La réalité est que les émotions douloureuses accompagnent la résolution des problèmes et que le processus d'approfondissement de la conscience est, comme la vie en général, difficile. Mais les bénéfices que l'on peut en tirer sont nombreux, dont le principal est que nous devenons plus efficaces dans notre vie. Nous sommes conscients d'une gamme plus vaste de choix dans différentes situations et dans les dilemmes quotidiens de la vie. Nous devenons plus conscients des jeux auxquels jouent les gens et nous laissons moins manipuler par eux pour faire des choses contraires à nos intérêts. Nous sommes en meilleure posture pour décider par nous-mêmes ce que nous devons penser et croire, au lieu de succomber simplement aux diktats des médias et de la famille et à l'influence de nos pairs.

La douleur, hélas, est un effet secondaire inévitable de la conscience. Nous devenons aussi plus conscients des besoins, des fardeaux et des chagrins des autres et de nous-mêmes. Nous devenons plus conscients de la réalité de notre mortalité et des processus de vieillissement à l'œuvre dans chaque cellule de notre organisme. Nous devenons conscients de nos propres péchés et imperfections et, inéluctablement, de ceux de la société.

Le choix de penser ou de ne pas penser en profondeur est donc celui d'accepter ou non que la douleur soit associée à la conscience. Ce choix est si crucial que le premier chapitre du *Chemin le moins fréquenté* porte sur la manière dont les problèmes nous font souffrir et comment ; en tant que créatures qui préférons éviter la douleur, nous essayons de fuir nos problèmes au lieu d'y faire face. De même, le premier chapitre de *Plus loin sur le chemin le moins fréquenté* s'intitule « La conscience et le problème de la douleur ». La douleur qu'elle implique peut donner l'impression que la conscience n'en vaut pas la peine ou n'est pas bonne, jusqu'au moment où l'on comprend le prix qu'il faut payer lorsqu'on ne se développe pas en conscience et que l'on ne pense pas avec intégrité. Il y a beaucoup de mal dans notre monde, souffrances individuelles inutiles, relations humaines destructrices, chaos social et tout cela est dû à notre incapacité à penser et à développer notre conscience.

Bien qu'il faille faire des distinctions importantes entre le mal et la folie, la maladie et le péché, j'ai écrit dans *Les gens du mensonge* que nommer correctement une chose nous donne un certain pouvoir sur elle. Je crois que le mal peut être défini comme une forme spécifique de maladie mentale et devrait être étudié avec la même intensité scientifique que d'autres grands troubles psychiatriques. Cependant, le mal est toujours le mal. Auschwitz, le massacre de My Lai et l'attentat d'Oklahoma City sont des faits. Le mal n'est pas le produit de l'imagination d'un esprit religieux primitif essayant d'expliquer l'inconnu. Et c'est davantage qu'une simple maladie.

Étant donné l'état du monde, il est impossible d'ignorer la réalité du mal si on pense de manière intègre. Pourtant, dans notre pays, ce déni est répandu. Nombreux sont ceux qui minimisent le mal ou rechignent à le reconnaître tel qu'il est vraiment, en partie parce qu'ils ne veulent pas sembler arrogants ou pontifiants. En fait, il est assez courant de lire des articles de journaux où les responsables d'atrocités sont décrits comme « malades ». En tant que psychiatre, je pense que le mot « malades » s'applique mieux à des personnes atteintes d'une affliction pour laquelle il existe un traitement – et qui *désirent* être soignées. Bien que les gens qui font le mal opèrent à partir d'une perspective « malade », la différence est que la plupart des « malades » traitent leur venin de manière interne, le tournant douloureusement vers eux-mêmes s'ils choisissent de ne pas rechercher de l'aide. Ceux qui font le mal prennent une autre route. Ils ne souffrent pas. Ils s'en prennent aux autres, s'en servent comme boucs émissaires ; c'est leur entourage qui doit souffrir. Pensez au tort que peuvent causer ceux qui sont intoxiqués par la haute opinion qu'ils ont d'eux-mêmes, par leur auto-complaisance ou pis encore.

Parce qu'il est si destructeur, le mal est la maladie ultime. Mais un trouble de la pensée n'exonère pas quelqu'un de toute responsabilité pour ses actes. Nous avons le choix de penser ou de ne pas penser, et bien que le mal doive être considéré comme relevant de la psychiatrie, cela ne veut pas dire qu'il ne faille pas emprisonner ceux qui ont commis un crime. Je suis entièrement d'accord avec la loi qui *très rarement* acquitte les criminels pour cause de folie. Chaque fois que nous avons le choix, nous devons être tenus pour responsables.

Dans *Les Gens du mensonge*, j'affirmais audacieusement que certaines personnes sont mauvaises. De qui s'agit-il ? Il est important de distinguer les gens mauvais des criminels et pécheurs ordinaires. Au cours de ma carrière de psychiatre, j'ai passé un certain temps à travailler en prison avec des condamnés. Bien que certains pensent que le problème du mal se limite à ceux qui sont emprisonnés, j'ai rarement eu le sentiment que les prisonniers étaient des êtres véritablement mauvais. Bien sûr, ils ont des comportements destructeurs, et de manière répétée en général. Mais il existe un certain aspect aléatoire à leur destructivité. En outre, quoique en général ils nient toute responsabilité pour leurs agissements criminels, leur méchanceté comporte une certaine part de candeur. Eux-mêmes sont les premiers à le souligner en affirmant qu'ils se sont fait prendre précisément parce qu'ils sont d'« honnêtes criminels ». Les vrais méchants, ils vous le diront, se trouvent au-dehors. Bien sûr, ces déclarations leur servent à se justifier, mais je pense qu'elles sont souvent assez justes. En effet, la plupart des gens qui font le mal sont considérés comme des citoyens ordinaires. Ils habitent dans la même rue que nous. Ils peuvent être riches, pauvres, cultivés ou ignorants. La plupart ne sont pas des « criminels ». Le plus souvent, ce sont d'« honnêtes citoyens », bien intégrés dans leur communauté, qui disent et pensent ce qu'il faut dire et penser. Ils peuvent être des dirigeants actifs de leur communauté, enseignants, policiers, banquiers, étudiants ou parents.

Dans *Les Gens du mensonge*, je racontais l'histoire de Bobby et de ses parents. C'est un cas spectaculaire de la manière dont des gens ordinaires peuvent faire le plus grand mal. Après que son frère Stuart s'était suicidé en se tirant une balle de 22 long rifle dans la tête, Bobby, âgé de quinze ans, a commencé à se rappeler toutes sortes de petits incidents et à culpabiliser pour avoir insulté son frère ou l'avoir frappé pendant une bagarre. D'une certaine manière, il se sentait responsable de la mort de Stuart, et il s'est mis à se juger lui-même comme quelqu'un de mauvais. Ce n'était pas surprenant. Si l'un de nos proches se suicide, notre première réaction après le choc initial – si nous sommes des humains normaux, avec une conscience humaine normale – sera de nous demander ce que nous avons fait de mal. Si Bobby avait eu une famille normale, saine, ses parents – des gens modestes – lui auraient parlé de la mort de son frère et auraient cherché à lui expliquer que Stuart souffrait d'une maladie mentale et que ce n'était pas sa faute. Mais ses parents ne l'ont pas fait. Et sans ce réconfort, Bobby a sombré dans la dépression. Ses notes ont chuté et son école a conseillé à ses parents de consulter un thérapeute. Ils ne l'ont pas fait.

Par contre, ce qu'ils ont fait, c'est offrir à Bobby pour Noël, alors que celui-ci ne l'avait pas demandée, une carabine 22 long rifle. Le message était terrifiant. Étant donné la dépression de Bobby et son manque de maturité pour comprendre la raison pour laquelle ses parents lui faisaient ce « cadeau », le message était essentiellement le suivant : « Prends l'arme avec laquelle ton frère s'est donné la mort et fais de même. Tu mérites de mourir. » Confrontés avec la nature horrible de leur geste, ses parents ont répondu par le déni et le dépit inhérents à leur nature. Ils m'ont dit : « C'était le plus beau cadeau que nous pouvions lui offrir. Nous sommes de simples travailleurs. Nous ne sommes pas sophistiqués, intelligents et cultivés comme vous. Nous ne savons pas réfléchir à ce genre de chose. »

Bien sûr, un acte mauvais ne fait pas de vous un être maléfique. Sinon, nous le serions tous, car nous faisons tous des choses mauvaises. Mais je pense que c'est une erreur de penser au mal ou au péché comme étant une simple question de degré. La définition la plus large du péché est « rater la cible », ce qui veut dire que nous péchons chaque fois que nous ne frappons pas le cœur de la cible. Le péché est tout simplement une incapacité à être parfait de manière continue. Et parce qu'il est impossible d'être parfait tout le temps, nous sommes tous des pécheurs. Régulièrement, nous échouons à faire de notre mieux, et chaque échec nous fait commettre une sorte de crime, contre nous et contre les autres.

Bien sûr, il y a des crimes plus ou moins graves. Il peut sembler moins odieux d'escroquer les riches que les pauvres, mais c'est quand même de l'escroquerie. La loi établit une différence entre le fait de détourner des fonds, de frauder le fisc, de raconter à votre femme que vous travaillez tard alors que vous la trompez, ou de dire à votre mari que vous n'avez pas eu le temps d'aller au pressing alors que vous venez de passer une heure au téléphone avec une amie. Il est vrai que certains de ces actes sont plus excusables que d'autres – et peut-être même plus dans certaines circonstances particulières –, mais il n'en demeure pas moins que ce sont des mensonges et des trahisons.

Car nous nous trahissons nous-mêmes et les autres régulièrement. Les pires d'entre nous le faisons effrontément et même compulsivement. Les plus nobles d'entre nous le faisons subtilement et égoïstement, même lorsque nous essayons de ne pas le faire. Que cela soit conscient ou inconscient n'est pas la question : il y a trahison. Si vous pensez être suffisamment scrupuleux pour n'avoir jamais fait quelque chose de ce genre, demandez-vous si vous ne vous êtes jamais menti à vous-même. Soyez parfaitement honnête, et vous verrez que vous avez péché. Si vous ne le voyez pas, alors vous n'êtes pas parfaitement honnête avec vous-même, ce qui est un péché.

Nous péchons tous à des degrés divers. Ceux qui sont mauvais ne peuvent être strictement caractérisés par l'ampleur de leurs péchés ou l'illégalité de leurs actes. Ce ne sont pas leurs péchés en tant que tels qui les caractérisent : c'est plutôt leur subtilité, leur persistance et leur cohérence. Et derrière cette cohérence, ce qui différencie les gens mauvais comme les parents de Bobby, ce sont les extrémités auxquelles ils sont prêts à aller pour ne pas prendre conscience de leur propre mal.

L'OMBRE

Carl Jung expliquait le mal par « le refus de rencontrer l'*ombre* ». Pour Jung, l'ombre est cette partie de notre esprit qui contient ces choses que nous préférons ne pas admettre, que nous essayons constamment de nous cacher en les glissant sous le tapis de notre conscience.

La plupart d'entre nous, lorsque nous sommes écrasés par la masse de nos péchés, de nos échecs ou de nos imperfections, admettent l'existence de leur ombre.

Mais, lorsque Jung parlait de « refus », il voulait dire quelque chose de bien plus actif. Ceux qui ont franchi la ligne séparant le bien du mal se distinguent par leur refus complet d'admettre la moindre possibilité d'être eux-mêmes des pécheurs. Leur principal défaut n'est pas leur absence de conscience mais leur refus de supporter sa douleur. Autrement dit, c'est moins le péché en soi que le refus de le reconnaître qui les rend mauvais.

En fait, les gens mauvais sont souvent très intelligents et peuvent être très conscients à bien des égards, mais ils se défendent de manière très spécifique de reconnaître leur ombre. La définition du mal la plus concise que je connaisse est l'« ignorance active ». Mais le mal n'est pas une ignorance générale ; plus spécifiquement, c'est l'ignorance active de l'ombre. Ceux qui sont maléfiques refusent de supporter la douleur de la culpabilité ou de laisser entrer l'ombre dans le champ de leur conscience pour l'affronter. Par contre, ils se démèneront pour détruire les preuves de leur péché ou quiconque pourrait en témoigner. Et cet acte de destruction est constitutif du mal.

J'ai écrit que la culpabilité est à bien des égards une bénédiction. Le fait d'être authentiquement conscient de ses propres faiblesses est ce que j'appelle « le sens du péché personnel ». Il est déplaisant de se dire que l'on est un être naturellement paresseux, ignorant, égoïste, qui trahit régulièrement son créateur, ses congénères et même ses propres intérêts. Pourtant, ce sentiment désagréable d'échec personnel et d'inadéquation est, paradoxalement, la plus grande bénédiction. Aussi déplaisant qu'il puisse être, le don de la culpabilité appropriée est précisément ce qui empêche nos péchés de se déchaîner. C'est le garde-fou le plus efficace contre nos mauvais penchants.

Parmi les raisons pour lesquelles on se doit d'acquérir davantage de conscience, il y a le fait d'éviter de devenir mauvais. Heureusement, les vrais méchants ne sont qu'une minorité. Mais les formes mineures de maladies mentales sont légion et, bien qu'elles ne soient pas maléfiques, elles aussi peuvent refléter un refus de rencontrer son ombre. Sigmund Freud et sa fille Anna ont démontré de manière frappante que souvent des choses « sinistres » se cachent dans le tréfonds de l'esprit inconscient. La psychologie freudienne traditionnelle nous a appris que les causes de la plupart des troubles psychologiques viennent de sentiments cachés – colère, désir sexuel inassouvi et ainsi de suite. En raison de cela, la maladie psychologique a été localisée dans l'inconscient par la plupart des penseurs, comme si l'inconscient était la poubelle de la psychopathologie et les symptômes des démons souterrains qui feraient surface pour venir tourmenter l'individu. Mon point de vue est à l'exact opposé.

Comme je l'ai dit dans *Le Chemin le moins fréquenté*, je pense que tous les troubles psychologiques sont fondamentalement des troubles de la conscience. Ils ne sont pas localisés dans l'inconscient mais dans un esprit conscient qui refuse de penser, de faire face à certains problèmes, de supporter la douleur ou certaines émotions. Ces questions, ces émotions et ces désirs sont inconscients seulement parce qu'un esprit conscient les y relègue pour éviter la douleur.

Bien sûr, personne n'est assez malade pour être complètement inconscient. Et personne n'est si sain qu'il soit *totalement* conscient. Il existe d'innombrables degrés de conscience dans la mesure où certaines personnes font plus ou moins d'efforts que d'autres. Cependant, ils sont intrinsèquement difficiles à mesurer. Même avec les outils d'évaluation de la santé mentale fournis par les tests psychologiques, il est ardu de déterminer le véritable degré de conscience de quelqu'un. On peut tirer des conclusions à partir de son comportement, mais la meilleure mesure est fournie par la cohérence de son approche générale de la pensée. Par exemple, celui qui a tendance à penser de manière simpliste a un moindre degré de conscience que celui qui pense avec intégrité.

Ainsi la pensée et la conscience sont-elles inextricablement liées dans une relation parallèle. La conscience est le fondement de toute pensée, et la pensée est le fondement de toute conscience. Chaque fois que la pensée connaît un échec, il existe un déficit dans le degré de conscience. Tout le comportement humain – le bon, le mauvais et l'indifférent – est déterminé par la qualité, ou l'absence de qualité, de la pensée et de la conscience impliquées.

Les gens me demandent souvent : « Docteur Peck, puisque nous avons tous des névroses d'un type ou d'un autre – puisque personne ne peut être complètement conscient –, comment savoir quand il faut entreprendre une thérapie ? » Et je leur réponds : « Quand vous êtes coincé. La thérapie est inutile si vous vous développez bien sans elle. Mais lorsque vous ne vous développez plus, que vous faites du surplace, vous n'êtes de toute évidence plus efficace. Et là où il y a inefficacité, il y a manque de compétence. » C'est une raison supplémentaire de chercher à accroître sa conscience et le fondement du développement mental et spirituel. Or c'est à travers ce développement que nous devenons de plus en plus compétents.

CONSCIENCE ET COMPÉTENCE

Différentes capacités et divers talents nous aident à faire face aux exigences de la vie ou à développer une certaine habileté à résoudre des problèmes, mais la compétence générale est bien plus complexe. Liée au développement de la conscience, elle va plus loin que le simple fait d'acquérir des talents de survie de base, d'apprendre à s'organiser ou d'avoir une bonne mémoire. La véritable compétence a plus à voir avec le développement de la sagesse qu'avec l'accumulation du savoir. Elle implique une quête de la maturité psychologique et spirituelle qui a pour résultat un vrai pouvoir personnel. Bien des gens peuvent cuisiner sans se servir de recettes, réparer une voiture sans manuel d'utilisation, ou ont une excellente mémoire leur permettant d'avoir des réponses rapides et toutes prêtes pour différentes situations. Mais, parce qu'ils souffrent d'une incapacité ou d'un refus de penser de manière plus large, de réagir de façon plus créative, ils ne parviendront peut-être pas à faire face à des situations ne correspondant pas au schéma préétabli. L'homme qui peut réparer un Sanibroyeur sans manuel peut se trouver totalement désemparé lorsqu'il s'agit de situations plus complexes comme la discipline de ses enfants ou la communication avec son épouse.

Le fait est que l'on peut être compétent dans certains aspects de son existence mais pas dans d'autres. Heather, l'un des principaux personnages d'*Un lit près de la fenêtre*, est très compétente et consciencieuse dans son travail d'infirmière, si compétente que c'est un des soignants préférés de la maison de retraite. Mais sa vie privée est une autre affaire. Elle est moins compétente lorsqu'il s'agit de choisir un compagnon et se retrouve souvent dans des situations difficiles, voire dangereuses, en raison de sa mauvaise appréciation des hommes. Formidable infirmière d'un côté et médiocre petite amie de l'autre, Heather est un exemple criant de ce que les psychologues appellent une personne avec des « régions du moi libres de conflit » et d'autres extrêmement conflictuelles, pleinement consciente dans certains domaines et totalement inconsciente dans d'autres en raison de conflits névrotiques.

Bien des gens sont gênés par la nature inégale de leur conscience. Comme Heather, ils peuvent entreprendre une psychothérapie pour mettre fin à leurs tourments. Au début, ils seront rapidement soulagés de comprendre qu'ils ne sont pas fous – bien que le développement plus approfondi prenne du temps –, mais ils trouvent parfois que la thérapie n'est pas une panacée contre la douleur d'une conscience en développement.

Quand je travaillais comme psychothérapeute, je disais toujours à mes patients : « La psychothérapie n'a rien à voir avec le bonheur ; cela a à voir avec le pouvoir. Si vous allez jusqu'au bout du chemin, je ne peux pas vous garantir que vous en sortirez plus heureux. Je peux néanmoins vous assurer que vous serez plus compétent. » J'ajoutais ensuite : « Cependant, il existe un déficit de compétence dans le monde, et, dès que les gens deviennent plus compétents, Dieu ou la vie leur donne des choses plus importantes à faire. Il se peut donc que vous sortiez d'ici soucieux de problèmes bien plus graves que ceux que vous aviez à votre arrivée. Mais vous verrez qu'une certaine joie et une paix intérieure viendront du fait de savoir que vous êtes préoccupé par des choses sérieuses et non plus déstabilisé par de toutes petites. »

Freud, à qui l'on demandait un jour quel était le but d'une psychothérapie, a répondu : « Rendre l'inconscient conscient. » Bien sûr, c'est ce que nous ne cessons de dire. Le but d'une thérapie est de permettre aux gens de comprendre qu'ils peuvent penser plus clairement et vivre leur vie avec plus d'efficacité.

Une autre manière de parler de ce progrès de la conscience est d'évoquer ce que l'on appelle le développement du moi, qui est en fait un développement de la conscience. Dans *Ainsi pourrait être le monde*[1], j'ai écrit que le moi est la partie gouvernante de notre personnalité et que son développement – la maturation de ce « gouverneur » – est constitué de trois grandes étapes.

La première étape, celle de la petite enfance, est caractérisée par une absence totale, ou quasiment totale, de conscience de soi. L'ego est au niveau des émotions et totalement emmêlé avec elles. C'est ce manque de conscience de soi qui fait que les enfants sont si souvent charmants et innocents. Lorsqu'ils sont gais, ils le sont à cent pour cent. Ils sont merveilleusement spontanés et naïfs. Mais c'est cette même absence de conscience de soi qui fait également qu'un enfant est difficile. Car, lorsqu'un enfant est triste, il l'est aussi à cent pour cent, parfois au point d'être inconsolable. Et sa colère explosera en donnant parfois lieu à des conduites violentes, voire vicieuses.

Vers l'âge de neuf mois, il y a des frémissements de conscience de soi et cette capacité augmente très progressivement dans l'enfance. Et au cours de l'adolescence elle connaît une phase de développement spectaculaire. Pour la première fois, les jeunes ont un « moi observant ». Ils peuvent maintenant observer leur gaieté, leur tristesse ou leur colère au moment où ils les éprouvent. Cela veut dire que le moi n'est plus exclusivement confiné au niveau des émotions. À présent, une partie du moi – le moi observateur – est détachée des émotions et se situe au-dessus d'elles, d'où elle les observe. Il en résulte une certaine perte de spontanéité.

Le moi observateur n'est pas encore entièrement développé au moment de l'adolescence. Les adolescents sont généralement spontanés, souvent dangereusement. À d'autres moments, ils semblent n'être qu'une

---

1. Scott Peck, *Ainsi pourrait être le monde : pour réapprendre à vivre ensemble*, Robert Laffont, 1994.

masse de poses affectées à mesure qu'ils essaient une nouvelle identité après l'autre, en adoptant de nouvelles coiffures, de nouveaux styles vestimentaires et en se comportant de manière provocante. Se comparant constamment à leurs pairs et à leurs parents, ces créatures apparemment flamboyantes sont néanmoins maladivement timides et souffrent d'innombrables crises de honte et de haine de soi.

Puisque la conscience de soi devient douloureuse à ce stade du développement psychosocial et spirituel, bien des jeunes passent à l'âge adulte en renonçant à la développer. Parce que leur moi observateur cesse de se développer une fois qu'ils entrent dans l'âge adulte, leur capacité d'auto-observation se module (devient moins douloureuse), mais c'est au prix d'un rétrécissement de la conscience. Quand on se satisfait d'une conscience limitée de ses propres émotions et imperfections, c'est qu'on s'est arrêté en cours de route sur le chemin du développement personnel ; on est incapable d'accroître son potentiel humain ou de le transformer en véritable pouvoir psychospirituel.

Mais une minorité chanceuse, pour des raisons mystérieuses, poursuit son chemin et continue à fortifier son moi observateur au lieu de le laisser s'atrophier. L'une des raisons pour lesquelles la psychothérapie d'inspiration psychanalytique se révèle si efficace est peut-être qu'elle permet d'exercer le moi observateur. Ce que le patient fait lorsqu'il est allongé sur le divan, ce n'est pas seulement parler de lui mais s'observer, lui et ses émotions, en train de le faire.

L'utilisation du moi observateur est cruciale parce que, s'il se renforce suffisamment, l'individu se retrouve alors en position de passer à l'étape suivante et de développer ce que j'appelle un « moi transcendant ». Avec un moi transcendant, on amplifie sa conscience de ses dimensions supérieures, on est mieux préparé à décider de manière réaliste où, quand et pourquoi on exprime l'essence de son être. En approfondissant la conscience que l'on a de l'ensemble de ses pensées et de ses émotions, on se sent inévitablement moins menacé par la connaissance de ses défauts et on peut plus facilement intégrer et apprécier la totalité de ce que l'on est, le bon et le moins bon. On peut parvenir à développer une capacité à vivre avec ses propres limitations, et peut-être même à en rire. Lorsqu'on devient capable d'admettre ses propres limites, on est en meilleure posture pour travailler sur ces domaines qu'il est en notre pouvoir de modifier et pour accepter ces choses que nous ne pouvons pas changer.

Il est vrai que l'existence même d'un moi observateur puissant implique une certaine perte de spontanéité. Puisque le développement d'un moi transcendant se base sur celui qui précède le moi fondateur, une personne pleinement consciente sait que souvent elle n'est pas libre de faire toutes les choses qu'elle a simplement envie de faire. D'un autre côté, elle a la souplesse psychologique pour décider consciemment quand elle peut être spontanée et quand une situation impose la prudence.

Un après-midi, j'essayais d'expliquer le concept du moi transcendant à un de mes patients qui était venu me voir parce qu'il avait du mal à exprimer sa colère. Quelques années plus tôt, il avait occupé un poste important dans l'administration d'une université à un moment de grande agitation étudiante. « Ah ah ! s'est-il soudain exclamé. Maintenant je comprends ce que vous voulez dire. » Il m'a alors raconté comment, au plus fort des troubles, le président de l'université avait démissionné, immédiatement remplacé par un autre : « Les réunions se succédaient les unes aux autres. Les discussions étaient très animées. Le nouveau président se contentait d'écouter. De temps à autre, il commentait très calmement que la position de l'université sur tel point était ceci ou cela, mais qu'il n'en étais pas sûr parce qu'il venait d'arriver. J'admirais son sang-froid, mais j'ai commencé à me demander s'il n'était pas un peu trop passif, peut-être même inefficace. Un jour, nous étions dans l'amphithéâtre, à un grand meeting ouvert à l'ensemble du corps enseignant. La question débattue était particulièrement importante. Un jeune prof s'est lancé dans une longue diatribe contre l'administration, dont les membres, selon lui, n'étaient qu'un ramassis de porcs fascistes insensibles et irresponsables. Une fois qu'il a eu fini, notre nouveau président s'est levé et s'est dirigé vers le pupitre. "Cela fait trois semaines que je suis ici, a-t-il commencé sans se départir de son calme habituel, et vous n'avez pas encore eu l'occasion de voir votre président se mettre en colère. Aujourd'hui, le moment est arrivé." Puis il a entrepris de tailler en pièces le jeune imbécile. C'était très impressionnant. C'est peut-être un exemple de ce que vous appelez un moi transcendant au travail. »

Bien qu'une légère perte de liberté accompagne la conscience et un auto-examen constant, ceux qui s'y sont habitués trouvent que, dans l'ensemble, c'est un mode de vie très libérateur. Cela parce que, sous le haut niveau de conscience, il y a un certain niveau de self-control, autrement dit, de compétence psychologique.

Avoir un moi transcendant, c'est comme être un chef d'orchestre. Tel le président de l'université, un individu avec un moi transcendant devient si conscient de ses émotions qu'il peut effectivement les orchestrer. Il peut ressentir une certaine tristesse, mais il est aux commandes de son être. Il peut donc dire : « Ce n'est pas un temps pour la tristesse ou les violons, c'est un temps pour la joie. Alors, silence, les violons, et faites sonner les trompettes. » Ce qui définit sa compétence personnelle ici, son pouvoir personnel, est qu'il ne réprime ni ne nie sa tristesse, pas plus qu'un chef d'orchestre ne casserait les violons. Il laisse simplement sa tristesse de côté, la met entre parenthèses. De même, avec la compétence émotionnelle et intellectuelle d'un moi transcendant, il pourrait invoquer la part joyeuse de son être : « Je vous aime, trompettes, mais la situation ne convient pas à la joie. Elle demande de la colère, faites donc sonner les tambours. »

Pourtant, dans l'intérêt du réalisme, il ne faut pas oublier que toute bénédiction est potentiellement une malédiction et que la conscience et la compétence sont inextricablement mêlées à la douleur. Comme je l'ai dit dans *Le Chemin le moins fréquenté*, « la meilleure mesure de la grandeur d'une personne est sa capacité à souffrir ». Ce point est précisément souligné par le titre du livre du psychiatre Arnold Ludwig, *The Price of Greatness*[1]. Celui-ci est basé sur dix ans de recherches concernant la vie de mille quatre grandes figures du XXe siècle, représentatives de différentes disciplines, dont des artistes, des écrivains, des inventeurs et d'autres créateurs. Explorant les rapports entre génie et santé mentale, Ludwig a écrit que, parmi les grands génies de notre temps, tous partageaient une tendance à rejeter les points de vue antérieurs, un manque de respect pour l'autorité établie, une forte tendance à la solitude et un « malaise psychologique » pouvant conduire à des troubles mentaux comme la dépression, l'anxiété ou l'alcoolisme. Mais, si ces propriétés n'étaient pas trop handicapantes, elles contribuaient à la capacité de l'individu à être significativement créatif, à défricher de nouvelles voies, à proposer des solutions radicales et à promouvoir de nouvelles écoles de pensée.

---

1. Arnold Ludwig, *The Price of Greaness : resolving the creativity and madness controversy*, Guilford Press, 1995.

Un autre aspect de la douleur qui accompagne le fait d'être doué et hautement conscient a trait à la lutte que l'on doit mener pour accepter sa propre supériorité. Comme je l'ai écrit dans *Ainsi pourrait être le monde*, beaucoup de ceux qui sont véritablement supérieurs luttent contre leur vocation au pouvoir personnel et civique parce qu'ils ont peur d'exercer de l'autorité. En général, ils rechignent à se considérer comme « meilleurs » ou « supérieurs » aux autres, parce que le pouvoir personnel et spirituel s'accompagne souvent d'un sentiment d'humilité.

L'histoire d'une femme nommée Jane en est une parfaite illustration. C'était une brillante et belle jeune étudiante en deuxième année d'école de commerce qui était venue me consulter à cause de son irritabilité. Sa vie sentimentale était terne. Ses professeurs lui paraissaient pompeux. Ses camarades, même les femmes, lui semblaient singulièrement limités et dépourvus d'imagination. Elle n'avait pas la moindre idée d'où pouvait venir le problème, mais elle était suffisamment intelligente pour savoir qu'il était anormal de vivre dans un état d'irritation constante.

Après plusieurs séances passées à baliser un terrain déjà bien connu, elle s'est exclamée avec exaspération :

« J'ai l'impression que je passe mon temps à me plaindre ! Je ne veux pas être une geignarde.

— Alors, il vous faudra apprendre à accepter votre supériorité, lui ai-je répondu.

— Ma quoi ? Qu'est-ce que vous voulez dire ? »

Jane était stupéfaite.

« Je ne suis pas supérieure.

— Toutes vos plaintes tournent autour de votre estimation, sans doute juste, que les hommes avec qui vous sortez ne sont pas aussi intelligents que vous, que vos professeurs ne sont pas aussi modestes que vous et que vos camarades ne sont pas aussi intéressants que vous, lui ai-je fait remarquer. Autrement dit, tout votre malheur vient de ce que vous avez le sentiment d'être supérieure à la plupart des gens, ce que vous êtes probablement.

— Mais je ne me sens pas supérieure ! s'est-elle écriée avec un soupçon d'exaspération dans la voix. C'est ça le problème. Je ne devrais pas me sentir supérieure. Tous les gens sont égaux.

— Vraiment ? »

Je haussai les sourcils.

« Si vous pensez que tout le monde est aussi intelligent que vous, alors vous allez être périodiquement irritée lorsque les gens s'avéreront ne pas l'être. Ils vous décevront constamment, chaque fois qu'ils ne seront pas à la hauteur de vos attentes. »

Les semaines suivantes ont été très difficiles pour Jane, même si elle avait le sentiment excitant d'être sur la bonne voie. C'était tellement plus facile d'être banale. C'était si rassurant. Comment pouvait-elle accepter sa supériorité sans succomber à l'arrogance ? Sans devenir une insupportable donneuse de leçons ? Si elle était réellement supérieure, n'était-elle pas condamnée à une vie de solitude ? Et si elle n'était pas ordinaire, si elle était en réalité extraordinaire, pourquoi ? Pourquoi elle ? Pourquoi avait-elle été choisie, bénie, ou maudite ? Bien sûr, je ne pouvais répondre à sa place. Mais elle était rassurée par le fait que je reconnaissais que c'étaient des questions très réelles et très importantes. Progressivement, elle en est venue à accepter qu'elle n'était pas ordinaire, qu'elle avait été choisie et maudite, bénie et encombrée d'un fardeau.

Un autre fardeau douloureux accompagne une compétence et une conscience accrues, c'est la solitude de transcender la culture traditionnelle. À travers les âges, seuls quelques-uns parmi des millions – un Socrate, un Jésus – se sont hissés au-dessus de la culture rigide et de la pensée simpliste de leur époque. Aujourd'hui, grâce à la communication de masse, à la psychothérapie et à la grâce, j'estimerais qu'il y a des centaines de milliers d'adultes dans notre pays qui sont sur le fil du rasoir. Ces individus pensent suffisamment bien pour contester la pensée conventionnelle et irrationnelle. Ils remettent en question les allégeances aveugles, nationales et tribales et les limites imposées par leur culture afin de se développer. Ils ne croient plus à tout ce qu'on écrit dans les journaux. Ils recherchent la vérité et contestent les illusions sur la « normalité » mises en avant par la société et les mass media. Ils ont le courage de ne plus se laisser happer par la pensée simpliste qui les entoure. Ils ont redéfini le terme « famille » qui inclut non seulement les parents mais aussi ceux avec qui ils partagent des intérêts et une approche de la vie.

En approfondissant leur conscience, beaucoup de gens ressentent une sensation de liberté et de libération à mesure qu'ils s'efforcent de devenir fidèles à eux-mêmes, véritablement eux-mêmes. Leur conscience se met à plonger ses racines dans l'éternel or l'évolution de la conscience est l'essence même du développement spirituel. Mais il y a un prix à payer : leur voyage peut être solitaire. Les grands penseurs sont souvent mal compris par les masses qui continuent à voir la vie et le monde de manière simpliste. Puisque la plupart de ceux qui sont conscients refusent la mentalité du « faites comme tout le monde » qui prévaut dans notre société, ils ont du mal à s'adapter. Ils trouvent que les autres peinent à les comprendre et à communiquer avec eux. Ils paient le prix en se sentant au moins partiellement aliénés de leurs familles et coupés de leurs anciens amis et des rituels culturels.

Cette « élite » intellectuelle et spirituelle a·des passés divers. Ils sont riches, pauvres, de toutes les races, de tous niveaux socioculturels. Mais, parce que la conscience exige une grande force interne, nombre de ceux qui ont le potentiel pour s'élever choisissent la voie de la facilité, celle de la stagnation et non du développement.

Par exemple, bien des conscrits noirs que j'ai reçus pendant que je travaillais en tant que psychiatre militaire lors de la guerre du Vietnam préféraient se faire passer pour idiots, alors qu'ils étaient manifestement assez intelligents pour répondre à des questions compliquées. Ils ne voulaient pas des responsabilités qui vous échoient lorsque vous êtes compétent et des contraintes que cela ferait peser sur eux. Pour la même raison, beaucoup de gens fuient une plus grande conscience parce qu'ils trouvent cela plus confortable à vivre. Même s'ils reconnaissent verbalement l'importance de la conscience et du développement personnel, leurs actions ne correspondent pas à leurs paroles.

En fait, il est courant de traiter la conscience presque comme s'il s'agissait d'un rhume contagieux ou potentiellement mortel dès lors que l'on propage trop la pensée profonde parmi ceux qui nous entourent. Comme je l'ai dit au chapitre précédent, on reproche souvent aux contemplatifs de « trop penser ». Si vous êtes conscient, on vous considère avec suspicion et énervement, comme si penser intensément était comparable au fait de prendre une drogue dure.

LA CONSCIENCE DE LA MORT

Il existe une autre douleur liée à la conscience, si forte et si importante qu'elle mérite qu'on s'y attarde particulièrement : c'est la conscience de la mort, du fait que l'on va mourir. Nous sommes plus conscients que les autres animaux ; ne dit-on pas souvent à propos de la condition humaine que « l'homme est la seule créature à être consciente de sa propre mortalité » ? Pour certains, c'est non seulement la condition humaine mais le dilemme humain, car cela leur semble effroyablement douloureux.

En conséquence de quoi, la plupart des gens essaient, d'une manière ou d'une autre, de fuir ce face à face avec leur mortalité. Au lieu de l'affronter, le plus tôt et le plus régulièrement possible, nous sommes nombreux à refuser de nous y préparer le moins du monde. Dans notre culture du déni de la mort et du culte de la jeunesse, nous nous donnons un mal fou pour éviter le moindre rappel de la mort. Comme Ernest Becker l'a fait remarquer dans son ouvrage classique *The Denial of Death*[1], cela peut aussi nous conduire au mal de différentes manières assez subtiles (comme, par exemple, dans la pratique du bouc émissaire ou dans les sacrifices humains dont le but est d'apaiser les dieux pour qu'ils ne s'en prennent pas à nous).

De notre réticence à affronter la mort découle celle d'affronter la vieillesse. Dans *La Quête des pierres*, j'ai écrit qu'il ne serait pas naturel d'être heureux de vieillir parce que c'est un processus au cours duquel nous perdons progressivement tout. Dans les derniers temps où je faisais des psychothérapies, j'ai suivi quatre femmes très semblables qui approchaient les soixante-dix ans et qui sont venues me voir en se plaignant de la même chose : une dépression consécutive au vieillissement. Elles n'étaient pas croyantes. Elles avaient de l'argent. Leurs enfants étaient formidables. Dans leur vie, tout semblait s'être déroulé sans accroc. Et voilà qu'elles avaient une cataracte, des problèmes d'audition, qu'elles devaient porter un appareil dentaire et cela les mettait en colère et les déprimait. Je ne voyais pas

---

1. Ernest Becker, *The Denial of Death*, Free Press, 1997.

comment les aider autrement qu'en les convertissant à une vision de la vieillesse qui serait autre chose qu'un temps inutile où l'on se regarde pourrir sur pied. J'ai essayé de leur faire comprendre qu'il s'agissait d'une période spirituelle dans leur vie, un temps de préparation. Ce ne fut pas facile. Je leur répétais à chacune : « Écoutez, ce n'est pas vous qui avez écrit le scénario de cette histoire, vous n'êtes pas le seul metteur en scène. » Deux d'entre elles ont rapidement cessé de venir, préférant la dépression au fait de devoir reconnaître qu'elles n'étaient pas le seul maître à bord de leur existence.

Les choses ont été bien plus simples avec une femme âgée qui avait un esprit religieux, chrétien, alors qu'elle était bien plus gravement déprimée. Âgée d'environ soixante-cinq ans, elle avait souffert d'un double décollement de la rétine. Elle était aveugle à quatre-vingt-dix pour cent, outrée par ce qui lui arrivait et furieuse contre son ophtalmologue qui n'avait pas réussi à la soigner malgré les traitements les plus perfectionnés. Un thème se dégagea rapidement au cours de nos séances. « Je déteste quand on doit me prendre par le bras pour m'aider à me lever du banc de l'église ou descendre les marches, se plaignait-elle amèrement. Je déteste rester coincée à la maison. Je sais que des tas de gens sont prêts à m'aider à me déplacer, mais je ne peux pas demander tout le temps à mes amis de me conduire. »

Je lui ai dit qu'il me semblait clair qu'elle était très fière de son indépendance. « Vous avez eu beaucoup de succès dans votre vie et je pense que vous avez de quoi être satisfaite. Mais, vous savez, il y a tout un chemin pour aller de la terre au ciel, et c'est une bonne règle en général de ne pas trop se charger. Je ne sais pas si vous parviendrez à monter au ciel avec toute cette fierté. Pour vous, votre cécité est une malédiction et comment vous le reprocher ? Mais on pourrait aussi la considérer comme une bénédiction, destinée à vous débarrasser du fardeau désormais inutile de votre fierté. À part votre vue, vous êtes en assez bonne forme physique. Il vous reste une douzaine d'années à vivre au moins. C'est à vous de décider si vous voulez les vivre en compagnie d'une bénédiction ou d'une malédiction. »

Pouvoir ou non faire la transition et apprendre à voir une bénédiction là où l'on voyait jusque-là une malédiction semble dépendre de l'aptitude que l'on a de considérer la vieillesse comme un temps de préparation. Préparation à quoi ? De toute évidence, à une vie après la mort. L'un des principaux thèmes de mon livre *Au ciel comme sur terre*[1] est celui du purgatoire, que je décris – assez justement, il me semble – comme un hôpital psychiatrique très élégant, très bien tenu, et disposant des techniques les plus modernes pour un apprentissage aussi indolore que possible. Néanmoins, je m'évertue à faire comprendre à mon lecteur que le temps que l'on doit passer au purgatoire est directement proportionnel à l'effort que l'on a fait pour ne pas affronter les grandes questions de sa vie (y compris son ombre et la vieillesse) et à notre incapacité à nous préparer à mourir. Que ce soit dans l'au-delà ou sur terre, nous devons faire le travail du purgatoire ou errer à jamais dans les limbes, séparés de Dieu. Alors pourquoi ne pas se mettre au travail ?

Certains s'y attellent plus courageusement que d'autres. La dame que j'ai mentionnée plus haut s'est rapidement mise à faire le tri dans ses états d'âme. Sa dépression, qui durait depuis quatre ans, a commencé à se dissiper après notre troisième séance. Mais la plupart des situations ne changent pas aussi facilement ou ne se résolvent pas définitivement. Dans la lutte contre

1. Scott Peck, *Au ciel comme sur terre : une vision de l'après-vie*, Robert Laffont, 1909.

la vieillesse et, au bout du compte, la mort, certains vont même jusqu'à se tuer parce qu'ils ne veulent pas aller plus loin dans ce qu'ils perçoivent comme étant l'indignité de la mort ; nombreux sont ceux qui ne supportent pas l'idée de devoir subir tous les préjudices accompagnant ce processus de dépouillement.

La perte de la santé et de l'agilité est moins douloureuse pour moi – et sans doute pour d'autres – que la perte psychologique. La perte de héros, de maîtres et même d'intérêts peut nous laisser vidés. La perte des illusions – des centaines d'illusions – peut être une bonne chose, mais cela fait mal et peut vous laisser méfiant, cynique, aigri. Je ne suis pas certain de pouvoir prendre les choses avec autant de grâce que ma patiente aveugle. Mais je suis sûr à cent pour cent que je ne pourrai pas vieillir convenablement sans ma relation avec Dieu. Ce n'est pas seulement une question de foi dans un au-delà qui est ma véritable maison ni de foi dans l'idée que le vieillissement est un processus m'y préparant. J'ai besoin de quelque chose d'encore plus personnel, comprenant ma femme Lily et Dieu, à qui pouvoir me plaindre de l'indignité du processus de perte. Et j'ai besoin de Dieu à l'occasion pour répondre à sa manière, par l'intermédiaire d'anges et d'esprits, m'aidant ainsi à avancer. Ce que j'ai fini par comprendre, c'est que le processus de perte qui accompagne la vieillesse n'est pas partiel. Il n'est pas simplement physique : il est total. Le fait est que Dieu ne veut pas simplement une partie de nous : il nous veut entiers.

La voie de la santé et de la guérison est l'opposé de la voie du déni de la mort. Le meilleur livre que je connaisse sur le sujet est *Living our Dying*[1], de Joseph Sharp. Comme moi, il croit que la mort n'est pas quel-

1. Joseph Sharp, *Living our Dying : A Way to the Faced in Everyday Life*, Hyperion, 1996.

que chose qui nous prive de sens mais qui au contraire nous en donne. Que nous soyons jeunes ou vieux, une conscience profonde de la mort nous engage au bout du compte sur la voie de la quête du sens. La peur peut conduire certains à se raccrocher à des croyances simplistes pour ne pas avoir à envisager leur mort. Mais, bien que ces religions puissent provisoirement nous réconforter, elles ne sont pas plus utiles que des vêtements d'occasion. Une religion véritablement mûrie commence par un affrontement direct avec le mystère de la mort et une recherche personnelle de sens. Personne ne peut lutter à votre place. Tel est le sens du dicton : « Dieu n'a pas de petits-enfants. » Vous ne pouvez pas être relié à Dieu par l'intermédiaire de vos parents. Vous devez trouver votre sens en tant qu'« enfant de Dieu » dans une relation directe avec le cycle de la naissance, de la mort et de la renaissance.

Ainsi, nous devons accepter la réalité du changement qui exige un ajustement permanent de nos manières de penser et de nous conduire, en particulier lorsque nous sommes le plus satisfaits de nous-mêmes. Et le changement ressemble souvent à la mort. Dans *Le Chemin le moins fréquenté*, je citais Sénèque : « Pendant toute la vie, il faut continuer à apprendre à vivre et, plus surprenant, pendant toute la vie il faut apprendre à mourir. » Cela comprend, entre autres choses, l'apprentissage de la manière consciente de renoncer au contrôle de sa vie au moment approprié, au bout du compte, de s'abandonner à Dieu.

Voyager avec Dieu

J'ai indiqué de nombreuses raisons de développer sa conscience, mais on peut poser des questions encore plus radicales. Si l'une de ces raisons est de chercher un sens à la vie, quel est donc ce sens ? Il faut devenir conscients pour devenir bons et nous sauver du mal, mais pourquoi ? Pourquoi être bons ? Plus nous devenons conscients, plus nous acquérons du pouvoir et de la compétence, mais dans quel but ? Si le sens de l'évolution est dans la direction de la conscience, vers quoi évoluons-nous ?

Rien ne parviendra jamais à dissiper tout le mystère. Mais je suis convaincu qu'au moins une partie de la réponse à ces questions se trouve dans l'étymologie du mot « conscient » : il vient du latin *conscrire*, qui signifie littéralement « savoir avec ». Quelle drôle d'étymologie ! Savoir avec ? Savoir avec quoi ? Je pense que cela veut dire « savoir avec Dieu ». J'ai déjà dit que les troubles psychologiques plongent leurs racines dans notre conscience plutôt que dans notre inconscient et celui-ci ne contient du « mauvais » matériel que parce que notre conscience refuse d'en tenir compte. Si nous pouvons faire face à ce matériel déplaisant, alors notre esprit inconscient nous offre un jardin des délices absolu grâce auquel nous sommes reliés à Dieu. Autrement dit, je pense que Dieu se révèle à nous par notre inconscient si nous sommes disposés à l'ouvrir et à devenir conscients de la sagesse qu'il recèle.

Dans *Gifts for the Journey*[1], l'une des chansons de « sagesse » de sœur Marylin commence par « la sagesse est un esprit ». Le refrain est : « Et je vous dis : demandez et vous recevrez. Cherchez et vous trouverez. Frappez et la porte s'ouvrira pour vous. Et je dis : le Seigneur vous donnera son esprit, le Seigneur vous montrera la voie, le Seigneur fera de vous sa lumière. » Le Seigneur nous donnera effectivement son « esprit ». Si nous devenons assez conscients, nous pourrons ef-

---

1. Scott Peck, *Gifts for the Journey : Treasure of the Christian Life*, Renaissance Books, 1999.

fectivement commencer à penser avec l'esprit de Dieu. Le développement de la conscience est donc, parmi d'autres choses, un processus au cours duquel l'esprit conscient s'ouvre à l'inconscient afin d'être en harmonie avec l'esprit de Dieu. Lorsque nous devenons conscients d'une nouvelle vérité, c'est parce que nous la *reconnaissons* consciemment comme vraie ; nous *reconnaissons* ce que nous avons toujours su dans notre esprit inconscient. Nous connaissons enfin la sagesse que Dieu partage avec nous.

Dans *Le Chemin le moins fréquenté*, j'ai suggéré que Dieu nous parle d'une infinité de manières et j'en ai fourni quelques exemples. L'un d'eux est sa « petite voix frêle ». J'en donnais un exemple dans *Gifts for the Journey*, où je racontais l'histoire d'une femme approchant la quarantaine qui avait beaucoup progressé sur la voie du spirituel mais avait encore beaucoup de mal à faire face à ses peurs et à son manque de foi.

C'était une de mes amies. Elle m'a raconté ce qu'elle avait vécu quelques jours plus tôt pendant qu'elle se maquillait avant de partir travailler. Une « petite voix frêle » à l'intérieur de son esprit lui avait dit : « Va courir. » Elle avait secoué la tête comme pour s'en débarrasser mais la voix était revenue encore plus forte. « C'est ridicule, avait-elle répondu, moitié à elle-même, moitié à la voix, je ne cours pas le matin. Je ne cours que le soir. En plus, il faut que j'aille travailler. – Peu importe, va courir maintenant », avait insisté la voix. En y réfléchissant, elle s'était aperçue que cela ne changerait rien si elle arrivait à dix heures au lieu de neuf heures à son bureau. Alors, obéissant à la voix, elle se déshabilla et enfila son survêtement. Après avoir couru trois kilomètres, elle commença à se sentir bizarre, cela ne lui faisait pas plaisir de courir et, pour commencer, elle ne savait même pas pourquoi elle courait. À ce moment, la voix s'adressa à elle de nouveau : « Ferme les yeux, lui a-t-elle ordonné – Ça ne va pas ? a-t-elle répondu. On ne ferme pas les yeux en courant. » Mais elle a fini par obéir et a fermé les yeux. Après deux foulées, elle les a ouverts, paniquée. Mais elle était toujours sur le chemin. Le parc n'avait pas changé et le ciel ne s'était pas effondré. La voix lui a commandé une nouvelle fois de fermer les yeux. Au bout du compte, elle est devenue capable de faire une vingtaine de foulées les yeux fermés, sans quitter le sentier ni tomber. À ce moment, la voix lui a dit : « Ça suffit pour aujourd'hui. Tu peux rentrer chez toi. » En me racontant cette histoire, mon amie avait les larmes aux yeux : « Quand je pense, s'est-elle exclamée avec joie, que le Créateur de tout l'Univers a pris le temps de venir courir avec moi ! »

L'aventure de mon amie démontre que le Saint-Esprit nous parle souvent lorsque nous nous y attendons le moins. Mais on ne peut l'entendre et lui obéir que lorsque sa voix s'adresse à une âme prête à l'écouter. Et ce n'est pas facile pour autant. Dans *Le Chemin le moins fréquenté*, j'ai aussi expliqué que Dieu peut se révéler à nous dans nos rêves. Ce sont des dons de l'inconscient. Mais nous pouvons ne pas souhaiter devenir conscients de nos rêves ni avoir de goût pour déceler des révélations.

Moi-même, j'ai eu un jour un rêve qui s'est avéré une révélation. À ce moment, je commençais à peine à entrevoir ce que cela veut dire de vraiment s'abandonner à Dieu. *Le Chemin le moins fréquenté* venait d'être accepté par un éditeur et j'estimais avoir droit à des vacances, mais je n'avais pas envie d'aller m'allonger sur une plage quelque part. Je suis donc parti quinze jours dans un monastère, ma première retraite, une expérience dont je savais qu'elle serait totalement différente.

J'avais un certain nombre de sujets de réflexion, le plus important étant le suivant : qu'allais-je faire si mon livre devenait un best-seller ? Devais-je abandonner ma vie privée et me consacrer à faire des tournées de conférences, ou bien devais-je me retirer à la campagne comme J. D. Salinger ? Je ne le savais pas. Et je ne savais pas quel chemin Dieu désirait me voir emprunter. Les enjeux me semblaient importants et j'espérais que le calme de ma retraite et l'atmosphère de sainteté permettraient à Dieu de me révéler ce que je devais faire. J'ai raconté cette expérience dans *Plus loin sur le chemin le moins fréquenté*. Un rêve obscur allait m'ouvrir de nouvelles perspectives de vie.

J'étais un spectateur dans une maison de la classe moyenne américaine. Dans cette famille, il y avait un garçon de dix-sept ans qui était le type même de fils que tout parent voudrait avoir. Il était le premier de sa classe ainsi que son délégué et capitaine de l'équipe de football de son école. Il était beau, avait un petit boulot après l'école et, comme si cela ne suffisait pas, une petite amie absolument charmante. En outre, le garçon avait son permis de conduire et conduisait d'une manière très responsable pour son âge. Mais son père refusait de lui laisser prendre la voiture et le conduisait lui-même partout, à son entraînement, aux rendez-vous avec sa fiancée, etc. Et, ajoutant l'insulte à la blessure, le père insistait pour que son fils lui paye cinq dollars par semaine sur l'argent qu'il avait gagné pour le privilège d'avoir un chauffeur – alors qu'il était parfaitement capable de conduire lui-même. Je me suis réveillé en colère contre ce père qui se comportait comme un autocrate imbécile. Je ne savais pas quoi penser de ce rêve. Cela me semblait n'avoir aucun sens. Mais trois jours plus tard, après l'avoir couché par écrit, je me relisais et je me suis rendu compte que j'avais mis un « P » majuscule à « père ». Et je me suis dit : « Et si le père de ce rêve était Dieu le Père lui-même ? Et si tel est le cas, peut-être es-tu ce garçon de dix-sept ans ? » Et j'ai compris alors que c'était une révélation. Dieu venait de me dire : « Scotty, contente-toi de payer ce que tu dois et laisse-moi conduire la voiture. »

Jusque-là, j'avais toujours pensé que Dieu était forcément quelqu'un de bien. Pourtant, dans mon rêve, je lui avais donné le rôle du méchant, autocratique, manipulateur, ou du moins je réagissais ainsi à son égard, avec colère et haine. Le problème, bien sûr, c'est que ce n'était pas la révélation que j'espérais. Ce n'est pas ce que je désirais entendre. Je voulais un conseil, je voulais que Dieu me dise ce que je devais demander à mon avocat ou à mon comptable ; je serais ensuite libre d'accepter ou de refuser ce conseil. Je ne voulais pas d'une révélation et encore moins d'une révélation qui me dirait : « Laisse-moi conduire. » Des années ont passé, et j'essaie encore de rester fidèle à ce rêve, de m'abandonner à Dieu en apprenant ce que cela veut dire de le laisser me conduire dans ce qui est encore ma vie d'adolescent.

3

Apprentissage et développement personnel

Si, comme je ne cesse de le répéter, nous ne sommes pas nécessairement sur terre pour être heureux et profiter de chaque instant, alors pourquoi sommes-nous là ? Quel est le sens de la vie ? Je pense que nous sommes là pour apprendre, c'est-à-dire pour évoluer, et par « évoluer » j'entends « progresser ». Lorsque les gens apprennent, ils sont dans une position où ils peuvent « progresser » (aller de l'avant), par opposition à « régresser » (faire marche arrière). Et je vous mets au défi de trouver un environnement plus idéal pour l'apprentissage des hommes que la vie. C'est une vie remplie d'aléas, de vicissitudes et de leçons pénibles. Dans ses moments les plus sombres, la vie peut sembler une sorte de camp de préparation militaire pour le ciel. Mais, pour reprendre une citation de Benjamin Franklin que je donnais dans *Le Chemin le moins fréquenté*, « il faut souffrir pour apprendre ». L'apprentissage est un processus inextricablement mêlé à la pensée et à la conscience qui, tout comme elles, n'est ni simple ni automatique. L'apprentissage est lui aussi empli de mystère.

Mon identité première est celle d'un scientifique et nous, les scientifiques, sommes des empiristes, c'est-à-dire que nous pensons que la voie royale du savoir est l'expérience censée être la meilleure façon d'apprendre, bien que ce ne soit évidemment pas la seule. Nous, les scientifiques, nous effectuons des expériences pour accroître notre savoir et découvrir la vérité du monde. Mais je suis aussi un être spirituel. Je sais que Dieu existe non seulement grâce à la foi, mais aussi sur la base d'expériences, autrement dit de la grâce. J'ai cité des exemples de ces expériences dans *Le Chemin le moins fréquenté* et dans *La Quête des pierres*, et j'ai déjà parlé de la grâce en tant que méthode de démonstration statistique. L'un des meilleurs moyens d'établir quelque chose de manière scientifique est d'appliquer ce que l'on appelle la « statistique de l'invraisemblance ». En d'autres termes, plus la probabilité mathématique calculée pour un événement est faible, plus grande est son invraisemblance, et dans ce cas il est raisonnable de conclure que l'événement n'est pas le simple fruit du hasard. On peut alors conclure que ce qui s'est produit est dû à une cause importante, même si celle-ci n'est pas explicable.

C'est pour cette raison que je parle souvent de la grâce comme d'une « succession d'événements hautement improbables ayant un résultat bénéfique ». C'est aussi pour cela que j'ai conclu qu'une telle conjoncture nous laisse entrevoir non pas la main de Dieu mais ses empreintes digitales. Je suis donc très proche de ce que Jung disait dans une interview réalisée au seuil de sa mort. À la fin de l'entretien, le journaliste lui a demandé : « Croyez-vous en Dieu ? » et Jung, qui avait quatre-vingt-trois ans à l'époque, a tiré sur sa pipe, puis lui a répondu – si je me souviens bien : « Croire en Dieu ? On utilise le terme "croire" lorsqu'on pense que quelque chose est vrai sans pouvoir le démontrer de manière satisfaisante. Non, je ne crois pas en Dieu. Je *sais* qu'il existe un Dieu. »

LE RÔLE DE L'ÂME

J'ai affirmé que le monde est un environnement d'apprentissage idéal pour les humains ; cela suggère que Dieu l'a peut-être créé dans ce dessein, ce qui nous amène à une discussion sur la notion d'âme. Dans *Les gens du mensonge*, je citais Keats, qui disait que notre monde est « la vallée où l'on fabrique les âmes », cela voulant dire que nous sommes ici pour apprendre et nous préparer. Le christianisme et d'autres religions partagent cette croyance avec la théorie de la réincarnation selon laquelle nous sommes ici pour nous débarrasser de notre « mauvais karma » et pour apprendre les leçons permettant de rompre finalement le cycle des réincarnations.

Puisque nous sommes sur terre pour apprendre continuellement à cheminer dans la vie, il se pourrait bien que le but ultime de l'apprentissage soit le perfectionnement de l'âme. Proposer l'idée du perfectionnement ne signifie pas que les humains puissent être parfaits ou que nous devions essayer d'être parfaits en tout. Cela veut seulement dire que nous sommes capables d'apprendre, de changer et de nous développer pendant toute la durée de notre vie terrestre. Je ne peux pas démontrer l'existence de l'âme, pas plus que je ne peux démontrer l'existence de Dieu à un athée endurci. Je peux avancer de nombreux indices laissant penser que Dieu existe – ce que j'ai d'ailleurs fait dans tous mes livres. Cependant, tout le monde n'est pas réceptif au type de preuves qui a impressionné Jung ou conduit Keats à sa conclusion. Ainsi, mon dernier livre, qui traite de l'euthanasie, est intitulé *Denial of the Soul*[1]. Et

---

1. Scott Peck, *Denial of the Soul : Spiritual and Medical Perspectives on Euthanasia and Mortality*, Three Rivers Press, 1998.

je n'aurais pas utilisé le mot *denial* (refus) si je n'avais pas le sentiment que de nombreux laïques sont non seulement ignorants des preuves de l'existence de l'âme, mais en plus – quelles qu'en soient les raisons – y sont singulièrement imperméables. Or qu'est-ce que l'âme ? Nous voici encore une fois aux prises avec quelque chose de bien plus vaste que nous et qui ne peut donc être l'objet d'une seule définition simpliste. Toutefois, cela ne veut pas dire qu'il n'existe pas de définition opérationnelle, aussi imparfaite qu'elle puisse être. Au contraire, je pense qu'elle peut nous aider à avancer dans notre quête de la non moins mystérieuse question de l'apprentissage.

Je définis l'âme comme « un esprit humain immortel, créé et nourri par Dieu, unique et perfectible ». Chacun de ces qualificatifs est essentiel, mais pour le moment, je vais m'attarder sur trois d'entre eux. J'ai déjà suggéré que notre monde est un environnement tellement idéal pour l'apprentissage humain qu'il a dû être conçu à cette fin. Je dis maintenant que nous avons été créés par Dieu et, qu'en outre, nous avons été créés pour apprendre. Par « nourri par Dieu », j'entends que non seulement Dieu nous a créés à partir du moment de notre conception, mais aussi que Dieu, par la grâce, continue à nous nourrir pendant toute notre vie. Cela n'a pas de sens s'il n'espère pas obtenir quelque chose de nous. Qu'attend-il de nous ? Il veut que nous apprenions et la grâce semble être, pour l'essentiel, utile à cette fin.

Pour l'instant, l'autre mot clé est « perfectible ». Cela n'aurait pas de sens pour Dieu de souhaiter que nous apprenions si nous étions incapables de le faire. Nous sommes des créatures capables d'évoluer, non pas comme espèce mais comme individus. En tant qu'êtres physiques, nous avons un corps qui arrête de se développer, puis dépérit. Mais notre développement psychospirituel peut se poursuivre jusqu'à notre mort (et sans doute aussi longtemps après). J'utilise souvent le terme « croissance » pour ce développement psychospirituel, et la croissance est inextricablement liée à l'apprentissage.

Je ne cesse de répéter que nous avons le choix de grandir ou non, d'apprendre ou de ne pas apprendre. L'un des grands psychologues du XXe siècle, Abraham Maslow, a inventé le terme « autoréalisation », par lequel il voulait désigner la capacité qu'ont les êtres humains de croître et d'atteindre des niveaux supérieurs de fonctionnement psychosocial et spirituel, d'autonomie et de pouvoir personnel. Selon Maslow, une fois que les gens ont trouvé le moyen de satisfaire leurs besoins élémentaires pour la survie, ils peuvent passer à des niveaux de conscience supérieurs.

Ma dette envers Maslow est considérable, mais je conteste le terme « d'autoréalisation ». Je ne pense pas que nous puissions nous réaliser nous-mêmes, pas plus que nous ne pouvons nous créer nous-mêmes. Je ne peux pas plus me créer moi-même que je ne puis créer un iris ou une autre fleur. Ce que je peux faire, c'est prendre soin du jardin dont Dieu nous permet de jouir. Cela veut dire que, bien que nous ne puissions créer nos propres âmes, nous pouvons en prendre soin, bien ou mal. En choisissant de grandir, nous pouvons devenir les cocréateurs de nous-mêmes, alors que, si nous résistons à la croissance, nous rejetons le rôle de cocréateur avec Dieu.

Ce que Maslow appelait l'autoréalisation doit donc, à mon avis, être conçu comme une perception de la vie en tant que succession d'occasions d'apprentissage et de prises de décisions, et comme le choix de la croissance en règle générale. Typiquement, le travail difficile de la cocréation (ou de la coréalisation) avec l'aide de Dieu est un processus constant de déploiement, de développement et de bourgeonnement. Mais le choix délibéré d'apprendre et de croître est essentiellement celui que nous faisons ou ne faisons pas en tant qu'adultes. Durant notre enfance, l'apprentissage est surtout « passif ». Autrement dit, dans la plupart des cas, il se produit seul, tout simplement.

L'APPRENTISSAGE PASSIF

Les scientifiques ne sont pas capables d'expliquer précisément le processus de l'apprentissage, pas plus d'ailleurs que celui de la pensée ou de la conscience. Lorsque j'étais étudiant en psychologie à l'université, nous devions étudier un sujet très important (et pour moi assez difficile), la théorie de la connaissance. À cette époque, l'essentiel de celle-ci avait à voir avec la théorie du conditionnement, découverte et étudiée par Pavlov sur ses chiens de laboratoire. On pensait alors que l'apprentissage se faisait d'abord par la récompense et la punition, exactement comme on peut apprendre aux rats à courir dans un labyrinthe soit par la punition (chocs électriques), soit par la récompense (boulettes de nourriture). À la suite de quoi on a déduit que les enfants apprenaient le langage par l'intermédiaire de ce processus de conditionnement « comportemental ».

C'est alors que, dans son livre *The Ghost in the Machine*[1], le grand penseur Arthur Koestler a totalement démoli la théorie comportementale de l'apprentissage du langage en posant des douzaines de questions sur l'acquisition du langage auxquelles le comportementalisme ne pouvait absolument pas répondre. Koestler lui-même n'a pas fait beaucoup d'efforts pour expliquer comment on acquiert le langage, mais il a au moins

---

1. Arthur Koestler, *The Ghost in the Machine*, Hutchinson, 1967.

montré qu'on ne sait pratiquement rien sur le sujet. On ignore du reste encore aujourd'hui comment les enfants apprennent à parler.

On est toutefois sûr d'une chose : il n'est pas indispensable de posséder ses cinq sens pour pouvoir apprendre. Hellen Keller était sourde et aveugle, par exemple, ce qui ne l'a empêchée ni d'apprendre à parler ni d'acquérir une bonne dose de sagesse. Par ailleurs, on a constaté que la privation des besoins sensoriels peut interférer sévèrement avec l'apprentissage des enfants. Des gamins élevés sans véritables contacts humains, ni possibilité de jouer avec quelqu'un dans un orphelinat allemand des années 1920, nous ont enseigné qu'un minimum de relations sensorielles avec les autres est nécessaire (le lien peut se faire par le toucher, par exemple) pour se développer physiquement ou mentalement. Durant certaines périodes critiques, les privations de certains besoins ou les négligences peuvent même limiter la croissance si rien n'est fait pour y remédier. C'est pourquoi les programmes Heal Start fonctionnent si bien. Appliqués de bonne heure, ils procurent une stimulation qui aide à développer les compétences sociales et mentales des enfants.

Mais, tout comme l'apprentissage du langage, l'essentiel de ce qu'on enseigne aux enfants se fait de manière assez passive. Par exemple, même avant qu'ils apprennent à parler, ils savent déjà ce que les psychologues appellent les « frontières de leur ego ». Il n'y a pas de raison de penser que le nouveau-né ne puisse pas faire la différence entre lui et le reste du monde. Pourtant, durant les neuf premiers mois de la vie, l'enfant apprend que son bras lui appartient, qu'il est différent de celui de sa mère et que ses doigts ne sont pas ceux de son père. Il apprend que, quand il a mal au ventre, cela ne veut pas dire que le monde entier ait aussi mal au ventre. Cet apprentissage ne semble pas relever d'un choix, c'est pourquoi je le considère comme passif.

Toutefois, il lui faut développer une grande activité pour tester ses bras et ses doigts. Cet apprentissage des limites de son ego est un véritable développement de la conscience, c'est d'ailleurs vers l'âge de neuf mois qu'apparaît la conscience de soi. Jusque-là, quand un étranger entrait dans la pièce, l'enfant restait allongé dans son berceau, explorant tranquillement les limites de son ego, comme si de rien n'était. Mais soudain, à neuf mois, quand l'étranger arrive, le voilà qui se met à hurler de peur ou à s'agiter dans tous les sens. Il vient de développer ce que les psychologues appellent la « peur de l'inconnu ». Pourquoi ? On peut en déduire que l'enfant est alors devenu conscient de lui-même, en tant qu'entité séparée, quelqu'un de terriblement petit, relativement démuni et extrêmement vulnérable. À partir de cette démonstration de la terreur que cause la vulnérabilité, on peut déduire que l'enfant a développé les premiers rudiments de la conscience de soi. La conscience de soi s'accompagne d'un sens de la réalité qui nous permet de nous percevoir comme séparés et différents des autres.

L'apprentissage passif du langage et des frontières de l'ego se fait sans douleur, ce qui ne veut pas dire que tous les apprentissages passifs se fassent de même. Ainsi, rien n'est plus pénible dans la vie d'un jeune être humain que d'avoir deux ans. À cet âge, il a complètement assimilé les frontières de son ego, mais il n'a pas encore évalué celles de son pouvoir. C'est pourquoi il se croit tout-puissant dans un monde parfait. On peut ainsi le voir commander ses parents, ses frères et sœurs, ainsi que le chien et le chat de la famille comme s'ils n'étaient que des larbins dans son armée privée. Mais alors, que se passe-t-il ? Maintenant qu'il est capable de marcher, de jeter des objets et de prendre des livres sur les étagères, ses parents vont lui dire : « Non, non, tu ne peux pas faire ça, Johnny. Non, ça non plus. Non, ce n'est pas toi le chef. On t'aime beaucoup, tu es très important, mais tu n'es pas le chef. Papa et maman sont les chefs ! »

Ce qui se produit en général, c'est qu'au bout de douze mois environ l'enfant est psychologiquement dégradé, passant du statut de général quatre étoiles à celui de soldat de deuxième classe. Rien d'étonnant à ce que cc soit l'époque des dépressions et des crises de colère ! Aussi douloureuse que soit cette période de deux ans, elle est très importante pour ce qui est de l'apprentissage. Et si l'enfant n'a pas eu à souffrir d'un excès d'humiliation à la fin de la troisième année, il aura fait un pas de géant pour sortir de son « narcissisme infantile ». C'est l'étape qui a construit toutes les fondations de ce que Erich Fromm a appelé la socialisation, qu'il a définie comme le processus d'« apprendre à aimer faire ce que l'on doit faire ».

Tout au long de l'enfance, il va devoir apprendre d'une manière ou d'une autre mais, en général, essentiellement à coups de devoirs à la maison, d'examens, de diplômes et d'exigences, sinon, presque tout son apprentissage reste passif. Jenny, mon héroïne de huit ans de *The Friendly Snowflake*, en est un bon exemple. Elle est d'une famille aisée et son cerveau gauche est synchronisé avec le droit. Elle apprend comme une folle mais en fait, elle ne travaille pas. Elle n'interprète pas volontairement les choses. Elle fait seulement ce qui lui vient naturellement à l'esprit, réfléchissant à cent à l'heure.

L'apprentissage probablement le plus important de l'enfance est celui qui nous vient de nos modèles. Dans une famille intacte, les premiers modèles seront automatiquement les parents. L'enfant a une tendance naturelle à penser que la bonne manière de faire les choses est celle des parents. Cela est particulièrement vrai pour la discipline personnelle. Si l'enfant voit ses parents agir avec autodiscipline, il aura plus de chances de choisir inconsciemment, simplement, de devenir discipliné lui-même dès son plus jeune âge. En revanche, si la mère et le père se comportent de manière indisciplinée, l'enfant pensera que c'est bien et fera de même. C'est souvent le cas si les parents sont du genre « fais ce que je dis, pas ce que je fais ». Même si c'est de manière passive, il est très important d'apprendre durant l'enfance. C'est également l'époque pendant laquelle, si on a de la chance, on va commencer à acquérir une intelligence émotionnelle et intellectuelle.

Il est courant d'entendre dire qu'on ne peut juger l'intelligence que par des mesures numériques. C'est peut-être vrai pour l'intelligence analytique mais, en conséquence, d'autres formes d'intelligence tendent à être dépréciées, particulièrement celles comprenant des facteurs intangibles tels que la conscience de soi, l'empathie et la conscience sociale.

Le débat est ouvert à propos des éternels tests utilisés pour mesurer le soi-disant quotient intellectuel. Bien que ces tests de QI soient utiles et aient des aspects positifs, ils ont leurs limites. L'une d'elles est leur tendance à être culturellement orientés, ce qui a désavantagé de nombreux étudiants dans leurs études et conduit à une mauvaise application de certains tests standardisés. De nouvelles recherches, qui considèrent que la façon de gérer ses émotions peut être un bon – et important – indicateur d'intelligence, au même titre que les capacités intellectuelles, me semblent intéressantes.

Les qualités constitutives de l'intelligence émotionnelle sont complexes et comportent de multiples facettes. Un exemple d'intelligence émotionnelle cité dans cette étude est la capacité de retarder la satisfaction de ses désirs, ce que j'écrivais d'ailleurs moi-même dans *Le Chemin le moins fréquenté*. Je la décrivais comme un processus visant à programmer la douleur et le plaisir de manière à augmenter ce dernier en vivant la douleur en premier et en apprenant à la dépasser.

Le magazine *Time* a consacré un long article à cette récente recherche. Il n'est pas surprenant que celle-ci ait permis de découvrir que le fondement de l'intelligence émotionnelle, de laquelle dépendent la plupart des autres aptitudes émotionnelles, est la conscience de soi. Les psychologues font référence à l'importance du « metamood », ou la capacité de faire marche arrière et de se rendre compte de ce que l'on ressent – colère, honte ou tristesse – avant d'agir. C'est ce que j'appelais dans le chapitre précédent un ego transcendant et observateur. Une fois que l'on a pris conscience de sa réponse émotionnelle, les chances de savoir quoi en faire augmentent à condition d'être émotionnellement astucieux. La conscience de soi qui accompagne ce genre d'intelligence est cruciale parce qu'elle permet d'exercer encore davantage son self-control. Les freins au développement de l'intelligence émotionnelle sont formidables dans une culture qui met tout l'accent sur le raisonnement du cerveau gauche (intellectuel) au détriment de celui du droit (intuitif). Il ne faut donc pas s'étonner de trouver les prémices de l'insensibilité émotionnelle dans l'enfance, puisqu'on y apprend au petit à contenir ses sensations et à se refermer complètement. Les adultes, qui ne savent pas eux-mêmes quoi faire de leurs émotions, critiquent sans arrêt leurs enfants sur leurs émotions et leur recommandent de « ne pas se sentir comme ça », ce qui a pour conséquence de réprimer leur conscience émotionnelle.

L'intolérance à la frustration ou à la contrainte conduit bien des enfants à adopter des comportements destructeurs – troubles de l'alimentation, violence ou autres comportements antisociaux –, parce que aucun adulte mature ne leur a expliqué quoi faire de leurs émotions. Je pense qu'il serait plus utile que les enseignants et les parents apprennent aux enfants qu'il est normal de ressentir ce qu'ils ressentent. (Ce qui ne veut pas dire que les enfants puissent – ou doivent – faire tout ce qu'ils veulent.)

Bien que l'apprentissage passif de l'enfance soit – à la fois émotionnellement et intellectuellement – vital, l'apprentissage actif de l'âge adulte, s'il a lieu, est encore plus important. Il y a une tendance, chez certains psychologues, à penser que, une fois arrivé à l'adolescence, « le mal est fait » et que, pour le meilleur ou pour le pire, la personnalité est forgée.

Même si c'est souvent le cas, ce n'est pas obligatoire. Et si on en a la volonté, c'est au cours des soixante-quinze derniers pour cent de la vie que l'on peut effectuer les plus grands changements et bonds en avant. Il est possible qu'entre autres choses, comme le dit Jonathan Swift, « l'homme passe la dernière partie de sa vie à se débarrasser de l'ensemble des folies, préjugés et idées fausses qu'il a contractés dans la première partie ». L'apprentissage actif de l'âge adulte n'est pas seulement possible mais infiniment souhaitable.

CROISSANCE ET VOLONTÉ

D'une certaine manière, il est facile de comprendre comment on peut apprendre à l'âge adulte de manière délibérée et active ; mais ce que l'on ne comprend pas, c'est *pourquoi* on le fait. C'est alors que l'on se trouve confronté à l'extraordinaire mystère de la volonté.

Comme je l'ai déjà écrit, certaines personnes (tous les membres de ma famille proche, par exemple) semblent nées avec une grande force de volonté, alors que d'autres paraissent en manquer. Ce sujet n'a jamais été étudié scientifiquement, si bien qu'on ignore si ces différences sont génétiques ou pas et dans quelle mesure elles sont acquises ou apprises. Cela reste extrêmement mystérieux et représente un vaste champ d'investigation pour la recherche scientifique.

Quoi qu'il en soit, je pense que disposer d'une grande force de volonté est l'une des plus belles chances de l'être humain, non parce que c'est la clé du succès – cela peut avoir un effet paradoxal et donner naissance à un Hitler, notamment –, mais parce qu'un manque de volonté est certainement la clé de l'échec. Par exemple, ce sont les gens volontaires – ceux qui possèdent la mystérieuse volonté de grandir – qui réussissent leur psychothérapie, quels qu'aient été leur enfance ou leur passé et leurs malheurs.

D'autre part, certaines personnes qui semblent manquer de cette mystérieuse volonté de grandir peuvent avoir d'autres atouts – de grandes idées ou talents – et pourtant rester assis sur leur derrière, sans aller nulle part. Toutefois, comme j'aime à le dire, toutes les qualités ont leurs défauts et le revers de la force de caractère est… le mauvais caractère.

Ce sont les gens au fort caractère qui piquent des crises parce que les choses ne vont pas comme ils veulent ; ils ont du pain sur la planche pour contrôler leur colère.

J'explique toujours à mes patients que ne pas avoir de volonté c'est comme avoir un petit âne dans son arrière-cour. Il ne peut pas faire beaucoup de mal – le pire qu'il puisse faire, c'est d'écraser vos tulipes. Mais cela ne peut pas aider beaucoup non plus et on risque de se retrouver, à la fin de sa vie, plein de regrets de ne pas avoir fait toutes ces choses que l'on pensait devoir faire.

Avoir une grande force de volonté, en revanche, c'est comme avoir une douzaine de clydesdales dans sa cour.

Ces chevaux massifs et extrêmement forts, s'ils ne sont pas bien dressés, disciplinés et harnachés, peuvent détruire votre maison. Mais s'ils le sont, avec eux, on peut littéralement remuer des montagnes. Ainsi, la différence entre une volonté maîtrisée et une volonté débridée est importante. Mais qui doit maîtriser votre volonté ? Ce ne doit pas être seulement vous, ce doit être un pouvoir supérieur.

Dans son livre *Will and Spirit*[1], dont le premier chapitre est intitulé « *Willingness and willfulness* » (enthousiasme et entêtement), Gerald May écrit que l'entêtement caractérise la volonté humaine débridée, alors que l'enthousiasme désigne la force de caractère de quelqu'un qui veut aller là où il est appelé ou entraîné par un pouvoir supérieur. Ce n'est donc pas une coïncidence si j'ai écrit dans *Le Chemin le moins fréquenté* que la volonté de grandir est essentiellement le même phénomène que l'amour, dans le sens de la volonté d'aller vers son propre développement spirituel ou celui de quelqu'un d'autre. Les gens qui aiment sincèrement sont par définition ceux qui progressent. J'ai déjà dit que l'aptitude à aimer vient de l'amour donné par les parents mais j'ai aussi remarqué que cet apport parental seul ne suffit pas chez tout le monde à créer cette aptitude. J'ai fini par penser que l'aptitude à aimer, donc la volonté de grandir, se fabrique non seulement durant l'enfance grâce à l'amour des parents mais aussi durant toute la vie, par la grâce ou l'amour de Dieu.

Ce qui ne répond pas à la question de savoir pourquoi certains font preuve de volonté de grandir pendant toute leur existence alors que beaucoup d'autres fuient le progrès et la responsabilité qui vient avec le savoir. Aussi curieux que cela puisse paraître, le choix d'ap-

---

1. Gerald May, *Will and Spirit : A Contemplative Psychology*, Harper, San Francisco, 1987.

prendre activement en tant qu'adulte et d'appliquer toute sa volonté, en toute conscience, à grandir et évoluer est la décision la plus importante qu'il soit donné de prendre dans sa vie.

Mais quand fait-on ce choix ? Je le répète, on ne l'a pas étudié scientifiquement comme on aurait dû. Il me semble qu'il n'est pas certain que ce choix doive être fait durant l'enfance ; cela peut se produire à l'adolescence. J'ai reçu des lettres en réponses à mes livres, écrites par des jeunes de quinze, seize ans qui ont clairement déjà fait ce choix.

Mes filles avaient pris leur décision au moment d'entrer à l'université en optant pour des études de sciences et de mathématiques, bien qu'elles trouvent ces matières assez difficiles. Inquiet, je leur ai demandé pourquoi elles ne se dirigeaient pas plutôt vers les lettres, matière dans laquelle elles étaient bonnes et qu'elles auraient suivie sans difficulté. Elles m'ont répondu toutes les deux : « Mais, papa, quel intérêt d'étudier des choses faciles ? » Il est clair qu'elles étaient plus avancées que moi à leur âge dans leur volonté d'apprendre.

Mais ce n'est pas parce que le choix d'étudier doit être pris à l'adolescence que cela se passe forcément ainsi. J'ai rencontré des gens qui attendaient d'avoir trente, quarante, cinquante ou soixante ans, voire un mois avant leur mort, pour prendre cette décision. Je ne veux pas dire non plus que ce soit un choix facile. Certains prennent la décision à contrecœur, si bien qu'ils ne deviennent jamais des apprentis très actifs alors que d'autres, qui ont pris leur décision à l'âge adulte, peuvent se révéler les plus fervents. Cela se passe souvent durant des périodes de mise au point, comme la crise de la quarantaine. Dans la plupart des cas, pour ce que j'ai pu en voir, le choix est fait à plusieurs reprises et devient de plus en plus fort au fur et à mesure. C'est en tout cas ce qui m'est arrivé. Je ne me souviens pas du moment précis où j'ai décidé d'apprendre activement, mais j'ai en tête les nombreuses occasions où j'ai choisi de consolider ce choix.

Mon style personnel a été essentiellement de tirer les leçons de l'expérience, particulièrement de mes propres expériences de vie. C'est pourquoi je définis le contemplatif comme quelqu'un qui tire le maximum de peu d'expérience. Ce n'est pas une question de quantité d'expériences mais ce que l'on en fait. Nous connaissons tous des gens qui ont fait tant et tant de choses qu'on les imagine dotés d'une immense expérience alors qu'ils se révèlent aussi naïfs et confus que n'importe qui. Accumuler les expériences ne sert à rien si on n'en tire pas des conclusions sur soi-même et le reste du monde.

C'est pourquoi il est important d'être attentif aux expériences extérieures mais aussi intérieures, qui servent notre développement spirituel. C'est également pourquoi une grande partie de la volonté d'apprendre doit inclure l'introspection. Comme le disait le philosophe Søren Kierkegaard : « L'homme peut accomplir des choses étonnantes et amasser d'énormes quantités de connaissances sans avoir la moindre connaissance de lui-même. C'est la souffrance qui mène à l'introspection. Si cela arrive alors, là, à l'intérieur de lui-même commence le savoir. »

En fin de compte, celui qui se consacre au savoir et au développement suit le même dessein que Dieu. Ce qui ne veut pas dire qu'il soit conscient du fait ou qu'il se sente « en harmonie avec l'ordre invisible des choses ». Il peut d'ailleurs se considérer comme agnostique. Pourtant, bien des gens qui ne reconnaissent pas Dieu comme leur maître peuvent avoir le désir de se soumettre à ce qu'ils jugent plus grand qu'eux-mêmes – un idéal d'amour, de lumière et de vérité. Et, bien sûr, toutes ces qualités ont quelque chose à voir avec Dieu. Quoi qu'il en soit, je pense que, au fur et à mesure que ces gens continuent à consacrer leurs forces à grandir et apprendre, ils vont inévitablement tomber entre les mains du Dieu vivant et leur âme entrera dans une relation personnelle avec leur créateur et protecteur.

SORTIR DU NARCISSISME

Nous connaissons tous des personnes si égocentriques qu'elles se demandent comment le monde pourrait se passer d'elles. Chez d'autres, le narcissisme peut être plus superficiel. Mais, pour chacun d'entre nous, l'une des choses les plus difficiles à apprendre et à admettre est que le monde ne gravite pas autour de nous.

Ailleurs, j'ai décrit le narcissisme comme un trouble de la pensée. Dans *La Quête des pierres*, je disais que la principale raison pour laquelle Lily et moi-même avons mis notre numéro de téléphone sur liste rouge et pris d'autres mesures de précaution est simplement de nous protéger des narcissiques qui peuplent la planète. Avant, il y a une douzaine d'années, il arrivait souvent que le téléphone se mette à sonner à deux heures du matin. Il s'agissait régulièrement d'un parfait inconnu qui souhaitait discuter avec moi de quelque point de détail dans mes écrits. « Mais il est deux heures du matin, protestais-je. – Oui, mais il est seulement onze heures, ici, en Californie, me répondait la voix à l'autre bout du fil, et à cette heure-ci on bénéficie de réductions. »

Les narcissiques refusent de penser aux autres. Je crois que nous naissons tous narcissiques. Les gens normaux se débarrassent de leur narcissisme naturel à mesure qu'ils deviennent plus conscients, ils apprennent à tenir compte des autres, à penser davantage à eux. Cet apprentissage s'autoalimente parce que, plus on apprend, plus on devient conscient.

Comme je l'ai déjà expliqué, deux ans est cet âge terrible où les enfants font le premier grand pas pour sortir du narcissisme infantile. Nous ne savons pas pour quelle raison certaines personnes ne se débarrassent jamais du leur, mais je subodore que cet échec a ses origines dans cette période très fragile de la vie qui est inévitablement humiliante. C'est la tâche des parents d'être aussi doux que possible avec leur enfant qui vit cette terrible humiliation. Mais tous les parents n'en sont pas capables. Au cours de cette période et pendant toute l'enfance, il y a des parents qui, afin d'éduquer leurs enfants à devenir humbles, font tout ce qu'ils peuvent pour les rabaisser, bien au-delà de ce qui est requis. J'ai le sentiment que l'incapacité à se débarrasser de son narcissisme trouve peut-être ses racines dans cet excès d'humiliation.

Je soupçonne que ces enfants si profondément humiliés ont tendance à s'accrocher désespérément à une vision du monde égocentrique. Une des raisons à cela est qu'ils ont sans doute littéralement le sentiment de s'accrocher à la vie. Le narcissisme est la seule chose qui fournisse une impression de sécurité dans une période par ailleurs tumultueuse. Comme ils ont été humiliés à un point tel que leur ego est devenu excessivement fragile, alors ils se mettent à établir une équivalence entre leur propre survie et le fait de voir la vie d'un point de vue narcissique.

C'est pendant la « terrible deuxième année » que nous faisons notre premier pas de géant pour sortir du narcissisme infantile, mais cela ne veut aucunement dire que ce sera le seul ou le dernier. En fait, on constate souvent une résurgence du narcissisme chez les adolescents, par exemple. Néanmoins, c'est sans doute aussi au cours de l'adolescence que nous faisons le pas de géant suivant. Dans *Ainsi pourrait-être le monde*, je raconte l'histoire de mon propre tournant au début de mon adolescence.

Un matin, alors que j'avais quinze ans, je marchais le long d'un chemin près de l'école où j'étais interne, lorsque j'aperçus au loin un de mes camarades de classe. Il venait dans ma direction et, quand nous nous sommes croisés, nous avons bavardé pendant quelques minutes, puis chacun a poursuivi son chemin. Un peu plus tard, par la grâce de Dieu, j'ai été frappé par une révélation. J'ai soudain compris que, pendant la dizaine de minutes qui s'était écoulée entre le moment où j'avais aperçu mon camarade et le moment présent, j'avais été exclusivement préoccupé par moi-même. Pendant les deux ou trois minutes qui avaient précédé notre rencontre, je pensais aux choses intelligentes que j'allais dire pour l'impressionner. Durant les cinq minutes que nous avons passées ensemble, je ne faisais attention à ses paroles que pour trouver des reparties astucieuses. Si je l'avais regardé, c'était seulement pour jauger l'effet que mes remarques avaient sur lui. Et pendant les deux ou trois minutes après notre séparation, ma seule pensée avait été pour les choses que j'aurais pu ajouter pour l'impressionner encore davantage.

Je me fichais complètement de mon camarade de classe. Je ne m'étais pas demandé ce qui aurait pu l'attrister ou le rendre heureux, ni ce que j'aurais pu lui conseiller pour alléger le fardeau de son existence. Mon seul intérêt pour lui résidait en ce qu'il était la cible de mon esprit et le miroir de ma gloire. Par la grâce de Dieu, il me fut non seulement révélé à quel point j'étais égoïste et égocentrique, mais aussi que, si je continuais de la sorte, ma « maturité » serait triste, désolée et solitaire. C'est ainsi qu'à l'âge de quinze ans j'ai commencé à livrer bataille contre mon narcissisme.

Mais ce n'était qu'un début. Étant donné la ténacité de notre narcissisme, ses tentacules peuvent nous tenir profondément et de manière subtile. Nous devons les trancher jour après jour, semaine après semaine, mois après mois, année après année. Et le chemin est semé d'embûches, comme, par exemple, la fierté que nous inspire notre propre humilité. À mesure que ma conscience s'est développée, j'ai appris à être moins narcissique et plus empathique envers autrui. Mais, quand je regarde en arrière, l'un de mes regrets est de constater à quel point j'ai manqué d'empathie envers mes propres parents quand ceux-ci vieillissaient. J'ai dû batailler moi-même avec mon propre vieillissement pour mieux comprendre ce que mes parents avaient dû endurer, et aujourd'hui je me sens plus proche d'eux que je ne l'ai jamais été.

Apprendre à sortir du narcissisme a été le thème le plus important de ma vie et, rétrospectivement, le mariage a été mon plus grand professeur. Dans *Ainsi pourrait être le monde*, j'écrivais qu'en raison de mon propre narcissisme au début de notre relation il m'a fallu plus de deux ans de vie maritale pour commencer à comprendre que Lily était davantage qu'un simple « appendice » de ma personne, quelque chose de plus que mon « ça ». Ce sont les frictions dans notre relation qui m'ont ouvert les yeux. Je me suis surpris plusieurs fois à lui en vouloir de faire des courses au lieu de se trouver à la maison, alors que j'avais besoin d'elle, ou de « m'importuner » alors que je désirais être seul. Peu à peu, j'ai compris que mon agacement était dû en grande partie à un étrange présupposé de mon esprit. Je croyais que Lily devait être là dès lors que j'avais besoin d'elle, et ne pas être là quand sa présence me gênait. En outre, il allait de soi qu'elle devait non seulement savoir dans quel état d'esprit j'étais, mais le savoir sans que j'aie à le lui dire. Il m'a fallu près dix ans pour me guérir totalement de cette folie.

Mais ce n'était qu'un début. L'une des raisons pour lesquelles notre mariage dure depuis si longtemps, est que Lily et moi avons une profonde considération l'un pour l'autre. Au départ, cette considération était assez primitive et avait davantage à voir avec notre propre image qu'avec autre chose. Nous voulions penser que nous étions des « gens bien », alors nous tentions de nous conduire en conséquence. Pour cela, il fallait faire preuve de considération et nous savions que la règle d'or de la bonté ou de la considération est « fais aux autres ce que tu voudrais qu'on te fasse à toi-même. » Nous nous efforcions donc de traiter l'autre comme nous souhaitions être traités. Mais ça ne fonctionnait pas très bien parce que le fait est que Lily et moi, comme tant d'autres couples, étions modérément narcissiques lors de notre mariage. Nous n'étions pas comme ces gens qui nous appelaient à deux heures du matin. Nous étions d'une politesse infinie, mais nous manquions encore de sagesse car nous partions de l'hypothèse narcissique que ceux qui n'étaient pas comme nous étaient dans l'erreur. Au bout du compte, nous avons fini par comprendre que la règle d'or n'est qu'un commencement. Pour grandir, nous devions apprendre à reconnaître et à respecter l'*altérité* de chacun. En fait, il s'agissait du cours de mariage, niveau avancé, dont l'enseignement principal est : fais aux autres ce que tu voudrais qu'ils te fassent si tu étais dans leurs chaussures, uniques, particulières et différentes. Ce n'est pas facile. Après plus de soixante ans de vie, Lily et moi progressons toujours et nous avons parfois le sentiment d'être des débutants. Nous apprenons que nos différences sont le sel de notre mariage ainsi que de sa *sagesse*. L'expression « deux têtes valent mieux qu'une » n'aurait pas de sens si les deux têtes étaient exactement identiques. C'est parce que nos deux têtes sont si différentes que, lorsque nous les avons mises en commun pour élever nos enfants, gérer notre argent, préparer nos vacances et ainsi de suite, nous avons agi plus sagement que si nous avions été seuls. Se débarrasser du narcissisme permet l'émergence d'un processus appelé collaboration, dans lequel les gens unissent aussi bien leurs esprits que leurs efforts.

NARCISSISME CONTRE AMOUR DE SOI

Nous sommes pourtant confrontés à un paradoxe. Bien que se débarrasser de son narcissisme, de son égocentrisme et du sens exagéré de sa propre importance soit par-dessus tout ce dont il est question dans l'existence, il est également vital d'apprendre en même temps à saisir sa propre importance et sa valeur.

Être humble, c'est se connaître tel qu'on est véritablement. Selon moi, il est essentiel d'être réaliste sur soi-même, d'être capable d'admettre à la fois ses bons et ses mauvais côtés. Mais cela ne veut pas dire, contrairement à la fausse conclusion que l'on pourrait en tirer, qu'il faille accorder plus de crédit aux parties négatives de son être et minimiser ou totalement négliger les bonnes parties comme étant secondaires. C'est pourtant à ce penchant que l'on cède en faisant preuve d'une fausse humilité, qui peut finir par devenir une incapacité à accepter des compliments ou à s'affirmer lorsqu'il le faut.

En outre, il existe une distinction majeure entre l'amour de soi (dont je pense qu'il est toujours positif) et l'estime de soi (à mon avis, souvent douteuse). Comme je l'ai dit dans *Plus loin sur le chemin le moins fréquenté*, on les confond souvent, parce que notre vocabulaire n'est pas assez riche pour englober ces deux phénomènes. J'espère qu'on résoudra à la longue ce problème en inventant de nouveaux termes plus appro-

118

priés mais, pour le moment, nous n'avons d'autre choix que d'utiliser les anciens.

Par exemple, il nous arrive d'agir de manière critiquable. Si nous refusons de reconnaître que notre comportement est « mauvais » et de chercher comment le corriger ou nous racheter en tirant les leçons de ce que nous avons fait, alors c'est que nous nous intéressons surtout à notre estime de soi. Mais si notre motivation fondamentale est l'amour de soi, nous préférerons reconnaître nos erreurs et nous châtier comme il convient, car nous comprenons que nos échecs ne suffisent pas à définir intégralement notre valeur ou notre identité personnelle. Nous avons besoin de ces moments essentiels pour notre croissance, parce que s'aimer soi-même exige de pouvoir reconnaître que certaines de ses caractéristiques demandent encore à être améliorées.

Il existe donc une différence entre le fait de vouloir être satisfait de soi-même (ce qui est narcissique) et celui de se considérer comme important ou ayant de la valeur (ce qui est de l'amour de soi naturel). Il faut apprendre à faire cette distinction pour jouir d'une bonne santé mentale. Pour être quelqu'un de bien, il faut de temps à autre laisser de côté son estime de soi et ne pas se sentir sans cesse content de soi. Il faut toujours être capable de s'aimer et de s'apprécier mais savoir ne pas toujours s'estimer.

Il y a une vingtaine d'années, j'ai reçu un patient âgé de dix-sept ans qui était livré à lui-même depuis qu'il avait quatorze ans. Ses parents s'étaient très mal occupés de lui et, au cours de notre première séance, je lui ai dit : « Jack, ton pire problème est que tu ne t'aimes pas ; tu penses que tu n'as pas de valeur. » Le soir même, je devais me rendre à New York. Il y eut un orage très violent ; la pluie s'abattait en trombes sur l'autoroute et je distinguais à peine les bas-côtés ou les marques sur le sol. Je devais maintenir mon attention fixée sur la route alors que j'étais très fatigué. Si je m'étais déconcentré pendant une seule seconde, j'aurais fini dans le bas-côté. Si j'ai réussi à parcourir cent vingt kilomètres dans ces conditions terribles, c'est parce que je n'ai cessé de me répéter tout du long : « Cette petite voiture transporte une cargaison d'une grande valeur et il est vital qu'elle parvienne saine et sauve à New York. » Et ce fut le cas.

Trois jours plus tard, de retour dans le Connecticut, j'ai revu Jack, qui m'a raconté avoir été pris dans la même tempête et avoir fini dans le fossé. Heureusement, il n'avait pas été blessé. Je ne pense pas que cela lui soit arrivé parce qu'il était suicidaire (bien que le non-amour de soi puisse conduire au suicide), mais parce qu'il n'avait pas été capable de se persuader que sa petite voiture transportait une cargaison d'une grande valeur.

Un autre exemple qui me vient à l'esprit est celui d'une femme que j'ai commencé à soigner peu de temps après la parution du *Chemin le moins fréquenté*. Elle habitait dans le New Jersey et devait se rendre dans le Connecticut pour me voir. Cette femme était une chrétienne fervente ; elle avait été élevée dans la religion et avait même épousé un pasteur. Pendant la première année, nous nous sommes rencontrés une fois par semaine et ne sommes parvenus à rien. Puis, un jour, elle déclara au début de la séance : « Vous savez, ce matin, en conduisant ma voiture jusqu'ici, j'ai soudain perçu que le plus important, c'est l'épanouissement de mon âme. » J'ai éclaté de rire. Je riais non seulement parce qu'elle avait enfin compris, mais aussi parce que, ironiquement, j'avais supposé jusqu'alors que cette femme qui venait chez moi parce qu'elle avait apprécié mon livre, qui était prête à faire six heures de voiture une fois par semaine pour me voir et qui avait passé la majeure partie de sa vie au sein de l'Église, savait déjà que la chose la plus importante était l'épanouissement de son âme. Mais ce n'était pas le cas et je soupçonne bien des gens de ne pas se rendre compte à quel point cela est essentiel pour leur existence. Dès qu'elle l'eut compris, sa thérapie progressa de manière fulgurante.

Si l'on accorde de la valeur à sa personne, on n'a pas de mal à saisir que l'on vaut bien tous les efforts que l'on fait pour soi-même. La décision d'entreprendre une thérapie pour débloquer les choses et nous permettre de progresser, ou prendre le temps de s'habituer à la sécurité dans des situations sous notre contrôle, c'est cela qui nous permet de mesurer à quel point nous croyons véritablement en notre valeur. Et, comme je l'ai dit dans *Le Chemin le moins fréquenté*, le facteur déterminant pour savoir si l'on se considère comme important et véritablement valable, c'est que nos parents nous aient traité comme si nous l'étions. Cela est fondamental pour le regard que nous portons ensuite sur nous-même, ces années de jeunesse sont cruciales pour le sens que nous avons de notre propre valeur.

Néanmoins, dix-huit années après avoir rédigé ce livre, je pense que j'étais trop pessimiste dans ma description des problèmes que rencontre quelqu'un qui entre dans l'âge adulte avec un manque total d'estime de soi. J'avais écrit qu'il lui était pratiquement impossible de jamais acquérir le sentiment de sa propre valeur. Aujourd'hui, je sais qu'il existe au moins deux moyens d'y parvenir pour ceux auxquels l'enfance n'a pas permis de se représenter leur propre valeur. L'un est une psychothérapie à long terme, au cours de laquelle le thérapeute peut devenir une sorte de parent de remplacement et ainsi soigner le patient en lui démontrant son appréciation de sa valeur. La réflexion la plus courante de mes patients à la fin d'une longue thérapie réussie est certainement : « Vous savez, vous m'avez traité comme si j'avais été plus important que je ne le pensais moi-même. »

Il y a un autre moyen : parfois, Dieu semble intervenir directement dans la vie des gens pour leur donner un message de leur valeur. À cause de la puissance d'une telle expérience, les bénéficiaires restent intrigués et impressionnés. Souvent, ils continuent à se poser la question des années durant : « Pourquoi moi ? », ils se demandent encore ce qu'ils ont fait pour mériter une telle bénédiction. C'est effectivement une expérience d'une force éblouissante lorsque, après s'être longtemps dévalorisé à ses propres yeux, Dieu vous révèle que, après tout, vous comptez beaucoup.

Je n'ai pas encore décrit de tels événements dans mes essais, mais certains de mes patients et de mes amis ont partagé avec moi des changements radicaux dans leur estime de soi. Parfois, ces révélations se sont produites dans le contexte d'une expérience épouvantable, et dans certains cas – comme celui de cette femme qui avait décidé qu'elle s'estimait suffisamment pour quitter son mari qui la violentait – lorsque leur vie était en danger. J'ai raconté de tels événements dans mes deux romans. Dans *Un lit près de la fenêtre*, Mme Simonton, l'administratrice de la maison de retraite, reçoit un tel message ; tout comme Trish d'ailleurs, dans le purgatoire tel que je le décris dans *Au ciel comme sur terre*. Ces deux livres sont des œuvres de fiction, mais ils reflètent l'expérience réelle de gens que j'ai connus et qui m'ont fait part de leurs expériences.

LE NARCISSISME, LA MORT ET L'APPRENTISSAGE DE LA MORT .

Notre narcissisme inné est un phénomène incroyablement complexe : une certaine partie nous est nécessaire en tant que versant psychologique de notre instinct de survie, mais le narcissisme déchaîné est le principal signe avant-coureur de la maladie psychospirituelle. Une vie spirituelle saine consiste en un abandon progressif du narcissisme. Autrement, et bien que cela soit extrêmement courant, le résultat est dévastateur.

La perspective de notre fin et le processus de la mort physique sont souvent parmi les grands stimulants d'un tel processus de croissance. Il s'agit peut-être même du plus important stimulus. Lorsque les psychiatres parlent de fierté blessée, ils appellent ça des « blessures narcissiques ». Et sur l'échelle des blessures narcissiques, la mort est la blessure ultime. Nous subissons constamment de petites blessures narcissiques : un camarade de classe nous traite d'idiot, par exemple ; nous sommes le dernier à être choisi pour l'équipe de foot ; une université refuse notre candidature ; notre patron nous critique ; on nous licencie ; nos enfants nous rejettent... Le résultat de ces blessures répétées est soit de nous aigrir, soit de nous aider à grandir. Mais la mort est *la* blessure narcissique la plus terrible. Rien ne menace davantage notre attachement narcissique à nous-même que notre destruction inéluctable.

Il est donc entièrement naturel de craindre la mort et tout ce qui nous la rappelle. Il existe deux moyens d'affronter cette peur : la manière habituelle et la manière intelligente. La manière habituelle est de ne pas y penser, d'en limiter la conscience, d'essayer de l'oublier. La manière intelligente est d'y faire face le plus tôt possible. Ce faisant, on comprend quelque chose d'extrêmement simple : on ne peut surmonter sa peur de la mort que si on est capable de vaincre son narcissisme. Pour ceux qui y parviennent, la perspective de la mort devient un merveilleux stimulant de leur épanouissement psychologique et spirituel. « Puisque je vais mourir de toute façon, se disent-ils, à quoi bon rester attaché à ce vieil ego sans intérêt ? » Et les voilà lancés sur la voie du détachement de soi.

Même si le chemin n'est pas facile, il en vaut certainement la peine. Car plus on réduit son narcissisme, son égoïsme et le sentiment de sa propre importance, moins on craint la mort, mais aussi la vie. Et c'est ainsi que l'on devient plus aimant. Débarrassé du fardeau inutile de se protéger soi-même, on est capable de tourner son regard vers autrui – et de le reconnaître vraiment. Et à mesure que l'on s'oublie soi-même et que, du coup, on devient perméable à Dieu, que l'on peut constater sa présence dans les détails de l'existence, on se met à ressentir un sentiment prolongé, durable, de bonheur jamais connu jusque-là.

Les grandes religions ne cessent de nous répéter que le chemin qui nous éloigne du narcissisme nous mène à une vie pleine de sens. Tel est leur message principal : apprenez à mourir. Les bouddhistes et les hindouistes disent qu'il faut se détacher de soi ; pour eux, la notion même de soi est une illusion. Jésus a utilisé des formules analogues : « Quiconque veut sauver sa vie [c'est-à-dire quiconque s'accroche à son narcissisme] perdra sa vie, et quiconque perdra sa vie pour moi, la trouvera. »

Dans son ouvrage classique, *La mort est une question vitale*[1], Elizabeth Kubler-Ross a été la première scientifique à oser demander aux gens ce qu'ils ressentaient lorsqu'ils devaient envisager leur mort physique. Ce faisant, elle est parvenue à distinguer cinq étapes émotionnelles dans le processus de la mort. Elle a aussi découvert que l'on traverse ces étapes dans l'ordre suivant : le déni, la colère, la négociation, la dépression et, finalement, l'acceptation.

---

1. Elizabeth Kubler-Ross, *La mort est une question vitale : l'accompagnement des mourants pour changer la vie*, Pocket, 2000.

Au cours de la première étape, les gens diront, par exemple : « Le laboratoire d'analyses a dû confondre mes résultats avec ceux de quelqu'un d'autre. Il ne peut s'agir de moi, cela ne peut pas m'arriver à moi. » Mais le déni ne dure pas longtemps. Alors, ils se fâchent. Ils en veulent aux médecins, aux infirmières, à l'hôpital, à leurs parents, à Dieu. Lorsque cela ne les mène nulle part, ils se mettent à négocier. Ils se disent : « Si je retourne à l'église et recommence à prier, mon cancer va peut-être disparaître. » Ou bien : « Si je deviens plus gentil avec mes enfants, mes reins vont peut-être de nouveau fonctionner. » Et lorsque cela ne donne pas non plus de résultats, ils comprennent peu à peu que leur heure est venue et qu'ils vont mourir pour de bon. À ce moment, ils dépriment. S'ils s'accrochent et parviennent à accomplir ce que les thérapeutes appellent le « travail de la dépression », ils émergent de l'autre côté et entrent dans le cinquième stade, celui de l'acceptation. C'est un stade d'un grand calme spirituel, d'une grande paix intérieure, qui peut être lumineux pour certains – ceux qui ont accepté la mort portent une lumière en eux. C'est comme s'ils étaient déjà morts en quelque sorte et avaient ressuscité dans le sens psychospirituel du terme. C'est une chose merveilleuse à voir, mais cela n'arrive pas souvent. La plupart des gens ne meurent pas dans cet état d'acceptation. Ils meurent en refusant de l'admettre, en état de colère, de dépression, ou en négociant. Car le travail de la dépression est si douloureux et si pénible que, lorsqu'ils s'y trouvent confrontés, ils se réfugient dans le déni, la colère ou la négociation.

Ces étapes ne se déroulent pas toujours exactement de la manière décrite par Kubler-Ross, mais généralement si, non seulement en ce qui concerne la douleur émotionnelle de la mort mais aussi (bien qu'elle ne l'ait pas compris à l'époque) à toutes les étapes d'apprentissage de la vie où il s'agit de désapprendre.

DÉSAPPRENTISSAGE ET FLEXIBILITÉ

J'ai raconté une expérience avec ma fille au cours de laquelle j'ai dû passer par un tel désapprentissage pour grandir. Un soir, j'ai décidé de consacrer un peu de mon temps libre à la construction d'une relation plus heureuse et plus proche avec ma fille qui avait quatorze ans à l'époque. Depuis plusieurs semaines, elle me demandait de jouer aux échecs avec elle et j'ai donc proposé de faire une partie, ce qu'elle a accepté avec joie. Nous avons commencé une partie mais n'arrivions pas à nous départager. Le lendemain il y avait école et, vers neuf heures, ma fille m'a demandé si je pouvais jouer plus vite car elle devait aller se coucher puisqu'elle se levait à six heures du matin. Je savais qu'elle était intransigeante quant à ses heures de sommeil, mais je pensais que, exceptionnellement, elle pouvait bien assouplir un peu ses habitudes. Je lui ai donc dit : « Allons, tu peux bien aller te coucher un peu plus tard pour une fois. Il ne faut pas débuter une partie que l'on n'est pas sûr de pouvoir terminer. On s'amuse bien, non ? »

Nous avons joué encore pendant un quart d'heure au cours duquel elle est devenue de plus en plus nerveuse. À la fin, elle me suppliait : « S'il te plaît, presse-toi un peu. – Pas question, nom de Dieu ! Les échecs, c'est sérieux. Si on veux y jouer correctement, il faut prendre son temps. Sinon, autant ne pas commencer. » Nous avons donc continué pendant une dizaine de minutes encore, ma fille se sentant de plus en plus mal, jusqu'au moment où elle a éclaté en sanglots, hurlant qu'elle abandonnait cette partie stupide et se précipitant dans sa chambre.

Ma première réaction fut le déni. Rien de sérieux ne s'était produit. Ma fille était juste un peu susceptible. Cela n'avait rien à voir avec moi. Mais ça ne marchait pas vraiment. Le fait est que cette soirée que j'avais imaginée plaisante s'était terminée en cauchemar. Je suis donc passé au stade suivant : la colère. J'en ai voulu à ma fille de sa rigidité et du fait qu'elle refusait de dormir moins pour consacrer un peu de temps à notre relation. Tout était sa faute. Mais cette solution n'était pas satisfaisante non plus. La vérité, c'est que je suis moi-même assez rigide en ce qui concerne mon sommeil. J'ai donc songé que je devrais frapper à la porte de sa chambre et lui dire : « Chérie, je suis désolé. Excuse-moi d'avoir été si rigide. Fais de beaux rêves. » Mais, là, j'avais l'impression d'être en train de négocier : c'étaient de misérables excuses. J'en suis venu finalement à accepter que je m'étais mal conduit. J'avais voulu la rendre heureuse et, une heure et demie plus tard, elle était en larmes et si fâchée qu'elle ne parvenait plus à me parler. Qu'avais-je donc fait ? Je me suis mis à déprimer.

Par chance, même si ce fut à contrecœur, je me suis accroché et j'ai accompli le travail de la dépression. J'ai regardé en face le fait que j'avais gâché notre soirée en laissant mon désir de gagner une partie d'échecs l'emporter sur celui de construire une relation saine avec ma fille. À ce moment, j'étais vraiment déprimé. Comment avais-je perdu les pédales ? Peu à peu, j'ai commencé à accepter que mon désir de gagner était trop important et que je devais en abandonner une partie. Pourtant même cette petite concession me semblait impossible. Toute ma vie durant, mon désir de gagner m'avait profité car j'avais gagné de nombreuses choses. Comment était-il possible de jouer aux échecs sans vouloir gagner ? Je n'ai jamais réussi à faire les choses sans enthousiasme. Comment pouvais-je jouer aux échecs sans enthousiasme mais sérieusement tout de même ? Cependant, quelque chose devait changer car je savais que mon instinct de compétition et mon sérieux faisaient partie d'un comportement qui finirait par m'aliéner mes propres enfants. Si je n'étais pas capable de modifier ce comportement, il y aurait d'autres crises et d'autres pleurs.

Depuis que j'ai abandonné une partie de mon désir de gagner, cette petite dépression a disparu. J'ai tué mon désir de gagner au jeu avec mon désir de gagner à « être un bon père ». Ma rage de vaincre m'a été utile dans ma jeunesse mais, en tant que parent, j'ai compris qu'elle était devenue un obstacle. Je devais m'en débarrasser et je ne le regrette pas, contrairement à ce que j'aurais cru.

La maturité mentale exige de la souplesse. Nous devons être capables d'atteindre un équilibre délicat entre nos divers intérêts, objectifs, devoirs et responsabilités. L'essence de cette discipline d'équilibre est le désapprentissage et le fait de pouvoir laisser tomber quelque chose de nous-mêmes pour tenir compte de nouvelles informations. Il peut sembler étrange de choisir la stagnation par rapport à la souplesse afin d'éviter la douleur de renoncer à des parties de soi-même – cela est compréhensible étant donné la profondeur de cette douleur émotionnelle. L'abandon est la plus douloureuse des expériences humaines. Lorsqu'on abandonne une partie de soi-même, on abandonne également des traits de sa personnalité, des comportements habituels, des idéologies et même parfois un mode de vie, et la douleur peut être déchirante. Pourtant, ces grandes formes d'abandon sont nécessaires si l'on veut aller loin sur le chemin de la vie, vers une maturité et un développement spirituel toujours plus grands. Comme dans tout renoncement, la plus grande crainte est de se retrouver vidé. C'est la peur existentielle du néant, d'être rien. Mais si tout changement dans un sens ou dans l'autre implique la perte de vieilles habitudes, cela ouvre aussi la perspective de nouvelles acquisitions.

Je n'insisterai jamais assez sur l'importance de ces étapes de la mort pour le processus de désapprentissage suivi d'un nouvel apprentissage. Les individus les traversent régulièrement, mais aussi des groupes, voire des nations entières. Prenez, par exemple, le comportement des États-Unis au Vietnam. Vers 1964, lorsqu'on a commencé à comprendre que notre politique là-bas était erronée, quel fut le premier réflexe de notre nation ? le déni. Tout allait bien. Ce qu'il fallait, c'était un peu plus de soldats et quelques millions de dollars en sus. Puis, vers 1967, alors qu'il devenait de plus en plus clair que notre politique ne marchait pas, qu'elle était gravement défectueuse, quelle fut la réaction du gouvernement ? la colère. Les morts se sont mis à s'accumuler. Et puis il y eut le massacre de My Lai. Et la torture. Et des bombardements qui avaient pour but de ramener le Nord à l'âge de pierre. Vers 1970, lorsqu'il devint impossible de nier l'échec complet de notre politique, la réaction fut de « négocier » notre sortie du Vietnam. Nous avons cessé les bombardements en certains endroits, en guise de carotte, et avons recommencé à bombarder ailleurs en guise de bâton, pensant que le Nord Vietnam serait contraint de négocier. Évidemment, ça n'a pas marché non plus.

Bien qu'une partie du pays ait connu une véritable dépression au sujet de la guerre, notre gouvernement a réussi à convaincre la majorité des Américains que nous sommes parvenus à négocier notre désengagement. C'est absolument faux. Nous n'avons rien négocié. Nous avons été battus. Nous nous sommes enfuis avec un demi-million d'hommes. Parce que, en tant que nation, nous n'avons pas compris à l'époque qu'il fallait faire le travail de dépression, il est assez clair que nous n'avons véritablement rien appris de cette expérience. Ce n'est que récemment, vingt-cinq ans après les faits, que nous avons fait une partie de ce travail et avons acquis une dose d'humilité dans notre approche des relations internationales.

Pour apprendre quelque chose de nouveau, il faut souvent se vider des choses anciennes. Cela peut être un processus à la fois individuel et collectif. Dans *Different Drum*, je décris cela comme un « vide », une des étapes de la création d'une communauté. Dans ce livre, j'ai écrit qu'un groupe qui passe par l'étape du vide – le stade le plus important de son apprentissage – semble aux yeux du monde être sur le point de mourir. Ce passage peut être péniblement douloureux. C'est aussi la période au cours de laquelle le groupe s'engage dans l'apprentissage – c'est-à-dire également dans le désapprentissage – de ce qui pose problème.

Quand on se met à souffrir, individuellement ou collectivement, on a souvent l'impression que la douleur va durer éternellement. Mais, dans le cycle de la vie, il y a toujours une place pour le renouveau. L'espoir est le fondement de la renaissance qui suit la mort et le changement. Lorsqu'on travaille dessus, le stade de la dépression précède immanquablement celui de l'acceptation. Un jour, un auditeur d'une de mes conférences m'a demandé si le mariage passait par ces étapes et j'ai répondu que c'était effectivement le cas. Au début, les différences entre les partenaires apparaissent et la première tendance est de les nier – comme de nier que l'on n'est plus amoureux. Lorsqu'on ne peut plus le nier, on se met en colère contre son conjoint parce qu'il est différent de soi. Mais cela ne mène nulle part, le conjoint ne change pas, alors on essaie de négocier : « Je changerai dans ce sens si tu changes dans tel autre. » Si ça ne marche pas, on sombre dans la dépression et les perspectives du couple paraissent effectivement assez sombres.

Cependant, si on s'accroche et cela parfois pendant des années – dans le cas de mon mariage, il s'est agi de près de vingt ans –, on apprend finalement à accepter l'autre et on peut atteindre une relation mieux qu'amoureuse, qui peut être glorieuse. Or bien des gens semblent penser qu'un mariage qui passe par ces étapes est raté, comme si les relations durables devaient être de tout repos. En fait, ceci est une des principales illusions à surmonter. Cela me rappelle une femme qui m'a dit : « Scotty, j'ai beaucoup aimé *La Quête des pierres*, mais c'était tellement triste. » Je ne suis pas sûr d'avoir compris ce qu'elle entendait par « triste », je suppose qu'elle voulait dire que pour elle un mariage ne devait pas passer par toutes les étapes difficiles que je décrivais. Pourtant, je crois que ce livre est au bout du compte un livre triomphal. En effet, en dépit de toutes les difficultés que Lily et moi avons rencontrées, au bout du compte, nous avons acquis une meilleure compréhension réciproque que celle envisagée au départ.

Ainsi, l'étape de la mort est suivie par celle de la renaissance qui peut, en fait, être aussi douloureuse, sinon plus. Dans le premier chapitre, j'ai raconté que nombre de mes patients ont connu une « dépression thérapeutique » lorsque leurs anciennes manières n'étaient plus tenables et que les nouvelles leur paraissaient impossibles, lorsqu'ils ne pouvaient plus reculer mais n'arrivaient pas encore à avancer, parce que le nouveau chemin leur semblait semé d'embûches. Dans *Un lit près de la fenêtre*, au cours de sa thérapie, Heather prend la décision de se débarrasser de ses « vieilles bandes magnétiques », c'est-à-dire ses rapports inadéquats avec les hommes, et d'en essayer de nouvelles. Ces deux processus sont inextricables, mais expérimenter avec une nouvelle bande est tout aussi terrifiant que rejeter les anciennes. On a beau savoir que telle vieille bande ne marche pas, on peut l'aimer quand même, comme on aime une vieille paire de chaussures. La nouvelle bande, qui exige peut-être de faire des choses d'une manière entièrement inhabituelle, différente de celle que nos parents nous ont enseignée et que toute notre culture recommande, peut se révéler très dangereuse.

Mais l'apprentissage est une aventure. Il faut en avoir le goût dans une certaine mesure, puisque toute aventure concerne l'inconnu. Si on sait toujours où on va, comment s'y rendre, ce qu'on y trouvera et à quoi ressemblera le chemin, ce n'est pas une aventure. Il est humain – et intelligent – de craindre l'inconnu, d'avoir au moins un tout petit peu peur lorsqu'on se lance dans une nouvelle entreprise. Mais seules les aventures nous enseignent des choses importantes.

L'APPRENTISSAGE EST UNE AVENTURE

Entreprendre une psychothérapie est souvent l'une des plus grandes aventures de la vie. Pour une femme que j'appellerai Tammy, c'est une violente dépression, survenue à l'âge de vingt-cinq ans, qui la poussa à chercher du secours. La source de sa dépression et la dynamique de son cas constituaient un exemple classique d'un individu fonctionnant dans l'illusion de la perfection. Pendant la plus grande partie de sa vie, Tammy s'était imposé des exigences irréalistes et avait essayé de satisfaire les attentes exagérées qu'elle attribuait aux autres à son propos.

Les graines du perfectionnisme avaient été semées tôt et lui coûtaient bien cher. Comme c'est souvent le cas chez de tels patients, Tammy avait grandi dans une famille d'alcooliques. Dès son enfance, elle avait dû assumer des responsabilités d'adulte en raison de l'absence émotionnelle de sa mère gravement dépressive, et de l'absence physique de son père, ivre la plupart du temps. Elle s'efforça d'être à la hauteur de la situation et aida à élever ses jeunes frères et sœurs. Cela voulait dire, bien évidemment, qu'elle n'eut pas de vraie vie à elle pendant ses années de collège et de lycée. À cause de la pagaille qui régnait à la maison, l'école devint pour Tammy l'endroit où elle se sentait le plus compétente. C'était aussi le seul endroit où l'on s'occupait d'elle comme si elle était un enfant, au lieu de lui demander de s'occuper des autres. Cela explique sa réussite : elle fut la première de sa famille à faire des études universitaires.

Bien que cela n'ait jamais été explicitement dit, pour Tammy, son perfectionnisme exigeait d'elle qu'elle « tienne les choses en main ». Elle avait l'impression que sa famille attendait cela d'elle et qu'elle le fasse tout le temps. Cela lui imposait un stress considérable. Au fond d'elle-même, Tammy savait qu'elle ne pouvait être absolument parfaite, mais sa tentative d'entretenir cette illusion lui interdisait de reconnaître la réalité de ses limites. La pression, tant extérieure qu'intérieure, finit par la pousser à bout et elle connut pendant de longues années les affres de la dépression et des crises d'anxiété. À un moment, elle eut même des pensées suicidaires, sans toutefois passer à l'acte.

Au cours de sa thérapie, Tammy apprit que la principale source de sa dépression était qu'elle s'efforçait de respecter des exigences bien trop élevées et qu'elle n'avait pas de véritable identité. Extérieurement, elle semblait sûre d'elle et indépendante, mais son images d'elle-même s'était principalement bâtie autour de ce que les autres pensaient d'elle.

Au début, les propos de Tammy pendant la thérapie avaient à voir avec sa perception d'elle-même en tant que victime. Elle se plaignait constamment de ce que les autres lui avaient fait ou ne lui avaient pas fait. Après deux ou trois mois sur ce thème, elle commença à envisager quel avait pu être son propre rôle dans sa victimisation. Ce fut un tournant dramatique. Elle comprit qu'après tout, elle avait le choix. Ce qui l'amena à reconnaître qu'elle avait certaines limitations, même si d'autres voulaient continuer à la placer sur un piédestal parce qu'elle était la seule dans la famille à avoir fait des études. Et elle cessa de parler tout le temps d'« eux », se mettant à dévoiler ses propres sentiments et à s'exprimer à la première personne. Elle éprouva alors un sentiment de pouvoir personnel qu'elle n'avait jamais connu. Un jour, elle reconnut – avec beaucoup de mal – qu'un de ses anciens petits amis avait abusé de sa gentillesse non seulement parce que c'était un salaud mais aussi en grande partie parce que, dans leur relation, elle lui donnait bien plus de choses qu'elle n'en retirait.

À mesure qu'elle comprenait la manière dont s'était opérée sa socialisation depuis son enfance – qui impliquait d'assumer le rôle de sauveuse et de martyre –, elle réalisait comment, en tant qu'adulte, elle avait construit son image d'elle-même sur ce rôle. Plus surprenant encore, elle découvrit qu'elle aimait les compensations psychologiques de cette situation. Cela lui procurait une grande satisfaction de savoir qu'elle était le sauveur familial ou la petite amie la plus gentille. Mais le prix qu'elle devait payer était trop élevé.

Rétrospectivement, Tammy parvint à admettre qu'elle avait été au moins passivement complice de sa situation. Puis elle affronta le fait d'avoir été utilisée et en voulut à sa famille, à ses amis et à ses anciens petits amis, des exigences qu'ils avaient fait peser sur elle. Ce qui compliquait tout, c'est la culpabilité qu'elle ressentait de temps à autre : après tout, il lui semblait que ses problèmes étaient triviaux comparés à la misère et au manque d'éducation de sa famille. Même la plupart de ses petits amis n'avaient pas aussi bien réussi qu'elle. En même temps que son processus de guérison avançait, Tammy redéfinissait ses attentes de manière réaliste. « J'en suis venue à réaliser que mes erreurs étaient humaines et non honteuses. J'ai appris que l'absence de perfection n'est pas synonyme d'imperfection totale. Les choses ne sont pas noires ou blanches mais comportent de nombreuses nuances de gris. Je sais que je suis quelqu'un de bien, même si je commets des erreurs. Je m'apprécie avec mes forces, mes faiblesses, mes défauts et tout le reste », dit-elle en riant.

Les « mauvaises choses » qu'elle a apprises sur elle-même au cours de sa thérapie l'ont rendue plus modeste, mais elle a également été surprise de comprendre quelles étaient ses véritables forces. Pour commencer, à mesure qu'elle se libérait de l'emprise du perfectionnisme, elle est devenue moins dure avec elle-même. Elle a connu une catharsis au cours de la thérapie lorsque je lui ai demandé de s'imaginer petite fille : elle s'effondra en pleurs en éprouvant de l'empathie envers elle-même. Elle apprit à se reconnaître le mérite d'avoir survécu à une enfance difficile et d'avoir prospéré en dépit de celle-ci.

Une percée encore plus spectaculaire se produisit lorsqu'elle comprit que son désir malsain de perfection avait fait obstacle à ses besoins naturels d'affection et de soutien. « Le problème ne venait peut-être pas du fait que mes amis et ma famille n'étaient pas disposés à m'aider. Peut-être que je ne le leur permettais pas puisque j'avais l'air de si bien tenir les choses en main », me dit-elle. Elle prit donc la résolution de s'affirmer en demandant aux autres de l'aider périodiquement et de travailler sa difficulté à recevoir, elle qui s'était si bien habituée à toujours donner. C'est avec exaltation qu'elle me raconta le jour où, pour la première fois, au lieu de balayer d'un revers de main les compliments de quelqu'un qui lui disait combien elle était à la fois belle et intelligente, elle fut capable de dire merci.

Tammy avait entrepris sa thérapie parce qu'elle avait le sentiment de ne plus avoir le choix. « J'étais perdue, brisée. » Elle découvrit que le processus était très gratifiant et connut même un renouveau spirituel. « À mesure que je suis devenue consciente de mes propres limites, je n'ai plus eu besoin de satisfaire des exigences impossibles dans tous les domaines de l'existence. À présent, je me consacre entièrement aux choses qui comptent pour moi et je laisse les autres porter leur fardeau ; je ne me sens plus responsable du monde entier. Je trouve aujourd'hui que j'étais incroyablement arrogante de penser devoir prendre tout en main pour que tout se passe bien. J'ai appris à rester en coulisse et je me sens libérée. D'une manière tout à fait réelle, je sens que je suis parvenue à restaurer progressivement mon humanité, même si cela peut paraître bizarre. »

Dans leur ouvrage *The Spirituality of Imperfection*[1] Ernest Kurtz et Katherine Ketcham évoquent le chemin parcouru par ceux qui, comme Tammy, sont en convalescence de leur perfectionnisme. Lorsqu'ils font face à leurs limitations, qu'ils ont la modestie de se parler franchement et de regarder les choses en face, ils acquièrent une conscience spirituelle accrue.

On a parfois du mal à distinguer si c'est le courage ou le désespoir (le sentiment d'extrême urgence que l'on a lorsque l'on touche le fond) qui conduit quelqu'un à s'embarquer dans l'aventure d'une psychothérapie. Cela me rappelle ce qu'a dit le plus grand maître à mes yeux à côté de Jésus-Christ, Djalal al Din Rûmi, un mystique musulman du XIIIe siècle : « Les organes évoluent en

---

1. Ernest Kurtz, Katherine Ketcham, *The Spirituality of Imperfection : Storytelling and the Journey to Wholeness*, Bantam Books, 1994.

réaction à la nécessité. Donc, augmentez votre nécessité. » Je pense que l'acceptation de la nécessité est un acte de courage en soi. Ainsi, même lorsque la nécessité – ou le désespoir – est la motivation principale, il faut du courage pour entreprendre une thérapie, car il s'agit véritablement d'un saut dans l'inconnu. On s'expose soi-même au thérapeute et on n'a aucune idée des défis qu'il faudra relever. Lorsque les gens entrent en thérapie, ils ne savent pas ce qu'ils vont apprendre sur eux-mêmes, mais ils ont pourtant la certitude qu'ils vont découvrir des « choses mauvaises ». Mon expérience me prouve néanmoins que, s'il est effectivement vrai que mes patients apprennent des mauvaises choses inattendues, il est non moins vrai qu'ils apprennent aussi un grand nombre de « bonnes choses ».

Je suis sans cesse surpris du petit nombre de gens qui comprennent ce qu'est le courage. La plupart vous diront qu'il s'agit de l'absence de peur. Or l'absence de peur n'est pas du courage : c'est une sorte de lésion cérébrale. Le courage, c'est la capacité d'aller de l'avant *en dépit* de la peur ou *en dépit* de la douleur. Lorsque vous faites cela, vous découvrez qu'en surmontant sa peur on devient non seulement plus fort mais on franchit aussi un grand pas vers la maturité.

Lorsque j'ai écrit *Le Chemin le moins fréquenté*, je n'ai pas voulu donner une définition de la maturité, mais j'ai décrit un certain nombre de personnes immatures. Il me semble que le trait caractéristique le plus saillant de ces personnes est qu'elles passent leur temps à se plaindre que leur vie n'est pas conforme à leurs exigences. À l'inverse, le trait caractéristique le plus frappant des rares personnes vraiment matures est qu'elles considèrent que c'est à elles qu'il incombe de faire en sorte que leur vie soit conforme à leurs exigences. En réalité, une fois que l'on a compris que tout ce qui nous arrive est fait pour nous apprendre ce que nous devons savoir dans notre voyage de vie, on commence à voir ce dernier sous un angle entièrement différent.

Il faut en effet un point de vue particulier – mature – pour affronter l'aventure extrême de la vie. Une seule autre dépasse, à mon avis, l'entrée en psychothérapie : l'aventure finale de la mort. Quelles que soient nos croyances, nous ne savons pas de manière certaine comment et où nous allons nous retrouver lorsque l'aventure de la mort sera terminée. Quel saut dans l'inconnu !

Puisque la mort est la plus grande des aventures de la vie, il n'est pas surprenant que ce moment soit notre dernière occasion d'apprendre, et aussi la meilleure. En tant que psychothérapeute, j'ai appris que mes meilleurs moments ont été ceux passés en compagnie de mourants. Cela peut sembler paradoxal, surtout quand on imagine que ces gens savent peut-être qu'il leur reste très peu de temps. Je dis « peut-être » parce que cette conscience est un choix. Je le répète, la plupart préfèrent nier la réalité de leur mort imminente, quitte à se refuser cette occasion d'apprendre. Mais, lorsqu'on choisit d'accepter sa mort, on peut vivre des phases de développement spectaculaires au cours de ses derniers jours ou dernières semaines sur cette terre. Nous connaissons tous des histoires non seulement de confessions et de conversions sur le lit de mort, mais aussi de repentirs dramatiques, de pardons ou de réconciliations.

Ce sujet est d'ailleurs si important que j'y reviendrai dans le chapitre suivant. Mais je voudrais simplement dire ici que le choix de bien mourir ne peut être fait que par ceux qui ont décidé d'apprendre, qui ont adopté la position selon laquelle l'apprentissage est central, voire essentiel à l'existence. Choisir de bien mourir est une partie constitutive de choisir d'apprendre à bien vivre.

Trois facteurs jouent un rôle central dans notre apprentissage : notre attitude, notre tempérament et nos valeurs. Ces facteurs sont liés, mais chacun est une composante importante et distincte de l'apprentissage.

Parce que notre attitude est une disposition acquise ou une approche générale des choses, elle influe sans conteste sur notre capacité à apprendre. Un athée a une « attitude » envers la religion qui affecte sa perception des choses. Un alcoolique superficiellement religieux peut néanmoins avoir une certaine attitude négative envers les Alcooliques anonymes en général parce qu'il ne supporte pas l'idée de « céder le contrôle ».

Dans quelle mesure une attitude est-elle acquise ou innée ? C'est difficile à dire, mais il existe de bonnes raisons de penser qu'elle est en grande partie déterminée par l'environnement. Tout le monde a un problème d'« attitude » pour ce qui est des domaines dans lesquels il ne pense pas correctement ou est plutôt négatif. On a tendance à mieux apprendre dans les domaines où on a une attitude positive. Par exemple, plus vous aurez peur – si vous avez le sentiment que vous devez constamment vous défendre et vous protéger –, moins vous aurez la possibilité d'apprendre sur un sujet ou une expérience donnée. Ainsi, une partie de l'apprentissage consiste à prendre conscience de ses attitudes et à les remettre en question. Bien sûr, il est impossible de faire cela tout le temps. Mais, tout comme un patient se réserve du temps pour sa thérapie, on peut réserver du temps pour les interrogations et la réflexion à propos de ses propres attitudes, en toute impunité, dans une atmosphère de sécurité.

Le tempérament renvoie à la partie biologique de notre personnalité. Il se trouve dans nos gènes. C'est pour cela que les parents et ceux qui s'occupent d'enfants sont capables d'évaluer de manière assez précise comment tel enfant, même très jeune, réagira dans telle situation. On discute encore le fait de savoir si le tempérament est fixé de manière irréversible à partir d'un certain âge ou dès la naissance.

Les valeurs sont ces qualités que nous estimons importantes. Celles auxquelles nous accordons plus de crédit qu'à d'autres influent sur nos choix de vie. Puisqu'on ne peut apprendre tout ce qu'il y a à apprendre, on est constamment confronté à des choix basés pour l'essentiel sur ce qui nous importe le plus. Il faut donc, tout au long de sa vie, opter pour ce qu'on va apprendre, dans la mesure évidemment où on a décidé d'apprendre quelque chose. Comme l'a dit le soufi Idries Shah (je paraphrase), « il ne suffit pas d'étudier. Il faut d'abord décider quoi étudier et quoi ne pas étudier. Quand étudier et quand ne pas étudier. Avec qui étudier et avec qui ne pas étudier ».

Cela vaut non seulement pour l'apprentissage scolaire, mais aussi pour les expériences de la vie et nos choix de ce qui mérite temps et attention. Idries Shah se réfère en partie à une question de priorités, or ce à quoi je consacre le plus de temps de prière est la détermination de mes priorités. Certaines d'entre elles ont à voir avec ce qu'il convient d'étudier ou pas. Mais mon choix le plus important concerne très certainement mes valeurs. Par exemple, l'intégrité est classée très haut dans ma liste de priorités. *Le Chemin le moins fréquenté* permet de comprendre que la recherche de la vérité et l'acceptation d'une responsabilité adéquate sont deux valeurs pour moi essentielles. Dans la question de la responsabilité, la décision d'accepter la douleur accompagnant l'apprentissage a joué un rôle critique.

La recherche de la vérité est une des raisons pour lesquelles je suis devenu scientifique. Ce que l'on appelle la méthode scientifique n'est rien d'autre qu'une série de conventions et de procédures élaborées au fil des siècles pour nous permettre de combattre notre tendance très humaine à nous tromper nous-mêmes. Nous pratiquons cette méthode parce que nous nous dédions à quelque chose de plus élevé que notre confort immédiat, intellectuel ou émotionnel, à savoir la vérité. La science est donc une activité soumise à un pouvoir supérieur (sauf, bien sûr, lorsque l'ego des scientifiques entrave leur quête de vérité). Comme je pense que Dieu est par essence l'expression d'un pouvoir supérieur – Dieu est lumière, Dieu est amour, Dieu cst vérité –, tout ce qui contribue à la recherche de ces valeurs est sacré. Ainsi, la science ne peut pas répondre à toutes les questions mais, si elle occupe la place qui est la sienne, c'est une activité hautement sacrée.

Dans son livre *A Question of Values*[1], Hunter Lewis démontre que les gens ont des valeurs primaires très différentes grâce auxquelles ils interprètent le monde et prennent leurs décisions. Selon lui, ces valeurs sont l'expérience, la science, la raison, l'autorité et l'intuition. Lewis ne dit pas clairement à quel moment on choisit une valeur primaire. Peut-être n'y a-t-il pas de choix, peut-être s'agit-il de quelque chose de génétique. Quoi qu'il en soit, s'il s'agit d'un choix, il semblerait s'effectuer de manière inconsciente et passive au cours de l'enfance. Néanmoins, nous avons pas possibilité, à l'âge adulte, de réévaluer nos valeurs et nos priorités.

Comme empiriste, j'accorde une valeur particulière à l'expérience en tant que meilleure voie menant à la connaissance et à la compréhension. Mais Lewis parle

1. Hunter Lewis, A Question of Values : *Six Ways we Make the Personnal Choices That Shape our Lives*, Axios Press, 2000.

de « systèmes de valeurs hybrides » et c'est là qu'à mon sens réside la véritable importance de son livre. Si nous pouvons devenir conscients de nos valeurs primaires, alors, à l'âge adulte, nous pouvons délibérément choisir d'acquérir d'autres valeurs. Par exemple, « l'autorité des Écritures » n'était pas pour moi une valeur essentielle au cours de mon enfance. Aujourd'hui encore, je ne considère pas que les Écritures sont « parfaites » dans leur autorité, mais je me délecte d'elles, j'apprends d'elles et je les mets en application. C'est aussi à l'âge adulte que j'ai délibérément choisi d'apprendre de Lily ces compétences intuitives que je ne possédais pas lorsque j'étais plus jeune. Tout comme j'insiste pour que l'on utilise à la fois le cerveau gauche et le cerveau droit, puisqu'il y a plus d'une manière d'apprendre les choses, j'insiste pour que nous fassions appel à de multiples valeurs en développant un système hybride aussi complexe que possible. Et nous voici donc revenus au sujet de l'intégrité et de la complétude. À la différence des enfants, les adultes peuvent exercer l'intégrité par choix délibéré. Certaines personnes découvrent qu'elles sont douées pour acquérir des compétences liées à l'information et au contenu (qui tendent à être des penchants masculins) et d'autres se sentent plus à l'aise avec les compétences relationnelles (un penchant plutôt féminin). Lorsque nous sommes doués pour une chose et moins pour une autre, nous avons tendance à éviter celle qui nous est plus difficile ou à laisser de côté des aspects de notre personnalité avec lesquels nous nous sentons mal à l'aise parce qu'ils ne nous sont pas familiers ou nous paraissent menaçants. Bien des hommes sont enclins à fuir leur côté féminin et bien des femmes évitent d'exercer leurs qualités masculines.

Pour apprendre la complétude, il faut être ouvert à l'androgynie, il faut savoir englober tant notre côté masculin que notre côté féminin. Nous sommes appelés à être complets. C'est notre tâche spirituelle autant que psychologique – surtout dans la seconde moitié de notre vie – d'œuvrer à l'expression la plus complète de notre potentiel d'êtres humains, de devenir aussi bons que nous le pouvons. Devenir complet implique d'utiliser tous nos talents latents, qui peuvent être appris ou développés, mais en général au prix de beaucoup de pratique et souvent seulement si l'on a l'humilité, acquise avec la maturité, qui permet de travailler nos points faibles.

J'ai raconté ailleurs l'histoire de mon apprentissage du tennis. Adolescent, j'étais un assez bon joueur et, bien que mon revers fût faible, j'avais un coup droit extrêmement puissant. En conséquence, j'avais adopté une tactique consistant à « passer derrière » mon revers. Je me tenais sur le côté gauche du court et je renvoyais autant de balles que je pouvais avec mon coup droit. Cela me permettait de régler leur compte à quatre-vingt-quinze pour cent de mes adversaires. Le seul problème était les cinq pour cent restants. Ceux-ci s'apercevaient aussitôt que j'avais une faiblesse et s'efforçaient de me faire utiliser mon revers de sorte à me pousser totalement vers la gauche du court, puis m'exécutaient en m'envoyant une balle croisée hors de portée de mon coup droit. À l'âge de trente-deux ans, j'ai compris que, si je voulais jouer le mieux possible au tennis, il me faudrait travailler mon revers. Je dus faire preuve d'une grande humilité. Cela voulait dire que je devais faire quelque chose de totalement contraire à mes habitudes : me tenir à droite de la ligne médiane du court et renvoyer autant de balles que possible avec mon revers. Cela voulait dire également que j'allais perdre de manière répétée face à des joueurs bien plus faibles que moi. Et que des spectateurs qui étaient venus me regarder jouer allaient me voir envoyer des balles par-dessus le grillage ou dans le filet. Mais, en moins de trois mois, j'avais acquis pour la première fois de ma vie un revers correct et, étant enfin devenu un tennisman complet, je me suis révélé le meilleur joueur de la petite île où je vivais à l'époque. C'est à ce moment que j'ai commencé à jouer au golf, une expérience qui m'a véritablement rabattu le caquet.

Pour moi, le golf est tellement humiliant que je ne peux y jouer ou l'apprécier que si je considère qu'il s'agit d'une occasion d'apprendre quelque chose. En fait, le golf m'a permis d'apprendre une quantité extraordinaire de choses sur moi-même, comme par exemple mon insupportable perfectionnisme et la haine de moi incroyable dans laquelle je me vautre lorsque je n'arrive pas à être parfait. Grâce au golf, je soigne lentement mon perfectionnisme et bien d'autres imperfections. Et je pense qu'il n'y a pas de meilleure façon de devenir quelqu'un de complet qu'en travaillant sur ses faiblesses.

APPRENDRE GRÂCE AUX MODÈLES

Nos relations avec les autres et ce qu'ils nous permettent d'apprendre sont un des grands dons de l'existence. Comme une bénédiction, les modèles nous évitent d'avoir à tout apprendre à partir de zéro pour ainsi dire car, si nous savons écouter et observer, nous pouvons éviter les embûches que d'autres personnes ont rencontrées avant nous. Mais nous devons choisir soigneusement qui nous allons imiter, parce que les modèles peuvent parfois être de mauvais modèles. Au cours de l'enfance, l'une des voies de l'apprentissage, en bien ou en mal, ce sont les modèles que représentent nos parents. À l'âge adulte, nous avons la possibilité de choisir nos modèles ; nous pouvons non seulement décider quels sont les bons modèles, mais aussi utiliser des modèles négatifs de manière utile, comme des exemples de ce qu'il ne faut pas faire.

J'ai beaucoup appris grâce à un modèle négatif quand j'ai commencé dans la profession. Je l'appellerai le docteur Lagaffe. Lagaffe était mon superviseur psychiatrique et un homme assez aimable. Mais son instinct de psychiatre était épouvantable. J'étais étudiant à l'époque et les premiers mois de mon internat se sont très mal passés jusqu'à ce que je comprenne que le docteur Lagaffe se trompait en général. À partir de ce moment, il m'est devenu très rapidement en tant que modèle négatif, un exemple de ce qu'il ne fallait pas faire.

Je pouvais savoir ce qu'il fallait faire dans une situation en comparant mon jugement à celui de Lagaffe. Si je lui disais : « On a diagnostiqué ce patient comme schizophrène, mais il ne m'a pas l'air schizophrène », et qu'il me réponde : « Oh, c'est vraiment un cas typique de schizophrénie », je savais que j'avais raison de contester le diagnostic. Ou si je disais : « Ce patient n'a pas l'air schizophrène, mais vu comment il se conduit, je me demande s'il ne l'est pas », et que Lagaffe me réponde : « Il n'est absolument pas schizophrène », je savais que j'avais raison de soupçonner une schizophrénie.

Donc, lorsqu'on apprend d'autrui, on doit faire très attention aux nuances qui nous permettent de distinguer les bons des mauvais professeurs. Beaucoup de gens deviennent névrosés parce qu'ils ne font pas de telles distinctions ; ils ont de mauvais modèles mais ont le sentiment qu'ils doivent se comporter comme leurs parents ou d'autres gens influents. Certains patients âgés, par exemple, m'ont montré des choses que je ne souhaite pas pour moi-même. Pour moi, l'une des choses les plus tristes au monde est de voir des personnes âgées essayer de vivre leur vie comme d'habitude et gérer leurs affaires, alors qu'ils ne sont plus capables de le faire. En général, ces gens ne se sont pas préparés pour la vieillesse et la mort. Ils se retrouvent coincés. Beaucoup continueront à entretenir une maison sans en avoir les moyens. Il y a des paperasses partout et leurs affaires sont dans un désordre complet.

C'est presque paradoxal, mais ces patients qui ne parviennent pas à lâcher prise aboutissent souvent dans une maison de retraite contre leur volonté. C'est très pénible ; s'ils avaient bien voulu apprendre à laisser les autres s'occuper de leurs affaires, ils auraient pu profiter de leurs dernières années chez eux. Mais c'est précisément parce qu'ils refusent d'apprendre à lâcher prise que leur vie est devenue un désastre. Leurs familles et moi-même devons leur faire lâcher prise par la contrainte et les placer dans un cadre institutionnel où on prend soin d'eux, qu'ils le veuillent ou non.

Ce sont ces pauvres gens, en tant que modèles négatifs, qui m'ont appris à prier presque quotidiennement pour que, lorsque mon heure viendra, je sois mieux préparé et capable de passer la main. En fait, j'ai déjà commencé à apprendre à le faire. J'ai seulement peur que cet apprentissage ne s'arrête.

L'APPRENTISSAGE DE GROUPE

Il faut continuer à apprendre : c'est d'une importance vitale non seulement pour les individus, mais aussi pour les groupes. J'ai déjà parlé du « vide » qui apparaît dans l'apprentissage de groupe, et des moments d'agonie que connaissent des groupes au cours du processus de « désapprentissage ». C'est un phénomène dont j'ai été témoin à de nombreuses reprises. Au cours des douze dernières années, par exemple, la plus grande aventure de ma vie professionnelle et d'apprentissage a été le travail avec d'autres personnes au sein de la Fondation pour l'encouragement dans la communauté (FEC). La mission de la FEC est d'enseigner les principes de la vie en communauté, ce qui veut dire une saine communication entre les groupes et en leur sein. Lorsque des groupes sont sains, leurs membres individuels se trouvent dans un environnement où ils peuvent mieux apprendre à se connaître eux-mêmes ainsi que les autres. Le groupe lui-même apprend également. Cela demande beaucoup de travail, y compris du désapprentissage, mais un groupe peut atteindre une conscience de soi plus profonde que celle de chacun de ses membres individuels. De tels groupes peuvent devenir des organes de prise de décision très efficaces.

Parce que des groupes sains peuvent être très productifs dans leur manière de faire face à des questions complexes, la FEC travaille de plus en plus dans l'entreprise et dans d'autres types d'organisations. Nous avons appris à bâtir des communautés temporaires dans de telles organisations dans un contexte de prise de décision collective. En fait, nous avons appris à faire cela très bien. À présent, nous nous efforçons d'apprendre à ces organisations à développer la capacité de préserver les constituants de la communauté *après* la fin de l'intervention de la FEC. Il s'agit de devenir ce que nous appelons une « communauté durable », de sorte que les prises de décision et le fonctionnement du groupe puissent se poursuivre de manière normale.

Le travail de la FEC recoupe celui de Peter Senge au MIT, dans le cadre du Centre d'apprentissage organisationnel. Dans son livre *La Cinquième Discipline*[1], Senge a inventé le terme « organisation qui apprend », qui est le synonyme de notre communauté durable au sein de la FEC. Une organisation qui apprend doit être une

---

1. Peter Senge, *La Cinquième Discipline*, First Editions, 1991.

communauté. Une communauté durable est une organisation qui apprend. Toutefois, la question cruciale est celle de l'apprentissage continu. Il est relativement facile d'aider les organisations à apprendre de manière temporaire lorsqu'elles font face à une situation de crise. Ce qui est moins facile, c'est de leur apprendre de manière continue. Nous pensons que les groupes peuvent commencer à intégrer une nouvelle manière de concevoir l'apprentissage lorsque celui-ci est perçu en tant qu'opportunité de développement individuel et collectif, et non en tant que fardeau que l'on doit tolérer, comme lorsqu'on s'inscrit à des cours obligatoires une fois par an. Nous avons commencé à entrevoir comment cela est possible : il s'agit d'une véritable frontière.

Nous avons toutes les raisons de croire que la question de la santé des groupes est encore plus importante que celle de la santé individuelle. Tout comme les individus, les organisations et les institutions doivent continuer à apprendre pour mieux vivre et survivre. La survie de notre civilisation dépend peut-être de la capacité qu'auront nos institutions à devenir des communautés durables – et donc des organisations qui continuent à apprendre.

Deuxième partie

LUTTER CONTRE LA COMPLEXITÉ
DE LA VIE QUOTIDIENNE

4

Nos choix de vie

La complexité de notre existence tient en partie au fait que nous sommes simultanément des individus, des membres d'une famille, d'une entreprise et de la société. Il est même presque arbitraire de séparer ces catégories. Mais de telles distinctions arbitraires sont parfois nécessaires pour aborder les sujets un tant soit peu en profondeur. Permettez-moi donc de m'attarder pour commencer sur celui qui me semble essentiel parmi nos nombreux choix intimes en tant qu'individus.

Comme toujours, la conscience précède le choix ; sans elle, celui-ci est impossible. Le choix le plus important de la vie est, comme je l'ai dit, d'accroître constamment sa conscience. Mais la conscience ne facilite pas les choix. Au contraire, elle multiplie les possibilités.

Pour prendre un exemple de la complexité de nos choix, considérez notre rapport à la colère. Dans le cerveau moyen se trouvent des ensembles de cellules nerveuses qui non seulement régissent, mais produisent nos puissantes émotions. L'un de ceux-ci est le centre de la colère. Dans *Plus loin sur le chemin le moins fréquenté*, j'ai dit que le centre de la colère fonctionne chez les humains comme chez les autres animaux. C'est, à la base, un mécanisme de défense qui se déclenche lorsqu'une autre créature empiète sur notre territoire. Nous ne sommes pas foncièrement différents d'un chien qui défend le sien contre les incursions d'autres chiens, sauf que pour nous la définition du territoire – ou des limites – est bien plus riche et complexe. Nous avons bien sûr un territoire géographique, et nous nous mettons en colère lorsque quelqu'un s'invite dans notre jardin pour cueillir nos fleurs, mais nous avons aussi un territoire psychologique et nous nous fâchons quand quelqu'un nous critique. Nous avons encore un territoire théologique ou idéologique, et avons tendance à nous mettre en colère lorsque nos systèmes de croyance sont mis en question, même par un inconnu qui parle dans un micro à des milliers de kilomètres de nous.

Puisque notre centre de la colère se déclenche constamment, et souvent de manière inadéquate en réponse à des intrusions plus imaginaires que réelles, nous avons besoin de souplesse dans nos réactions à des situations qui nous irritent facilement. Nous devons apprendre tout un ensemble de moyens pour maîtriser notre colère. Parfois, il faut se forcer à penser : « J'ai tort de m'emporter. Tout cela est ma faute. » Ou alors : « Cette personne n'a pas empiété sur mon territoire, c'était un accident et il n'y a aucune raison de se fâcher. » Ou bien encore : « D'accord, il a un peu empiété sur mon territoire, mais il n'y a pas de quoi en faire un plat. » Or de temps à autre, après y avoir réfléchi pendant plusieurs jours, nous parvenons à la conclusion que notre territoire a bien été sérieusement violé. Il peut alors être nécessaire de rechercher la personne en cause et de lui dire : « Écoutez, j'ai un problème avec vous. » Et il arrive parfois que l'on doive se mettre en colère sur-le-champ.

Il y a donc au moins cinq manières possibles de réagir lorsqu'on est en colère. Et on doit non seulement les connaître mai aussi savoir quelle est la plus appropriée dans une situation donnée. Cela exige une conscience extraordinaire de ce qui se passe en nous et à l'extérieur de nous. Quoi d'étonnant alors à ce que si peu de gens soient capables de faire face à leur colère avant d'avoir atteint trente ou quarante ans, et parfois n'y parviennent jamais ?

En fait, c'est la capacité d'apprendre à faire face aux défis et aux problèmes de la vie d'une manière constructive qui définit le progrès psychospirituel. À l'inverse, tout ce qui refuse le progrès s'oppose à notre développement et finit par être destructeur.

LA VOIE DE L'ÉGOÏSME INTELLIGENT CONTRE LA VOIE DE L'ÉGOÏSME STUPIDE

Notre développement impose de discerner ce qui nous aide à nous construire et ce qui nous détruit. Lorsque j'exerçais encore, après cinq séances je n'autorisais plus mes patients à employer le terme « désintéressé ». Je leur expliquais alors que j'étais un être humain totalement égoïste qui n'avait jamais rien fait qui ne soit dans son propre intérêt. Quand j'arrosais mes fleurs, je ne leur disais pas : « Regardez bien, les fleurs, ce que je fais pour vous, vous devriez être reconnaissantes. » Je le faisais parce que j'aime les belles fleurs. De même, lorsque je me dépensais pour un de mes enfants, c'était parce que j'aimais bien me voir en tant que père raisonnablement honorable et homme relativement honnête. Pour pouvoir maintenir ces deux images, je devais en faire un peu plus que ce que j'aurais préféré. Et puis j'aime bien les enfants.

La vérité, c'est que nous faisons rarement quelque chose qui ne soit pas un tant soit peu dans notre intérêt. Quand je fais un don à une œuvre de charité, cela m'aide à me sentir meilleur. Quelqu'un qui prétend « sacrifier » un emploi bien payé à la sortie de l'université pour pouvoir s'inscrire en droit « afin de servir la société » fait un choix qui lui servira aussi personnellement. Une femme qui « se sacrifie » en restant à la maison pour élever ses enfants au lieu de travailler peut également tirer avantage de sa décision. En songeant aux moines et aux religieuses, nous pouvons nous dire : « Mon Dieu, quel dévouement ! Ils ont tout sacrifié : le sexe, la vie de famille, la propriété individuelle et même, jusqu'à un certain point, leur autonomie. » Mais leurs motifs sont aussi égoïstes que ceux de tout le monde. Ils ont simplement décidé que c'était le meilleur chemin pour *leur* bonheur.

Ainsi, l'égoïsme n'est pas une question simple. Je demandais donc à mes patients de distinguer la voie de l'égoïsme intelligent de celle de l'égoïsme stupide. La voie de l'égoïsme stupide consiste à éviter toute douleur, la voie de l'égoïsme intelligent à discerner quelle douleur, en particulier émotionnelle, est constructive et laquelle ne l'est pas. Parce que j'écris beaucoup sur la douleur, la souffrance et la discipline, les gens pensent souvent que je suis une espèce de fanatique de la douleur. Je ne suis pas fana de la douleur ni de la joie d'ailleurs. Pour moi, une souffrance non constructive n'a absolument aucune valeur. D'un autre côté, la vie nous offre des sortes de souffrances qui nous permettent d'apprendre des choses constructives.

Mes synonymes préférés pour « constructif » et « non constructif » sont, respectivement, « existentiel » et « névrotique ». La souffrance existentielle est une partie constitutive de l'existence et ne peut être évitée. Il s'agit, par exemple, de la souffrance que l'on éprouve en grandissant et en apprenant à devenir indépendant ; de la souffrance qu'implique l'apprentissage de l'interdépendance et de la dépendance ; de la souffrance associée à la perte et au renoncement, à la vieillesse et à la mort. Ces différentes sortes de souffrance peuvent être très formatrices. À l'inverse, la souffrance névrotique, ou émotionnelle, n'est pas une partie constitutive de l'existence. Elle est non constructive et inutile et, au lieu d'enrichir notre existence, elle l'entrave. Il convient de s'en débarrasser aussi vite que possible, car c'est comme si vous portiez sur votre dos quatre-vingt-dix clubs de golf, alors que vous en avez besoin d'une dizaine seulement. La souffrance névrotique, c'est du bagage en trop.

Il y a cinquante ans, lorsque les théories de Freud sont entrées dans le domaine public (en étant interprétées de travers, comme c'est si souvent le cas), un certain nombre de parents d'avant-garde, qui avaient entendu dire que les névroses avaient à voir avec la culpabilité, ont décidé que leurs enfants seraient libres de toute culpabilité. C'est une idée assez épouvantable. Nos prisons sont pleines de gens qui n'ont précisément aucun sentiment de culpabilité, ou qui n'en ont pas assez. Il faut un certain degré de culpabilité pour pouvoir vivre en société, c'est ce que j'appelle la culpabilité existentielle. Je me hâte toutefois de préciser qu'un excès de culpabilité, loin d'améliorer notre vie, y fait obstacle. La culpabilité névrotique n'a aucune utilité et emplit notre existence de malheur et d'insécurité.

Prenons un autre sentiment pénible : l'anxiété. Bien qu'elle soit douloureuse, nous avons tous besoin d'une certaine dose d'anxiété pour fonctionner convenablement. Par exemple, si je dois faire une conférence à New York, je peux être anxieux de ne pas trouver mon chemin, et cela m'incitera à consulter un plan. Si je ne ressentais aucune anxiété, je pourrais tout aussi bien prendre un avion pour le Canada, alors que mille personnes m'attendent à New York. Autant dire que nous avons besoin d'une certaine dose d'anxiété pour vivre, le type d'anxiété existentielle qui nous pousse à consulter un plan.

Mais, dans ce cas aussi, un excès d'anxiété peut ruiner notre existence au lieu de l'améliorer. Pour reprendre l'exemple de ma conférence à New York, je pourrais penser : « Et si j'avais un accident ? Ou si je crevais un pneu en me rendant à New York ? Les gens conduisent très vite sur l'autoroute. Et même si je parviens à dénicher l'endroit où doit avoir lieu ma conférence, je ne vais sans doute pas trouver à me garer. C'est trop pour moi. Tant pis pour les gens qui m'attendent. »

Nous avons spontanément tendance à éviter la douleur. Mais, tout comme il serait stupide de rechercher la douleur, il est stupide d'éviter *toute* douleur. L'un de nos choix fondamentaux dans l'existence consiste à suivre la voie de l'égoïsme stupide ou celle de l'égoïsme intelligent. Pour cela, nous devons apprendre à distinguer entre la souffrance névrotique et la souffrance existentielle.

Comme je l'ai dit dans *Le Chemin le moins fréquenté*, la vie est difficile parce que c'est une série de problèmes et que le processus de résolution de ces problèmes est ardu et douloureux. Selon leur nature, ils évoquent en nous des émotions déplaisantes : frustration, chagrin, tristesse, solitude, culpabilité, regret, colère, peur, anxiété, angoisse ou désespoir. Ces émotions sont souvent aussi pénibles qu'une douleur physique. En fait, c'est *à cause* de la douleur que des événements ou des conflits nous font subir, que nous disons que ce sont des problèmes. Pourtant, c'est ce processus même qui donne son sens à l'existence. Il demande du courage et de la sagesse : on peut même dire qu'il les *crée*. Les problèmes définissent le point de partage entre la réussite et l'échec. Ils nous aident à croître mentalement et spirituellement.

Si l'on choisit de ne pas affronter les difficultés que la vie nous offre, on risque plus de perdre que de gagner. La plupart des gens essaient d'éviter les problèmes plutôt que d'y faire face. Nous tentons de fuir. En fait, cette tendance à éluder les problèmes et la souffrance émotionnelle qui les accompagne est la base de toute maladie psychologique. Et puisque nous sommes tous plus ou moins dotés de cette tendance, notre santé mentale est rarement parfaite. Ceux qui sont le plus en forme apprennent non seulement à faire face aux problèmes, mais à les apprécier. La réussite n'est jamais certaine, mais être sage c'est savoir que seule la souffrance qui accompagne les problèmes nous permet d'apprendre et de grandir.

CHOIX DE RESPONSABILITÉ

La plupart des gens qui consultent un psychothérapeute souffrent ou bien d'une névrose, ou bien de ce que l'on appelle des troubles du caractère. Comme je l'ai expliqué dans *Le Chemin le moins fréquenté*, ces troubles sont, à la base, ceux de la responsabilité : le névrosé assume un excès de responsabilité et celui qui souffre d'un trouble du caractère n'en assume pas assez. Il s'agit donc de styles opposés de rapport au monde et à ses problèmes. Lorsque des névrosés sont en conflit avec le monde, ils imaginent automatiquement que la faute leur en incombe. Lorsque ceux qui souffrent de troubles du caractère sont en conflit avec le monde, ils supposent que c'est le monde qui est en tort.

Même les habitudes verbales des névrosés et des personnes souffrant de troubles du caractère sont différentes. La parole d'un névrosé est émaillée d'expressions comme « je devrais » ou « je ne devrais pas », ce qui implique dans une certaine mesure une image de soi dévalorisée : il pense qu'il n'en fait jamais assez ou qu'il fait toujours les mauvais choix. La parole d'une personne atteinte de troubles du caractère est emplie d'expressions comme « je ne peux pas », « je n'ai pas pu », « je dois » ou « j'aurais dû », ce qui renvoie à l'image de soi de quelqu'un qui pense qu'il n'a pas la possibilité de choisir, dont le comportement est entièrement dirigé par des forces extérieures sur lesquelles il n'exerce aucun contrôle.

Avant 1950, le terme « trouble du caractère » n'existait pas en tant que catégorie diagnostique distincte. On considérait que la plupart des troubles psychiatriques étaient des névroses ; elles étaient subdivisées en deux groupes, les névroses ego-allogènes et ego-syntones. Dans une névrose ego-allogène, l'ego de l'individu combat contre la condition problématique ; dans la mesure où il la refuse, il est disposé à œuvrer à sa résolution. Dans la névrose ego-syntone, en revanche, l'ego de la personne ne souhaite pas identifier la condition et encore moins la regarder comme posant un problème.

Pendant que je travaillais comme psychiatre militaire sur la base d'Okinawa, j'ai rencontré deux femmes qui avaient très peur des serpents. Beaucoup de gens ont peur des serpents, la situation n'était donc pas exceptionnelle en soi. Ce qui rendait leur phobie problématique, c'est le degré d'invalidité qu'elle provoquait. Lorsque les habitudes quotidiennes sont perturbées ou négligées en raison de cette peur, cela crée des difficultés dans bien des domaines de la vie de l'individu.

Okinawa est un endroit naturel pour que de telles phobies se manifestent à cause du *habu*, un serpent présent dans l'île. Il est très venimeux, et sa taille est comprise entre celle d'un grand serpent à sonnette et celle d'un petit python. Il dort le jour et sort la nuit. Il y avait environ cent mille Américains à Okinawa à l'époque, et l'on comptait une victime de morsure tous les deux ans environ, la moitié du temps dans la jungle et de nuit. Une information adéquate était diffusée. Tous les Américains étaient au courant de l'existence de ce serpent et les hôpitaux disposaient du sérum nécessaire. De plus, aucun Américain n'avait jamais succombé à une morsure.

Ma première patiente, qui avait une trentaine d'années, était venue me voir dans mon bureau. « J'ai une peur effroyable des serpents, je sais que c'est ridicule, mais je ne peux pas sortir la nuit. Je ne peux pas emmener mes enfants au cinéma ni accompagner mon mari. C'est vraiment stupide, presque personne ne se fait jamais mordre. J'ai le sentiment d'être une idiote. » Comme le suggéraient ses paroles, sa névrose était ego-allogène. Elle ne correspondait pas à l'image qu'elle avait d'elle-même, ce qui créait un conflit. Elle restait à la maison la plupart du temps et redoutait surtout de sortir la nuit, mais elle était prête à admettre que c'était un problème et elle voulait trouver un moyen de réduire sa peur de sorte qu'elle n'interfère plus avec ses activités.

Freud a été le premier à remarquer que les phobies sont souvent des peurs réelles déplacées. Ce que nous avons découvert au cours de la thérapie, c'est que cette femme n'avait jamais été capable d'affronter des questions existentielles concernant sa peur de la mort et sa peur du mal. Une fois qu'elle a commencé à envisager ces problèmes, elle est redevenue capable de sortir le soir avec son mari et ses enfants. Grâce au traitement, lorsqu'elle quitta Okinawa, elle était déjà sur la voie du progrès.

La seconde femme m'a fait part de sa peur des serpents lors d'un dîner chez elle. Elle avait la quarantaine et était l'épouse d'un dirigeant d'entreprise. Elle m'a avoué qu'elle vivait recluse. Elle me confia combien elle serait heureuse de quitter Okinawa le moment venu, car elle devait rester cloîtrer chez elle « à cause de ces horribles serpents ». Elle savait que d'autres gens sortaient la nuit sans problème, et son commentaire fut : « S'ils sont idiots, c'est leur affaire. » En outre, elle reprochait la situation au gouvernement américain et à l'île d'Okinawa, car « ils auraient dû s'en occuper plus activement ». Comme la plupart des gens qui souffrent d'une névrose ego-dystonique, elle ne percevait pas que la peur était *son* problème. Elle ne chercha jamais à se soigner, en dépit des conséquences invalidantes de sa phobie – elle l'avait laissée l'empêcher de vivre une vie normale. Elle refusait de se rendre au moindre événement social, même les plus importants pour son mari, ne semblant pas comprendre que son absence pouvait lui causer du tort professionnellement parlant.

Comme le montrent ces deux exemples, il est relativement aisé de travailler avec des névrosés en thérapie, parce qu'ils admettent être responsables de leurs problèmes et se voient donc comme ayant des problèmes. Ceux qui souffrent de troubles du caractère sont d'un abord bien plus difficile, car ils ne se perçoivent pas comme étant la source de leurs propres problèmes ; pour eux, c'est le monde qui doit changer et ils ne comprennent pas qu'il leur faille regarder au fond d'eux-mêmes.

Ainsi, une partie importante de la souffrance existentielle est celle qu'implique le fait de distinguer à chaque instant ou de choisir ce dont nous sommes et ne sommes pas responsables pour préserver notre bien-être. De toute évidence, la personne souffrant de troubles du caractère ne connaît pas cette souffrance existentielle.

Il est peut-être moins évident que c'est également le cas pour le névrosé. Comme il suppose simplement que tout est sa faute, sa souffrance est plutôt d'ordre névrotique qu'existentiel.

Savoir distinguer ce dont nous sommes responsables ou non sur cette terre est l'un des défis permanents de l'existence humaine. On ne peut jamais le résoudre de manière définitive. Nous devons sans cesse évaluer et réévaluer nos responsabilités dans le cours sans cesse changeant des événements façonnant notre vie. Il n'existe pas de formule magique pour le faire. Chaque situation est nouvelle et exige que nous discernions chaque fois ce dont nous sommes responsables ou non. Ce sont des choix qu'il nous faut effectuer des milliers et des milliers de fois, presque jusqu'au moment de notre mort.

CHOIX DE SOUMISSION

Le moyen de résoudre les problèmes de l'existence, c'est la discipline. Toute discipline est une forme de soumission. La discipline consistant à distinguer notre part de responsabilité est capitale, puisqu'il nous faut connaître la souffrance existentielle qu'implique le choix de ce à quoi nous devons nous soumettre ou non, qu'il s'agisse de notre propre ego, de l'amour de Dieu ou même des forces du mal.

Par exemple, quand on est jeune, on doit plus ou moins se soumettre à ses parents et aux autres personnes qui s'occupent de soi. Mais, à mesure que l'on devient adulte, il faut décider quand et comment se soumettre à ses parents et quand et où ne pas le faire – en particulier à leurs valeurs. Toute soumission n'est pas bonne. Se soumettre totalement à ses parents à l'âge adulte serait destructeur, tout aussi destructeur que de se soumettre à une secte. Il faut déterminer dans quelle mesure on va se soumettre à la société et dans quelle mesure on va être en désaccord avec elle, tout comme il faut choisir ses valeurs à chaque étape. Et, enfin, on doit décider si oui ou non on va se soumettre à Dieu, et aussi à quel type de Dieu.

Le terme « puissance supérieure » a d'abord été popularisé par les Douze Étapes des Alcooliques anonymes. Dans *Ainsi pourrait être le monde*, j'ai écrit que ce terme implique qu'il existe quelque chose de « supérieur » à nous en tant qu'individus, et qu'il est souhaitable de se soumettre à cette chose supérieure, qu'il s'agisse de l'amour, de la lumière, de la vérité ou de Dieu. « Que ta volonté et non la mienne soit faite » est une glorieuse expression de désir d'une telle soumission, et le mot clé est « volonté ». La soumission implique une soumission effective de la volonté humaine à quelque chose qui lui est supérieur. « Dieu est lumière, Dieu est amour, Dieu est vérité. » Les gens n'ont pas besoin de croire en Dieu, mais pour leur bien-être ils doivent se soumettre à ses attributs divins. On pourrait définir la soumission à la lumière comme une soumission au choix de sa conscience et, donc, à la vision – à la fois extérieure et intérieure.

Puis il y a le choix de savoir si oui non on se soumettra à l'amour, c'est-à-dire la décision de s'ouvrir ou pas. Cela n'est pas simpliste. L'amour est souvent très subtil et mystérieux. Dans *Le Chemin le moins fréquenté*, j'ai défini l'amour comme la volonté de s'ouvrir dans le but d'améliorer son développement spirituel ou celui d'autrui. Cette définition reconnaît que l'amour est bien plus global que le romantisme, le mariage ou la paternité. Les moines et les nonnes, par exemple, n'y ont pas droit mais sont de grands amoureux au sens premier du terme.

Les paradoxes qui mettent à l'épreuve les mythes et la pensée sur l'amour dans notre culture sont nombreux. Dans la partie du *Chemin le moins fréquenté* consacrée à l'amour, j'ai découvert que je devais commencer par parler de ce que l'amour authentique n'est pas (comme l'attachement romantique), afin de combattre nos stéréotypes culturels. Par exemple, on nous a tous dit qu'il vaut mieux donner que recevoir. Je pense qu'il serait plus approprié de dire qu'il est aussi bon de recevoir que de donner. Pourtant, nombreux sont ceux qui ressentent une culpabilité névrotique sur ce point, se sentant obligés de se conformer aux idéaux culturels ou religieux qui favorisent potentiellement plus l'amertume et les frictions que l'amour véritable.

Une raison pour laquelle certains ont du mal à recevoir est qu'ils se sentent manipulés, comme si cela les mettait en dette pour toujours envers quelqu'un. Au cours des premières années de notre mariage, Lily et moi avions ce que nous avons fini par appeler une « banque de culpabilité ». Chaque fois que je faisais quelque chose pour Lily, cela voulait dire que j'avais de l'argent dans la banque de culpabilité. Quand elle faisait quelque chose pour moi, mon solde (ma valeur) chutait. Comme bien des couples, il nous a fallu des années pour nous débarrasser de cette sottise. Certaines personnes se sentent même obligées de ne pas tenir compte des compliments ou de toute bonne nouvelle en raison de leur éducation et de leur culture. L'incapacité à recevoir l'amour est presque aussi destructrice que l'incapacité à le donner.

On nous apprend aussi que « l'amour est bonté, que l'amour est doux », et pourtant il est parfois nécessaire de manifester ce que l'on appelle l'amour dur. L'amour est souvent ambigu. Parfois, il exige de la tendresse et parfois réclame de la sévérité. Le fait est que l'on ne peut aimer comme il faut si on est constamment tourné vers les autres sans prendre soin de soi. La soumission à l'amour ne veut pas dire devenir un paillasson. De même qu'au cours de notre vie nous devons choisir notre part de responsabilité, nous devons aussi choisir, même si nous sommes soumis à l'amour, quand aimer les autres et quand nous aimer nous-mêmes.

Je pense que la clé de l'amour, c'est le travail sur soi. On ne peut commencer à aimer les autres convenablement avant de travailler sur soi-même avec amour. Dans de nombreuses relations, vous trouverez que les gens essaient de se guérir et de se convertir mutuellement au nom de l'amour. Nos tentatives pour guérir et convertir l'autre sont en général égoïstes, manipulatrices et dépourvues d'amour, en dépit de tout ce que nous pouvons en penser. Encore une fois, pendant les années de notre mariage, Lily et moi-même avons dû travailler dur pour nous guérir de notre besoin de nous changer l'un l'autre afin de parvenir à ce type d'amour combinant acceptation et compréhension.

En raison de l'endoctrinement culturel, beaucoup de gens pensent qu'aimer, c'est faire : ils ont l'impression qu'il doivent accomplir quelque chose simplement pour répondre à leurs attentes ou à celles des autres. Le paradoxe est que, bien des fois, ne rien faire – être qui l'on est, au lieu de prêter constamment attention à ce que l'on fait – est l'approche la plus riche en amour. Par exemple, rien ne me passionne davantage qu'une discussion théologique, mais l'une des choses que j'ai faites par amour a été de m'abstenir d'en parler à mes enfants, car cela aurait constitué une intrusion agressive à leur égard. Dans mon roman *The Friendly Snowflake*, la jeune Jenny demande à son père s'il croit dans la vie après la mort. Celui-ci lui répond : « Certaines questions sont si importantes qu'il faut en rechercher la réponse soi-même. » Dans cet exemple, ne pas donner son opinion était un acte plein d'amour et de respect envers sa fille.

Et puis il y a la question de la soumission à la vérité, qui est bien plus complexe et exigeante que la simple acceptation de faits scientifiquement établis ou le fait de suivre la méthode scientifique au laboratoire. Dans *Le Chemin le mois fréquenté*, j'ai dit que la recherche de la réalité – de la vérité – est l'une des quatre disciplines de base de la bonne vie. Au sujet de cette discipline, je remarquais que, parfois, ne pas dire toute la vérité peut être une preuve d'amour. Mais même ce léger accommodement avec la vérité est potentiellement si dangereux que je me suis senti obligé de fournir des critères stricts couvrant ces quelques rares occasions où un pieux mensonge est permis. Le fait est que la rétention d'une partie essentielle de la vérité peut être aussi trompeuse qu'un mensonge éhonté. De tels mensonges sont non seulement des preuves de non-amour, ils sont au bout du compte détestables. Chaque occasion où ils sont proférés ajoute à l'obscurité et à la confusion du monde. À l'inverse, dire la vérité, surtout lorsque cela comporte un certain risque, est un acte d'amour. Il réduit l'obscurité, la confusion, et augmente cette lumière dont le monde a si désespérément besoin.

Lorsque nous mentons, c'est en général pour essayer de ne pas assumer la responsabilité de nos actions et ce que nous pensons être leurs conséquences douloureuses. Je suis éternellement reconnaissant à mes parents de m'avoir appris au cours de mon enfance une expression à la fois laconique et puissante : « affronte la musique ». Cela voulait dire : fais face aux conséquences, ne dissimule pas, ne mens pas, vis dans la lumière. La signification de cette expression est claire, mais il m'apparaît aujourd'hui qu'elle est quelque peu étrange. Pourquoi de la « musique » ? Pourquoi comparer le fait d'affronter quelque chose de potentiellement pénible à celui d'écouter de la musique, une activité que nous considérons comme normalement plaisante ? Je ne sais pas. Je ne connais pas l'origine de cette expression. Mais le choix de ce mot semble profond et mystiquement adéquat. Car, lorsque l'on se soumet aux exigences de l'honnêteté, on est en harmonie avec la réalité, et la vie, bien que jamais débarrassée de toute souffrance, devient de plus en plus mélodique.

Je parle de choisir la vérité comme si le mensonge était essentiellement quelque chose que nous faisons à autrui. Ce n'est pas le cas. Notre plus grand penchant consiste à nous mentir à nous-mêmes. Bien sûr, ces deux types de malhonnêteté s'alimentent mutuellement dans une orgie sans cesse croissante de tromperie. Mais même si nous ne parvenons à tromper que quelques personnes, quelquefois, notre capacité de tromperie est potentiellement sans bornes aussi longtemps que nous sommes disposés à payer le prix du mal ou de l'insanité. Et tels en sont immanquablement les coûts. La tromperie de soi n'est pas une question de gentillesse ou d'indulgence envers soi, bien au contraire. C'est aussi détestable que mentir aux autres, et pour la même raison : cela accroît l'obscurité et la confusion de sa personne. À l'inverse, le choix d'être honnête envers soi-même est celui de la santé psychospirituelle et donc le plus aimant qu'il soit possible de faire pour soi.

Dans le domaine de la croyance personnelle, nous devons affronter de nombreux choix complexes, et les certitudes de la science ne sont pas d'un grand secours. Si nous choisissons de croire que quelque chose est vrai, est-ce pour autant vrai ? Si c'était le cas, la soumission à la vérité ne serait rien d'autre que la soumission à nous-mêmes. Puisque Dieu est synonyme de vérité, en choisissant de nous soumettre à Dieu, nous nous soumettons à une vérité qui nous est supérieure. Dans *Les gens du mensonge*, j'ai écrit que, puisque nous sommes dotés de la liberté de choisir, nous pouvons nous soumettre aux choses erronées. J'ai aussi expliqué qu'il y a seulement deux états de l'être : soit la soumission à Dieu et au bien, soit le refus de nous soumettre à quoi que ce soit d'autre que notre propre volonté, ce qui a pour conséquence automatique de nous asservir aux forces du mal, au « père des mensonges ». Et je citais C.S. Lewis : « Il n'existe pas de terrain neutre dans l'univers : chaque centimètre carré, chaque fraction de seconde est revendiqué par Dieu et contre-revendiqué par Satan. » Peut-être avons-nous le sentiment de nous tenir à égale distance de Dieu et du diable, sans nous engager ni par rapport au bien ni par rapport au mal. Mais « ne pas choisir, c'est choisir ». On ne peut rester éternellement à cheval sur la barrière, et le choix de la non-soumission est, au bout du compte, non valable.

CHOIX DE VOCATION

Pour la plupart des gens, la « vocation », c'est simplement ce que l'on fait pour gagner sa vie, son métier ou sa carrière. La définition séculaire de la vocation implique en général une activité génératrice de revenus. Toutefois, la définition religieuse est à la fois beaucoup plus littérale et infiniment plus complexe. Littéralement, la vocation est un appel. Le sens religieux de la vocation est donc ce que l'on est appelé à faire ; cela peut coïncider avec son métier, avec ce que l'on fait dans la vie.

En ce sens, la vocation implique une relation. Car, si quelqu'un reçoit un appel, il doit en être responsable. Je pense que cet appel provient de Dieu. Dieu nous appelle, nous humains, que nous soyons croyants ou sceptiques, chrétiens ou non, à faire certaines activités très spécifiques. En outre, puisque Dieu entretient un rapport avec nous en tant qu'individu, cette question de l'appel est totalement individualisée. Ce que Dieu me demande de faire n'est pas nécessairement ce que Dieu vous demande, à vous, de faire.

Il est assez clair que telle personne peut être appelée à être une maîtresse de maison, telle autre un avocat, un scientifique ou un publiciste. Il existe différents types de vocations professionnelles ; pour bien des gens, certaines vocations arrivent sur le tard. L'âge mûr est souvent un temps où l'on change de carrière. Mais il n'est pas évident de savoir si les questions éthiques et spirituelles relatives à notre vocation sont une cause ou un effet ? En tant qu'avocat, dois-je défendre quelqu'un que je soupçonne d'être coupable ? En tant que gynécologue, dois-je pratiquer un avortement ou non ?

Certains découvrent que des aspects de leur vocation ne leur « vont » pas ou ne leur paraissent pas appropriés, d'autres passent des années, voire leur vie entière, à fuir leur véritable vocation. Un sergent de quarante ans m'a consulté un jour pour une légère dépression qu'il attribuait à sa nouvelle affectation en Allemagne, poste qu'il devait rejoindre deux semaines plus tard. Lui et sa famille en avaient plus qu'assez de déménager, affirma-t-il. Il est rare qu'un sous-officier engagé volontaire – ou un gradé – consulte un psychiatre, surtout pour quelque chose d'aussi mineur. Cet homme avait d'autres choses qui sortaient de l'ordinaire. On ne devient pas sergent-chef si l'on n'a pas un certain niveau d'intelligence et de compétence, mais mon patient était en outre plein d'esprit et de gentillesse. Je ne fus donc pas surpris d'apprendre que son hobby était la peinture. Je sentais qu'il avait un tempérament artistique.

Après m'avoir dit que cela faisait vingt-deux ans qu'il était dans l'armée, je lui ai demandé :

« Puisque vous en avez tellement assez de déménager, pourquoi ne prenez-vous pas votre retraite ?

— Je ne saurais pas quoi faire de mon temps.

— Vous pourriez peindre autant que vous le désirez, ai-je suggéré.

— Non, ce n'est qu'un hobby, me répliqua-t-il. Ça ne me permettrait pas de gagner ma vie. »

Comme je n'avais pas une idée assez précise de son talent, je ne pouvais pas réfuter cette assertion, mais il y avait d'autres manières de sonder sa résistance.

« De toute évidence, vous êtes un homme intelligent avec des états de service impeccables, ai-je repris. Vous pourriez trouver des tas d'autres emplois intéressants.

— Je n'ai pas fait d'études, m'a-t-il répondu, et je ne suis pas fait pour être représentant de commerce. »

Comme je lui conseillais de reprendre ses études tout en vivant de sa retraite, il m'a rétorqué :

« Non, je suis trop vieux. Je ne me sentirais pas à l'aise entouré de gamins. »

Je lui ai demandé de m'apporter des échantillons de ses peintures récentes lors de notre prochaine séance, une semaine plus tard. Il en apporta deux, une peinture à l'huile et une aquarelle. Les deux étaient superbes. Elles étaient modernes, pleines d'imagination, flamboyantes même, et dénotaient une maîtrise de la forme, de l'ombre et de la couleur. Questionné, il me précisa qu'il peignait trois ou quatre tableaux par an mais n'avait jamais essayé de les vndre, se contentant de les offrir à ses amis.

« Écoutez, lui ai-je dit. Vous avez un réel talent. Je sais que c'est difficile, mais vous pouvez très bien vendre ces tableaux. La peinture devrait être plus qu'un hobby pour vous.

— C'est un jugement très subjectif.

— Je suis donc le seul à vous avoir dit que vous avez vraiment du talent ?

— Non, mais, si on regarde tout le temps le ciel, on finit par se casser la figure. »

Je lui ai donc dit à ce moment qu'il se sous-estimait constamment. Sans doute cela était-il dû à la peur de l'échec, ou de la réussite, ou aux deux. J'ai proposé de lui signer une dispense médicale pour sa nouvelle affectation afin qu'il reste sur place et que nous puissions rechercher ensemble les racines de son problème. Mais il insistait que c'était son « devoir » de rejoindre son poste en Allemagne. Je lui ai conseillé d'entreprendre une thérapie là-bas, mais je ne pense pas qu'il l'ait fait ; sa résistance à sa vocation si évidente était tellement grande qu'il ne répondait jamais à son appel, aussi clair et sonore fût-il.

Notre libre arbitre nous permet de refuser d'entendre l'appel que Dieu nous réserve. Avoir une vocation ne veut pas nécessairement dire que nous y répondrons. À l'inverse, le désir de faire quelque chose – même si on a un talent pour cela – ne signifie pas nécessairement que Dieu, lui, souhaite que nous le fassions.

La vocation de certains est le mariage et la vie de famille, d'autres une vie célibataire ou monastique. Que l'on croie au destin ou non, répondre à l'appel ne vient souvent qu'après beaucoup d'hésitations. Une femme développait une incertitude angoissante à la pensée d'être mère, alors qu'elle avait déjà une carrière et des ouvertures professionnelles dans différents domaines. À l'âge de trente-trois ans, elle tomba enceinte et s'ouvrit à la perspective de la maternité pour la première fois de sa vie. « Avant, je ne m'imaginais pas liée de la sorte à quelqu'un – ni à un homme ni encore moins pour toute ma vie à un enfant, m'a-t-elle dit. J'avais vigoureusement combattu l'idée d'être responsable du bien-être à long terme de quelqu'un d'autre que moi. J'étais devenue accro à l'idée de la "liberté" du non-engagement, au fait de vivre selon mes propres désirs. Je ne voulais pas dépendre de qui que ce soit ni que personne ne dépende de moi. »

Par son ouverture et sa volonté de traverser l'incertitude et le doute, elle émergea lentement avec une nouvelle vision d'elle-même. « J'ai été progressivement obligée d'abandonner mon style de vie indépendante et j'ai commencé à apprendre à aimer la notion d'interdépendance qui a permis à mon compagnon et à mon enfant de trouver leur place, dit-elle, je ne pouvais alors plus imaginer de ne pas avoir d'enfant. J'ai du mal à identifier cette force qui m'a poussée à accepter cette nouvelle image de moi-même en tant que mère et compagne dévouée, mais d'une certaine manière, quand j'ai finalement arrêté de résister, je me suis sentie bien. »

Il est clair que, même si l'accomplissement d'une vocation ne garantit pas le bonheur – comme dans le cas du peintre Van Gogh –, il apporte tout de même souvent la paix de l'esprit. C'est alors un plaisir de voir un être humain réaliser ce pour quoi il est fait. On s'émerveille toujours devant un parent qui aime vraiment s'occuper d'enfants. Cela donne une telle sensation d'épanouissement. À l'inverse, on est toujours mal à l'aise quand on côtoie des gens dont le travail ou le style de vie ne correspondent pas aux aspirations. C'est tellement dommage. Je pense que le travail unique que Dieu accomplit pour chacun, nous apporte le succès, mais pas forcément comme on l'entend généralement. J'ai rencontré des femmes qui ont fait de très beaux mariages, une vraie réussite selon les normes habituellement admises, dont les bijoux et la situation feraient l'envie de la plupart, mais qui sont malheureuses parce qu'elles n'étaient pas destinées au mariage.

Il y a une dizaine d'années, j'ai reçu deux chèques, l'un en paiement d'une conférence que j'avais donnée, l'autre, inattendu autant qu'inespéré, était un don pour la FEC. Habituellement, je pense plutôt, comme le dit l'adage, que « rien ne vaut un déjeuner gratuit ». Mais c'était un de ces moments d'exception où j'avais un repas bien gagné dans une main et un délicieux, surprenant cadeau dans l'autre. Pour lequel supposez-vous que j'étais le plus reconnaissant ?

Il est facile de prendre tout ce qui nous arrive comme un dû – même la chance et les cadeaux imprévus. Il est vrai qu'en cette époque excessivement profane tout nous pousse à penser en termes de chance. Comme si cela n'avait pas plus de sens qu'un lancer de dés. On imagine toujours que tout est affaire de hasard, assumant que chance et malchance sont comparables, qu'elles se compensent et s'annulent. Cette attitude procède directement d'une philosophie du désespoir appelée nihilisme (du latin *nihil*, « rien »). Poussé à sa conclusion logique, le nihilisme dit que rien n'a de valeur.

Il existe pourtant une autre manière de considérer la chance et les cadeaux inattendus. Cette théorie postule l'existence d'un donateur surhumain : Dieu, qui aime faire des cadeaux aux créatures humaines parce qu'il les aime particulièrement. Difficile de savoir si ce Dieu a quelque chose à voir avec les mauvais moments de notre vie, mais il faut reconnaître que, bien souvent, ils s'avèrent être des bénédictions cachées. Pour ce qui est des cadeaux, certains y voient un modèle de bienfaisance, à leurs yeux bien plus important et constant que tout modèle de malheur. Nous avons un nom pour cette suite de bienfaits : la grâce. La grâce ne se mérite pas. Elle est gratuite. Les mots « grâce », « gratuit » se mêlent l'un à l'autre. Si vous percevez la grâce, vous serez naturellement reconnaissant.

Un célèbre prédicateur du Sud m'a raconté l'histoire suivante : un jeune Yankee devait, pour des raisons professionnelles, traverser le Sud en voiture pour la première fois de sa vie. Il avait roulé toute la nuit et était pressé. Arrivé en Caroline du Sud, il était mort de faim. Il s'arrête dans un restoroute, commande un petit déjeuner avec des œufs brouillés et des saucisses. Quelle n'est pas sa surprise de voir arriver son assiette avec quelque chose d'indescriptible dedans.

« Qu'est-ce que c'est ? demande-t-il à la serveuse.

— C'est de la purée de gombos, répond-elle avec un accent à couper au couteau.

— Mais je n'ai pas commandé ça...

— Par ici, on ne commande pas la purée de gombos. On vous la donne. »

Selon mon ami prédicateur, cela ressemble à la grâce : ça ne se commande pas. On vous la donne, tout simplement.

Selon mon expérience, la capacité à apprécier les surprises agréables comme des cadeaux, est bénéfique pour votre santé mentale. Ceux qui perçoivent la grâce dans le monde risquent plus de ressentir de la gratitude que les autres. Et les gens qui éprouvent de la gratitude sont en général plus heureux que les autres. Ils s'efforcent aussi davantage de rendre les autres heureux. Ayant le sentiment que le monde leur donne quelque chose, ils sont prédisposés à restituer ces largesses.

Pourquoi certaines personnes ont-elles le cœur empli de gratitude et d'autres pas ? Et pourquoi certaines personnes sont-elles à mi-chemin ? Je ne sais pas. Une réponse simple serait que les enfants élevés dans des foyers aimants deviennent automatiquement des adultes reconnaissants, et que les enfants ayant connu des conditions difficiles deviennent mécontents. Le problème, c'est que rien ne semble appuyer cette idée. Les contre-exemples sont légion. Je connais beaucoup de gens ayant grandi dans des conditions effroyables, misère, maltraitance, brutalité, qui vivent leur vie d'adulte en remerciant le Seigneur, ou du moins en remerciant la vie elle-même. À l'inverse, j'en connais d'autres ayant évolué dans des familles aimantes qui semblent avoir une ingratitude innée. Un cœur reconnaissant est une chose mystérieuse ; son origine est peut-être même génétique.

Ainsi, une « attitude de gratitude » n'est peut-être pas une simple affaire de choix. En fait, je crois qu'un cœur reconnaissant est lui-même un don. Autrement dit, la capacité d'apprécier les dons est elle-même un don. C'est aussi la plus grande bénédiction, outre une forte volonté, qu'un être humain puisse posséder. Mais cela ne veut pas dire qu'on ne puisse se façonner délibérément un cœur reconnaissant.

J'ai supervisé autrefois un thérapeute qui débutait dans son travail avec un homme âgé d'une quarantaine d'années souffrant d'une dépression chronique. Elle n'était pas très sévère. Il eût été peut-être plus exact de dire que cet homme souffrait de dyspepsie, un terme démodé pour indigestion. C'était comme si le monde entier lui donnait une indigestion et le faisait roter et avoir des haut-le-cœur. Pendant un bon moment, rien ne changea dans son attitude. Mais vers la fin de la deuxième année de traitement, son thérapeute m'a dit :

« Lors de la dernière séance, mon client est arrivé très excité. Il s'extasiait de la beauté du coucher de soleil dont il avait été témoin sur la route.

— Félicitations ! lui ai-je répondu.

— Qu'est-ce que vous voulez dire ?

— Le pire est derrière lui. Il va s'améliorer rapidement maintenant. C'est la première fois que j'entends dire que cet homme a apprécié quelque chose de la vie. Il est moins négatif et égocentrique, du coup, il peut s'intéresser à la beauté autour de lui et en être reconnaissant. C'est un changement extraordinaire ! »

Par la suite, j'ai appris que ma prédiction s'était révélée juste. Quelques mois plus tard, le patient se conduisait littéralement comme un homme nouveau, selon son thérapeute.

Effectivement, la manière dont on réagit face à l'adversité, à la chance ou la malchance, est peut-être l'une des meilleures mesures de notre aptitude à développer de la reconnaissance. On peut percevoir un mauvais coup du sort comme une bénédiction cachée. On peut aussi rester humble et ne pas considérer que la chance va de soi. Râlons-nous constamment à propos de la météo ou bien sommes-nous capables d'apprendre à apprécier la beauté et la diversité du temps comme un cadeau qui nous est offert ? Si nous sommes coincés dans un embouteillage un jour gris d'hiver, préférons-nous mariner dans notre jus, tenaillés par l'envie de trucider les conducteurs autour de nous, ou préférons-nous nous concentrer sur le fait que nous avons la chance d'être confortablement assis dans une voiture, à l'abri du froid ? Avons-nous tendance à nous plaindre de notre travail au lieu de chercher des moyens d'améliorer nos compétences ?

Quand j'étais petit, un ami de mon père m'a offert un certain nombre d'ouvrages épuisés de Horatio Alger. Je les ai dévorés. Les héros de ces romans étaient reconnaissants de ce que la vie leur donnait. Ils ne protestaient pas dans l'adversité, mais se comportaient presque comme s'il s'agissait d'une occasion au lieu d'une malédiction. La lecture de ces livres au cours de mon enfance a exercé une influence positive profonde sur moi. Je m'inquiète pour notre société : de nos jours, ces livres sont non seulement épuisés, mais considérés comme ringards.

LE CHOIX DE MOURIR AVEC ÉLÉGANCE

Notre ultime choix de vie sur cette terre est de savoir partir en beauté. Il s'agit moins de décider de mourir que de la manière dont on va le faire. Nous avons une vie pour nous y préparer. Hélas, le déni de la vieillesse dans notre culture va de pair avec celui de la mort. Pour beaucoup, ce déni efface la plus grande leçon de l'âge : comment accepter des limites. Notre culture suggère qu'il n'y a pas de limites et, pis encore, qu'il *ne devrait pas* y en avoir. Bien sûr, la vie se charge de remettre en cause cette idée à tous les niveaux. Elle reste pourtant au centre des techniques publicitaires. Une publicité qui m'a particulièrement énervé montrait une femme d'une soixantaine d'années (qui, bien évidemment, semblait en avoir quarante) en train de jouer au tennis. Le message était que, grâce à un certain médicament, son arthrose ne l'empêchait pas de fréquenter les courts. Une voix off s'exclamait :

« Vivez sans limites ! »

Mais le fait est que nous devons vivre avec des limites, dès la turbulence de notre plus jeune âge. En vieillissant, il nous faut affronter des limites de plus en plus grandes. À ce stade, on a déjà effectué un certain nombre de choix – vivre seul ou en couple, par exemple, travailler ou prendre sa retraite – qui excluent d'autres options. Si quelqu'un se retrouve cloué sur une chaise roulante, il sera ridicule pour lui de penser pouvoir prendre l'avion aussi facilement qu'avant et faire comme si de rien n'était.

Il ne serait pas naturel de se réjouir de la vieillesse. Le vieillissement comporte toujours une certaine dose de dépression – comme tout changement, d'ailleurs. Mais cela ne veut pas dire pour autant que l'on ait raison de nier les réalités du vieillissement et de son douloureux processus de dépouillement. La vieillesse finit par vous priver de tout, y compris l'agilité, la puissance sexuelle, la beauté physique et le pouvoir politique. Nos possibilités et nos choix deviennent de plus en plus limités – le défi consiste à apprendre à vivre avec ces limites.

La mort, bien évidemment, est le dépouillement ultime. J'ai entendu beaucoup de gens dire que s'ils doivent partir – comme s'ils en avaient le choix –, ils préféreraient que ce soit brutalement. La raison pour laquelle le cancer et le sida sont si redoutés est qu'ils vous tuent lentement. La détérioration progressive implique une perte totale de contrôle et, pour la plupart des gens, ce processus est perçu comme une perte totale de dignité. Ce sentiment d'humiliation est très réel. Mais il faut établir une distinction entre la fausse et la véritable dignité, et il existe une énorme différence entre les réactions de l'ego et celles de l'âme dans le processus de mort. Souvent, notre ego ne supporte pas la perte de dignité accompagnant le processus de détérioration corporelle, parce que la dignité a à voir avec l'ego et rien à voir avec l'âme. Confronté au choix d'une perte de contrôle, l'ego se rebiffe, même si la bataille est perdue d'avance. D'un autre côté, l'âme accepte le processus de dépouillement. Apprenons qu'à mesure que l'on abandonne le contrôle, on abandonne aussi la fausse dignité de manière à pouvoir mourir avec une vraie dignité.

Mourir de manière élégante, ce n'est pas choisir la voie de l'euthanasie. L'euthanasie cherche à aseptiser quelque chose qui est intrinsèquement sale. Selon moi, c'est une tentative pour court-circuiter la souffrance existentielle légitime de la mort, qui nous prive ainsi d'une occasion d'apprentissage et de croissance. Or mourir de manière élégante ne veut pas dire non plus, selon moi, s'enfoncer dans le déni. Dans différentes formes du déni, certaines personnes refusent de rédiger un testament, préférant ne pas parler de leurs émotions face à la mort, ou les niant totalement en faisant des projets d'avenir alors qu'elles savent parfaitement que leur temps est compté. Le déni peut atténuer la souffrance qu'implique la conscience de l'inéluctabilité de notre propre mort, mais il nous empêche aussi d'avancer. Il bloque la véritable communication ainsi que tout apprentissage vers la fin de la vie.

Mourir avec élégance, c'est selon moi choisir de voir la mort comme une occasion d'apprendre quelque chose et d'accepter le dépouillement comme un nettoyage permettant à la véritable dignité de l'âme de transparaître. Dans mon roman *Un lit près de la fenêtre*, je décris certains mourants dans une maison de retraite qui semblent entourés d'un halo. Ce phénomène n'est pas qu'un procédé littéraire. En fait, bien des gens remarquent la « lumière » qui entoure ceux ayant véritablement dépassé le stade de la dépression et atteint l'acceptation.

Si on est prêt à le faire, à mesure que l'on affronte les pertes majeures qui relèvent inévitablement du vieillissement et du cheminement vers la mort, on se trouve transformé non par l'aigreur mais par l'humilité. Le choix de mourir avec élégance survient quand on a compris et, finalement, accepté que tout est dans l'ordre des choses. Que nous croyions en une vie après la mort ou non, l'acceptation digne de l'étreinte de la mort est l'ultime acceptation d'une conviction inébranlable – même si une incertitude paradoxale demeure – que tous les aspects de notre vie contribuent à la signification de l'ensemble. Et, tout aussi paradoxalement, notre choix le plus important – celui de mourir dignement – est précisément d'abandonner tout choix et de confier entièrement notre âme au Vrai Pouvoir.

LE CHOIX DU VIDE

La mort est le vide ultime. Nous sommes terrorisés par le vide de la mort même si nous pensons qu'il existe une « autre rive », car nous *ne savons pas* à quoi ressemble cette autre rive.

Il existe de nombreuses variétés de vide ; la plus importante (et celle dont il est le moins difficile de parler sans trop de mysticisme) est « le vide de l'absence de savoir ». Ce n'est pas parce qu'on vit dans une société du type « je sais tout », qui taxe d'incompétents ceux qui ne savent pas toujours forcément tout, que l'on doit se sentir incompétent ou coupable quand on ignore quelque chose. En fait, à certains moment de notre vie, il est non seulement juste mais bénéfique d'abandonner l'idée que l'on a toutes les réponses.

L'expérience la plus enrichissante de ma vie fut le don d'un homme qui me tendit la main à travers le vide du non-savoir et me servit en plus de modèle à suivre. Dans *Ainsi pourrait être le monde*, j'ai décrit comment, à l'âge de quinze ans, j'ai décidé de quitter le lycée privé où je me trouvais. Rétrospectivement, ce tournant dans ma vie m'émerveille, particulièrement la grâce qui m'a donné le courage de le prendre. Après tout, non seulement je quittais une école prestigieuse contre l'avis de mes parents, mais je tournais le dos à une vie dorée qui avait été préparée pour moi. Je n'étais pas vraiment conscient de ce que je faisais – c'était un premier pas de géant pour quitter ma culture. Cette culture de l'« establishment » était censée être ce à quoi on devait aspirer – et je la rejetais. Pour aller où ? J'avançais vers l'inconnu. J'avais tellement peur que j'ai souhaité demander conseil à un enseignant de mon lycée avant de prendre définitivement cette décision terrible. Mais qui ?

Le premier à qui j'aie pensé était mon conseiller pédagogique. Il m'avait à peine adressé la parole pendant deux ans et demi, mais il était connu pour sa gentillesse. Une autre possibilité évidente était le doyen, adoré par des milliers d'élèves et d'anciens élèves. Mais j'aimais le chiffre 3, et ce troisième choix fut le plus difficile. Finalement, j'ai décidé de m'adresser à M. Lynch, mon professeur de mathématiques, un homme assez jeune. Je l'ai choisi non parce que nous avions des liens particuliers ni parce qu'il me semblait spécialement aimable – en fait, je le trouvais un peu froid – mais parce qu'il avait la réputation d'être un petit génie parmi le personnel enseignant. Il avait participé au projet Manhattan, et je me suis dit que je devais parler de ma décision avec un « génie ».

Je suis donc allé voir en premier mon conseiller pédagogique, qui m'a écouté pendant deux minutes, puis m'a gentiment interrompu. « C'est vrai que vos résultats à Exeter ne sont pas aussi bons qu'ils pourraient l'être, Scotty, m'a-t-il dit, mais pas au point d'échouer au bac. Il vaut mieux pour vous sortir d'une école comme Exeter avec des notes un peu moins bonnes que celles que vous obtiendriez dans une moins bonne école. Ce ne serait pas bon pour votre dossier de changer de cheval au milieu du gué. En outre, je suis certain que vos parents ne seraient pas d'accord. Pourquoi ne pas continuer en faisant de votre mieux ? »

Je suis ensuite allé voir le vieux doyen. Il m'a laissé parler pendant trente secondes : « Exeter est la meilleure école au monde, a-t-il proclamé d'un ton grincheux. Vous allez faire une sacrée bêtise. Ressaisissez-vous, jeune homme ! »

Je me sentais vraiment mal lorsque je suis allé voir M. Lynch. Il m'a écouté sans m'interrompre, pendant cinq minutes environ. Puis il m'a dit qu'il ne comprenait pas encore et m'a demandé si je pouvais continuer à parler, à propos de l'école, de ma famille, de Dieu (il m'a autorisé à lui parler de Dieu !) et de tout ce qui me passait par la tête. J'ai continué pendant une bonne quinzaine de minutes, ce qui n'était pas mal pour un adolescent déprimé de quinze ans. Quand j'ai eu fini, il m'a demandé s'il pouvait me poser quelques questions. Ravi de l'attention que m'accordait cet adulte, j'ai répondu que oui, et il m'a interrogé sur des choses très différentes pendant la demi-heure suivante.

Enfin, après trois quarts d'heure au total, cet homme que je pensais froid et distant s'est étiré dans son fauteuil et m'a dit, avec une expression peinée sur le visage : « Je suis désolé. Je ne peux pas vous aider. Je n'ai pas de conseil à vous donner. Vous savez, il est impossible de se mettre entièrement à la place de quelqu'un d'autre. Dans votre cas, j'ai essayé – et, Dieu merci, je ne suis pas à votre place – et je ne sais pas ce que je ferais si j'y étais. Vous voyez, j'ignore comment vous conseiller. Je suis désolé de n'avoir pu vous aider. »

Cet homme m'a peut-être sauvé la vie. En entrant dans son bureau, il y a quarante-cinq ans, j'étais au bord du suicide. Et, lorsque je suis ressorti, j'avais l'impression qu'on m'avait enlevé un poids de plusieurs tonnes. Si un *génie* ne savait pas ce qu'il aurait fait à ma place, alors il était normal que je ne sache pas quoi faire moi-même. Si j'envisageais de faire une chose apparemment si démente, et qu'un *génie* fût incapable de me dire que c'était totalement fou, eh bien, alors, c'était peut-être – peut-être seulement – quelque chose que Dieu me demandait de faire.

Ainsi, c'est cet homme, sans réponses ni formules toutes faites, ignorant ce que j'aurais dû faire et choisissant de pratiquer le vide, c'est donc cet homme qui m'a apporté l'aide dont j'avais besoin. Il m'a écouté, m'a accordé son temps, a essayé de se mettre à ma place, s'est dépensé et s'est sacrifié pour moi. Cet homme m'aimait, et cet homme m'a guéri.

Il n'existe pas de recettes simples ou faciles. La vie nous impose de subir un certain degré de vide et l'agonie de ne pas savoir. Comme je l'ai dit dans *Plus loin sur le chemin le moins fréquenté*, nous traversons l'existence en accusant autrui de très nombreuses choses. Puisque grandir, c'est en grande partie apprendre à pardonner, nous devons chaque fois reconsidérer la question et nous demander : « Dois-je condamner ou dois-je pardonner ? » Ou bien : « Est-ce que je suis un mec bien ou est-ce que je suis une chiffe molle ? » Ou, plus simplement : « Que dois-je faire ? » C'est une décision qui doit être prise à chaque nouvelle situation.

Il n'existe pas de recette simple, mais il existe des aides à la décision dans de telles situations, dont j'ai parlé pour la première fois dans *Different Drum*. Il s'agit de reconnaître que l'inconscient a toujours un coup d'avance sur l'esprit conscient. Le problème est qu'on ignore s'il a de l'avance dans la bonne ou la mauvaise direction. On ne sait pas toujours si la petite voix fluette que l'on entend est la voix du Saint-Esprit ou celle de Satan, ou bien peut-être s'agit-il tout simplement de nos glandes. Il est donc impossible de jamais savoir si ce que l'on fait à chaque instant est juste ou non, puisque la connaissance est une fonction de la conscience.

Pourtant, si votre volonté est tournée fermement vers le bien et si vous êtes prêt à souffrir pleinement lorsque le bien paraît ambigu (ce qui me semble être le cas dans 98,7 % des situations), alors votre inconscient aura toujours un coup d'avance sur votre esprit conscient, mais dans la bonne direction. Autrement dit, vous ferez le juste choix. Mais il vous faudra vous passer du luxe de le savoir au moment où vous le faites, parce que vous aurez précisément renoncé à ce luxe. Et si ce conseil vous semble obscur, alors rappelez-vous que presque tout le mal sur terre est commis par des gens qui sont absolument certains de savoir ce qu'ils font.

5

Comment vivre en société

Certains pensent qu'ils font des choix personnels, en tant qu'individus, comme si l'individu existait plus ou moins en dehors de tout. Il n'en est rien. Nous, les êtres humains, sommes des créatures sociales, et pratiquement tous nos choix sont faits sous l'influence et dans le contexte des diverses organisations auxquelles nous participons. Par organisations, je n'entends pas seulement les entreprises professionnelles. La famille est aussi une organisation et une grande partie des principes qui valent pour elle valent également pour le travail, et vice versa. À grande échelle, toute la société est une organisation. À petite échelle, chacune de nos relations sociales en constitue une. Chaque fois qu'une relation se créé entre deux personnes ou plus, cela implique une organisation d'une sorte ou d'une autre.

En conséquence, le comportement organisationnel contient virtuellement le panorama entier de la psychologie humaine, puisque pratiquement tous les comportements humains se produisent dans le contexte d'une ou plusieurs organisations. Le comportement organisationnel recouvre non seulement le comportement des individus dans des groupes temporaires, mais également celui des groupes et des entreprises elles-mêmes. Même si le champ est immense, j'aimerais me concentrer sur les choix qui me semblent les plus importants : les décisions que nous prenons et les actions que nous menons qui touchent d'autres personnes – et comment nous traitons les autres ainsi que nous-mêmes – en bien ou en mal. Si les décisions que l'on prend n'affectent que soi, on peut faire ce qu'on veut, en prendre la responsabilité et en assumer les conséquences. Mais quand d'autres sont concernés, on tombe très clairement dans le domaine de l'éthique, c'est une question de courtoisie.

LA COURTOISIE

J'ai passé une bonne partie des quinze dernières années à tenter de ressusciter deux mots fort critiques : communauté et courtoisie. Quand on parle de communauté dans la société actuelle, on veut dire en général n'importe quel rassemblement de gens. On parlera de Morristown dans le New Jersey, par exemple, comme d'une communauté. Le fait est que Morristown n'est rien d'autre qu'un ensemble géographique de gens avec un régime fiscal et quelques services sociaux communs, mais pas grand-chose de plus ne les relie en tant qu'êtres humains. Ou faut-il considérer la Troisième Église presbytérienne comme une communauté quand, en réalité, la plupart du temps, les gens assis dans les rangées les uns à côté des autres sont incapables de discuter des choses les plus importantes de leur vie ? J'en suis venu à appeler de tels rassemblements de gens des « pseudo-communautés ».

Pour moi, communauté a à voir avec communication, et une communauté vraie doit impliquer une grande qualité de communication entre ses membres.

J'ai écrit pour la première fois sur la communauté dans *Different Drum*. Le but principal de ma vie, ces dernières années, n'a pas été d'écrire mais de travailler avec d'autres pour la création et le développement de la Fondation pour l'encouragement communautaire (FEC). La mission de cette fondation pédagogique est d'enseigner les principes de vie en communauté, c'est-à-dire une sainte et authentique communication à l'intérieur et entre les groupes.

Mon travail avec la FEC m'a amené, en cette période de crise sociale et de débat contradictoire croissant, à tenter de ressusciter un autre mot tombé en désuétude : « courtoisie ». Ces derniers temps, la signification qui est donnée à ce mot est : politesse superficielle. Or, les gens n'ont cessé de se poignarder poliment dans le dos et de se faire du mal le plus poliment possible, depuis la nuit des temps. C'est un gentleman anglais du siècle dernier, Oliver Hereford, célèbre pour avoir dit qu'un « gentleman est quelqu'un qui ne froisse jamais autrui sans le faire exprès », qui m'a aidé à trouver une définition plus intéressante. Pour moi, cela signifie que, parfois, il peut s'avérer nécessaire de froisser quelqu'un, mais ce qui compte c'est l'intention, c'est-à-dire la conscience de ce qu'on est en train de faire. C'est pourquoi dans mon livre sur le sujet, *Ainsi pourrait être le monde*, j'ai défini la courtoisie non comme une simple politesse superficielle, mais comme « un comportement organisationnel consciemment motivé, dont l'éthique est soumise à un pouvoir supérieur ».

On peut assumer que quiconque a fait le choix d'être conscient souhaite être une personne courtoise. Cependant là se pose un problème majeur : pour être courtois, il faut être conscient non seulement de ses propres motivations mais également de l'organisation – ou système – dans laquelle on évolue. La courtoisie requiert une conscience autant organisationnelle qu'individuelle. En somme, si l'on aspire à toujours plus de courtoisie, on doit penser de plus en plus en termes de système.

LES SYSTÈMES

La partie la plus amusante de mes études de médecine était l'anatomie microscopique. Contrairement à ce que peut laisser penser son apparence extérieure, notre corps est essentiellement composé d'eau. C'est pourquoi, lorsque l'on observe de fines parcelles de nos organes sous un microscope, on ne voit rien d'autre que des filaments indistincts et décolorés. Mais si on laisse tremper ces mêmes parcelles un moment dans des teintures sélectionnées et qu'on les regarde de nouveau, c'est comme si l'on entrait dans un monde féerique, un jardin des délices en comparaison duquel Disneyland semble insipide. Peu importe l'âge, la condition ou l'état de santé, à ce stade, nous sommes tous très beaux de l'intérieur.

Au fur et à mesure que je scrutais une superbe cellule après l'autre, une microscopique diapositive après l'autre, mois après mois, quelque chose de plus important m'est apparu. Chacune des cellules était non seulement un système en soi, mais aussi une minuscule partie d'un système encore plus grand et plus complexe. Les cellules absorbantes, celles des muscles lisses et celles des tissus conjonctifs qui les tiennent ensemble étaient toutes partie intégrante d'un organe – dans ce cas, le système digestif. Et le système digestif était partie intégrante d'autres systèmes du corps. Les fins filaments des cellules nerveuses autonomes, qui donnent l'ordre aux muscles digestifs de se relâcher ou de se contracter et aux glandes de se reposer ou de sécréter, étaient d'infimes parties du système nerveux, connecté par l'intermédiaire de la moelle épinière à d'autres cellule du cerveau. À l'intérieur de chaque organe se trouvaient les minuscules cellules des artères et des veines, toutes connectées au cœur, en tant que partie du système circulatoire. Et dans chaque artère ou veine, je pouvais épier des variétés de cellules sanguines, fabriquées dans la moelle des os, comme de minuscules parties du système hématopoïétique.

En fait, je « savais » depuis des années que le corps humain – et le corps de chaque chose vivante, animal ou plante – forme un système. Avant mes études de médecine, j'ignorais la complexité et la beauté extraordinaires de tels systèmes. À ce moment-là, j'ai fait un bond dans la connaissance de ce que, encore une fois, je « connaissais » depuis longtemps, mais vaguement seulement. Puisque chaque cellule fait individuellement partie d'un organe, que chaque organe fait individuellement prtie du système corporel, et que chacun des systèmes fait partie du corps dans son entier, n'était-il pas possible que mon corps fasse aussi partie d'un système encore plus vaste ? En d'autres termes, est-il possible que je – mon moi individuel – ne sois rien d'autre qu'une simple cellule d'un organe appartenant à un gigantesque organisme ? Bien sûr. En tant que physicien débutant, j'étais connecté, directement ou indirectement, à d'innombrables autres cellules humaines individuelles, à mes parents, qui payaient mes études, aux physiciens confirmés qui m'enseignaient, aux techniciens du laboratoire qui réalisaient les tests que je demandais, aux administrateurs de l'hôpital, aux fabricants des équipements dont je me servais, aux patients sur lesquels je les utilisais, aux cultivateurs du Mississippi et de Californie qui vendaient leur coton aux ouvriers du textile de Caroline du Nord, qui fabriquaient les vêtements que je portais, aux fermiers du Texas qui élevaient les bœufs, et à ceux du New Jersey qui faisaient pousser les laitues que je mangeais, aux routiers qui transportaient toutes ces choses jusqu'à moi, à mon propriétaire, au coiffeur qui me coupait les cheveux, etc.

C'est ainsi que (bien que n'ayant pas encore entendu le terme), j'ai acquis une foi inébranlable dans la « théorie des systèmes ». Le principe de base de cette théorie (qui n'est pas une théorie mais bien un fait) est que tout est système.

À un niveau plus macroscopique que celui d'une cellule ou d'un organe, d'un système d'organes ou d'un individu, nous sommes tous des composants du tissu de la société humaine. Nous sommes tout juste en train d'entrevoir que toute cette société est connectée à la terre, à l'eau, aux forêts, à l'atmosphère : « l'écosystème ». Il est vrai que, bien souvent, les théoriciens systémiques voient la planète tout entière comme un seul organisme. La Terre fait, bien sûr, partie du système solaire. Et, si l'on va plus loin dans l'espace, on découvrira probablement la nature systémique des galaxies et même de l'Univers.

Outre le fait que chaque chose existante fait partie d'un système, la théorie systémique implique aussi que, si l'on change un des composants d'un système, tous les autres s'en trouveront transformés du même coup. Notre société ne s'est aperçu de cela que depuis quelques dizaines d'années. On a fini par comprendre que quasiment chaque chose que l'ont fait modifie notre environnement, et que ces modifications peuvent soit nous aider à vivre, soit nous détruire.

Par exemple, si vous êtes automobiliste, il vous est probablement arrivé de porter votre voiture au garage pour une petite réparation et de tomber en panne au retour. Sur le moment, vous avez sans doute maudit le mécanicien pour son incompétence. Pourtant, il ne s'agit en général pas du tout d'une maladresse. C'est seulement que la présence d'une pièce neuve a subtilement modifié l'équilibre du moteur – du système en entier –, impliquant un réajustement des autres éléments qui parfois casse les vieilles pièces.

Les relations humaines forment aussi un système : le mariage en particulier. Au cours de notre travail comme psychothérapeutes de couples, Lily a inventé le mot « tenuousness » (subtilité), qui signifie que, dans un couple, chaque définition qu'un partenaire donne de l'autre doit être subtile – c'est-à-dire souple plutôt que rigide. Nous nous sommes maintes fois rendu compte dans notre pratique que, lorsque l'un des membres du couple change de manière significative ou grandit grâce à la psychothérapie, l'autre membre doit changer ou grandir en même temps s'il ne veut pas que le système – le couple – se défasse.

Je ne veux pas dire que la psychothérapie soit la seule variable de l'équation. Un tas de choses peuvent bouleverser la nature d'un couple. Celui que nous formons avec Lily a changé quand nous avons eu des enfants. Il a changé encore quand les enfants ont été propres. Et encore quand ils sont entrés dans l'adolescence. Et enfin quand ils ont quitté la maison. Tout au long de ces années, il a dû changer quand notre situation financière a évolué et que nous sommes passés du statut de bénéficiaires de philanthropie à celui de donateurs à des causes charitables pendant environ vingt ans. Il a certainement changé encore quand nous sommes passés de la maturité à la vieillesse et à ma retraite professionnelle.

La théorie des systèmes implique que nous soyons capables de nous ajuster – parfois très rapidement – pour éviter que le système ne s'écroule. Mais, pour avoir la capacité d'effectuer des changements rapides, on doit avoir une conscience aiguë du système auquel on appartient. Là est la difficulté. Nous, les humains, sommes conscients à des degrés divers. Alors que chacun ou presque est conscient de lui-même comme entité, connaît ses besoins et ses désirs les plus urgents, nous manquons de lucidité quant à nos motivations sociales et aux Ténèbres d'où ces motivations peuvent surgir. Même avec un degré de conscience relativement avancé, la plupart d'entre nous restent incroyablement inconscients des entreprises complexes et des systèmes sociaux auxquels nous appartenons.

Le manque de conscience organisationnelle et sociale est un phénomène si grave que je l'ai appelé « le trou dans le cerveau ». Et comme ce trou bâille souvent, il ressemble parfois davantage à une tranche de fromage suisse. Par exemple, un homme d'affaires est susceptible d'avoir réalisé que sa compagnie est un système complexe, mais il peut très bien ne jamais avoir considéré sa famille comme un système. D'autres peuvent savoir que leur famille est un système, mais avoir peu conscience de l'entreprise qui les emploie.

Ce trou dans le cerveau – cette inconscience quant à nos organisations – se nourrit souvent de notre narcissisme. Dans une grande usine, il est probable, par exemple, que la plupart des ouvriers qui travaillent à la chaîne se considèrent comme le cœur de l'entreprise et s'intéressent peu ou pas du tout aux autres employés et à leur travail. Après tout, ce sont eux qui fabriquent le produit, oui ou non ? Les vendeurs peuvent aussi se considérer comme le noyau de l'entreprise. Après tout, ce sont eux qui vendent le produit ; s'il n'était pas vendu, il n'y aurait pas d'entreprise. Mais les employés du marketing pourraient aussi se prendre pour le centre de l'entreprise parce que les vendeurs seraient incapables de vendre le produit si personne ne trouvait les marchés. Ceux de la division financière peuvent penser qu'ils sont l'âme de l'entreprise parce qu'ils équilibrent les comptes, grâce à quoi elle reste solvable.

Et ceux de la direction peuvent aussi estimer être les plus importants puisqu'ils inventent les stratégies de l'entreprise, mais il est possible qu'ils aient peu d'empathie pour les autres aux différents postes qui contribuent au résultat général.

La même chose se produit en général dans la société : il n'y a qu'à voir le racisme et les luttes de classes. L'incapacité à prendre conscience des contributions des autres conduit à un manque de courtoisie ; peut-être parce qu'on s'épuise à vouloir simplement devenir plus conscient de soi-même, ce qui ne laisse guère d'énergie pour développer sa conscience organisationnelle et sociale. Toutefois, on ne pourra évoluer vers une société plus courtoise tant que de plus en plus de gens ne se mettront pas à faire le choix non seulement d'être personnellement conscients, mais aussi de penser en termes de systèmes et d'étendre leur conscience de manière à remplir le trou de leur cerveau.

ÉTHIQUE

Un de mes amis fut l'un des premiers pilotes américains abattus et capturés par les Nord-Vietnamiens. Durant les premiers jours de ses sept ans de captivité, lui et ses compagnons prisonniers de guerre furent systématiquement torturés. Dans un formidable livre de témoignage, il explique clairement que ses geôliers avaient un comportement organisationnel tout à fait conscient. Ils savaient exactement ce qu'ils faisaient. Ils étaient conscients de leurs intentions et de l'effet que leurs coups, voire de pratiques plus brutales encore, pouvaient avoir sur leurs victimes. Ils savaient que personne ne peut résister à une douleur trop forte et que leurs tortures pourraient arracher des aveux – peu importe qu'ils soient faux – utiles pour leur propagande au service de leur mission. C'est pourquoi même les Américains qui étaient horrifiés par notre attitude durant la guerre du Vietnam ne pourront jamais considérer la torture comme une réponse courtoise ni la justifier de quelque manière que ce soit.

C'est pourquoi aussi la courtoisie est plus qu'un comportement organisationnel seulement « consciemment motivé ». Il doit aussi être *éthique*. Et il faut être malade moralement pour ne pas admettre que la torture est fondamentalement et grossièrement immorale. J'utilise cet exemple pour son énormité, pas pour esquiver le fait que le vrai problème de notre société est une incorrection bien plus subtile et envahissante. Et est aussi immorale. Être éthique est, au minimum, être « humaniste », ce qui signifie considérer que l'être humain est précieux et doit être traité en conséquence autant que possible. On ne torture pas des gens qui nous sont précieux.

Récemment, la droite religieuse a beaucoup critiqué l'« humanisme laïque ». Il me semble que ces critiques feraient bien de devenir plus humanistes eux-mêmes. Je pense aussi toutefois qu'ils ont raison sur un point. L'humanisme laïque est comme une maison construite sur du sable. Lorsque la vie devient difficile – que les affaires sont mauvaises ou qu'on se dispute avec tout le monde –, l'humanisme laïque peut faire long feu. Les médias, notamment, sont considérés comme un domaine particulièrement laïque. Ceux qui y travaillent ne se prennent pas seulement pour des humanistes, ils croient en outre que leur travail d'information aide à conserver un minimum de courtoisie et d'humanité dans la société. C'est un peu vrai. Pourtant, je connais trop d'exemples de journalistes qui, pour un bon article, jettent bien facilement leur humanisme par la fenêtre.

Le problème avec l'humanisme laïque, c'est qu'il n'explique pas *pourquoi* l'être humain est précieux ni pourquoi on doit le traiter en conséquence. C'est la raison pour laquelle l'humanisme laïque, qui n'est enraciné dans aucune théologie, ne résiste pas, en général, à la difficulté. C'est aussi pourquoi j'estime que le comportement civil doit être non seulement « éthique » mais plus précisément « éthique en référence à un pouvoir supérieur ». Si, comme je l'ai dit, la lumière, la vérité et l'amour sont synonymes d'une sorte de Dieu, si on y est *vraiment* soumis, notre comportement va devenir religieux, même si on ne se voit pas comme tel.

Pour illustrer cette soumission, revenons à notre journaliste qui peut jeter son humanisme par la fenêtre pour un scoop. Bien qu'il soit capable de se donner (mais pas toujours) beaucoup de mal pour ne pas mentir (par crainte d'un procès) et « colle aux faits », il a tout loisir de choisir les faits sur lesquels il va enquêter ou pas. En ce sens, les faits sont comme des statistiques. On peut leur faire dire n'importe quoi. Dans bien des cas, le journaliste est complètement libre de peindre le tableau en noir, en blanc ou en gris. À moins qu'il ne soit très consciencieux, il est fort probable que son choix sera déterminé non tant par un profond respect de la vérité que par ce qui lui semblera représenter une bonne histoire. Même si le reporter est très attaché à la vérité, sa hiérarchie va influer sur la teneur de son papier. Après qu'il l'a rédigé, les rédacteurs en chef – qui n'ont pas directement participé à la recherche initiale de l'information – y ajoutent leur point de vue personnel, par l'intermédiaire du titre, de la longueur du texte et de son emplacement. À mon avis, les meilleurs articles sont ceux qui sont gris, car la vérité est généralement complexe. Mais j'ai constaté que beaucoup de journalistes préfèrent éviter ces complications parce qu'elles ne concourent pas à faire les gros titres alléchants. Ils reconnaissent même préférer chercher un angle à l'histoire, oubliant apparemment qu'il y a une différence entre une histoire vue sous un certain angle et la vérité.

En me frottant à ce genre de complexités éthiques, j'ai fini par trouver très utile, voire essentielle, la distinction entre éthique codifiée et éthique contextuelle. La première est tirée de diverses prescriptions éthiques en cours tout au long de l'Histoire. La plus ancienne étant le Code d'Hammourabi. Mais la plus connue est les Dix Commandements. Ces codes désignent certains actes comme mauvais, injustes ou interdits dans n'importe quelle circonstance. Par exemple, l'un des dix commandements est « tu ne tueras point ». Ce n'est pas « tu ne tueras point sauf en cas de guerre », ou « tu ne tueras point sauf pour te défendre » ; c'est « tu ne tueras point ». Point. Pas de si ni de mais.

Le principe de base de l'éthique contextuelle est qu'aucun jugement moral ne peut être porté sur un acte sans prendre en compte les circonstances dans lesquelles il a lieu. Contrairement aux dix commandements, l'éthique contextuelle donnerait l'autorisation de tuer dans des situations telles que la guerre ou l'autodéfense.

Notre société s'est détachée de l'éthique codifiée simpliste pour privilégier l'éthique contextuelle. C'est particulièrement évident dans notre système légal. Allez rendre visite à votre avocat et vous verrez que son bureau est rempli d'étagères couvertes de lourds volumes. La plupart de ces énormes livres contiennent les précédents légaux de diverses situations. Ces précédents spécifient : « On ne doit pas rompre un contrat, sauf dans le cas de Jones contre Smith, dans lequel telle ou telle circonstance le permet », ou « On ne doit pas rompre un contrat, sauf dans le type d'affaire Brown contre Taylor ».

Pour vivre en suivant une éthique contextuelle, l'individu doit être capable de se plier à un véritable système juridique à l'intérieur de lui-même. Pour être sain et en bonne santé, il faut avoir en soi un avocat de la défense compétent, un bon avocat général et un bon juge. Les gens caractériels ont tendance à avoir un avocat de la défense très fort, mais une conscience ou un avocat général très faible. Les névrosés ont plutôt tendance à avoir un avocat général très fort mais un piteux avocat de la défense, incapable de parler en faveur de son client. Et puis il y a ceux qui ont un avocat de la défense et un avocat général raisonnablement compétents, mais qui ont de grandes difficultés à prendre des décisions parce qu'il leur manque un bon juge.

Je suis de tout cœur en faveur du mouvement de société (et d'individus dans leur prise de décision personnelle) qui tend vers l'éthique contextuelle. En tant que psychiatre, j'ai pu constater que, souvent, les codes moraux rigides ont des conséquences inhumaines. Cependant, il y a deux choses à envisager. La première c'est que, si l'on adopte une éthique contextuelle, cela signifie qu'il n'y a pas de formule ; des individus sains ont la responsabilité de reconsidérer leur comportement chaque fois que la situation change, même légèrement. Ce peut être seulement de blâmer quelqu'un dans un cas et de lui pardonner dans un autre à peine différent. Sans règles, on ne sait jamais sur le moment si ce que l'on fait est bien. On doit être capable d'agir dans « le vide de ne pas savoir ».

Loin de moi l'idée de suggérer que les codes moraux sont inutiles. Je le répète, ces dernières années, la droite religieuse s'est mise à critiquer de plus en plus l'éthique contextuelle, et peut-être a-t-elle raison sur un point – même si je crains que son propos ne soit régressif. Prenons par exemple le cas d'une guerre juste. Vu l'état actuel de l'évolution humaine – on ne semble pas près de supprimer les guerres –, je pense que l'Église catholique a bien fait d'utiliser l'éthique contextuelle pour développer le concept de guerre juste. Mais je ne suis pas sûr que l'on puisse faire la différence entre guerre juste et guerre injuste tant que persiste le code éthique qui proclame « tu ne tueras point ».

INTERDÉPENDANCE ET COLLABORATION

Dans *Le Chemin le moins fréquenté*, j'ai écrit que nous avons tous des besoins et des sentiments de dépendance, mais que cela n'est pas de l'amour et que, si l'on se laisse guider par eux, on risque de tomber dans le terrible piège de la dépendance. C'est un piège parce que cela donne la perpétuelle sensation à l'individu qu'il ne peut être ni entier ni heureux sans l'attention constante de quelqu'un d'autre. Rien de ce que j'ai dit sur la dépendance n'est faux, mais j'aurais dû pondérer ma critique par un hymne en l'honneur de l'interdépendance.

À l'époque où j'ai écrit *Le Chemin le moins fréquenté*, je fonctionnais encore, dans une certaine mesure, selon la morale du bon vieil individualisme primaire américain, qui considère que nous sommes tous appelés à devenir indépendants, à nous tenir sur nos pieds et à être le capitaine de notre propre bateau, si ce n'est le maître de notre destin. Tout cela est très bien. Je continue de penser qu'il vaut mieux être indépendant quand c'est possible. Mais le gros problème avec l'individualisme primaire, c'est qu'il néglige l'autre aspect de l'homme : nous sommes censés accepter nos propres fautes, nos inévitables imperfection et inadaptation, et notre mutuelle interdépendance. C'est parce que l'éthique individualiste n'est qu'à moitié bonne qu'elle nous incite à cacher nos faiblesses, nos défaites, et à avoir honte de nos limitations. Cela nous conduit à essayer d'être des supermen et superwomen, non seulement aux yeux des autres mais aussi à nos propres yeux. Cela nous pousse, jour après jour, à faire comme si « tout allait parfaitement bien », ce qui aboutit à ce que des gens assis sur le même banc ne soient pas capables de se parler de leurs peines, de leurs douleurs et de leurs déceptions, car ils se cachent derrière un masque de composition pour montrer qu'ils contrôlent parfaitement leur vie.

Dans *Different Drum*, écrit sept ans plus tard, je dénonçais l'éthique simpliste, partiale, non paradoxale et donc fallacieuse, et, à propos de la communauté, je commençais à prendre fait et cause pour l'interdépendance. Les exemples les plus frappants des vertus de l'interdépendance viennent de mon travail d'aide à la construction de communautés. Mais permettez-moi également de chanter ses louanges au sein de plus petits organismes : le mariage, notamment, et mon mariage avec Lily en particulier. Dans notre couple, au début, Lily jouait le rôle de femme d'intérieur et moi celui de soutien de famille. Pendant des années, nous nous sommes inquiétés du degré auquel ces rôles étaient dictés par des stéréotypes culturels et sociaux. Petit à petit, nous nous sommes rendu compte à quel point ils étaient en fait davantage dictés par la différence de nos personnalités.

Depuis le début de notre mariage, j'avais remarqué que Lily était légèrement désorganisée. Il n'était pas rare qu'elle soit si absorbée à respirer le parfum des fleurs qu'elle en oubliait un rendez-vous ou d'écrire une lettre importante. Moi, au contraire, j'ai toujours été tendu vers un but – pour le dire gentiment. Je n'avais jamais le temps de sentir les fleurs, sauf si leur éclosion avait lieu à un moment compatible avec mon emploi du temps, chaque troisième mardi du mois, de quatorze heures à quatorze heure trente par exemple, à moins qu'il ne pleuve. Plus tard, je me suis mis à la réprimander pour sa tendance à parler de ce que je considérais comme des choses sans importance – des détails qui empêchent de voir l'essentiel – ainsi que pour sa tendance à ignorer les instruments les plus marquants de notre civilisation, comme l'horloge. Elle était en revanche très critique sur ma ponctualité pointilleuse, mon manque d'imagination et mon obstination à commencer mes phrases par « premièrement », « deuxièmement », « troisièmement » et « en conclusion »… Lily pensait que son approche des choses était la meilleure, à quoi je lui opposais l'excellence de la mienne. Lily portait toute la responsabilité de l'éducation des enfants. Je ne veux pas dire par là que je n'avais rien à voir avec eux, mais je ne peux pas prétendre non plus avoir été un père idéalement attentif. J'étais particulièrement à côté de la plaque quand il s'agissait de jouer avec eux. Avez-vous jamais essayé de jouer avec des enfants en suivant un emploi du temps ? Et quand le temps est dépassé, vous ne faites plus que penser au chapitre que vous n'avez pas terminé ? Lily, au contraire, jouait avec les enfants en faisant preuve d'une patience infinie. Elle m'aidait aussi pour mes livres. En fait, comme je l'écrivais dans l'introduction du *Chemin le moins fréquenté*, « elle a été si dévouée qu'il est difficile de distinguer sa sagesse… de la mienne ». Mais elle n'aurait pas pu suffisamment s'organiser pour écrire (et réécrire) les phrases, les paragraphes et les chapitres, jour après jour, mois après mois.

Tout doucement pourtant, Lily et moi sommes parvenus à accepter que ce que nous prenions pour des vices pouvaient être des vertus, que des malédictions pouvaient être des bénédictions, des passifs des actifs. Lily a la grâce ; j'ai le don de l'organisation. Au cours de ces années, j'ai fini par apprendre un peu comment me comporter avec nos enfants et avec les autres. De son côté, Lily a réalisé que, malgré ses progrès, elle ne serait jamais parfaitement organisée. Mais nous avons appris à apprécier nos deux styles si différents, à les considérer comme des chances, et, petit à petit, avons commencé à incorporer l'autre à l'intérieur de nous.

C'est pourquoi nous devenons, elle et moi, de plus en plus riches en tant qu'individus. Tout cela aurait été impossible si nous n'avions pas reconnu nos propres limitations ainsi que la valeur de notre interdépendance.

Le seul problème avec le mot « interdépendance » c'est que, pour certains, il signifie « codépendance ». Un terme à la mode ces dix dernières années, la « codépendance » fait référence à une relation dans laquelle les partenaires satisfont – et donc encouragent – les faiblesses de l'autre. Cela est souvent très décrié. Je pense qu'il faut être prudent à ce sujet, car une part très importante des enseignements du couple est d'apprendre à concilier les limitations de l'un et de l'autre. Choisir quand il est préférable de concilier ces limitions et quand il vaut mieux les critiquer ou les affronter, est une décision qui ne peut être prise qu'à partir de l'épouvantable « vide de l'ignorance ».

Puisque je ne veux pas renoncer au mot « interdépendance », on pourrait y ajouter le contenu d'un autre mot, « collaboration » : travailler ensemble. Au cours de notre travail avec des structures plus importantes, Lily et moi avons réalisé qu'elles avaient souvent beaucoup à apprendre en matière de collaboration. Si l'on prend l'organisation de notre couple, on peut dire que nous avons fait du bon travail tous les deux. Quand l'organisation est mauvaise au sein d'un groupe, le système peut sembler assez épouvantable. Mais, quand elle est bonne, non seulement elle devient efficace, mais son système peut être si beau à observer qu'il se rapproche d'une sorte de splendeur mystique.

RESPONSABILITÉ ET STRUCTURE

L'interdépendance ne signifie pas obligatoirement que les individus qui collaborent aient des rôles différents, même si c'est le cas en général. Comme je l'ai montré, Lily et moi avons eu des rôles très différents tout au long des trente-sept ans qu'a duré notre couple. Et quand il y a différents rôles dans une organisation, deux facteurs importants entrent immédiatement en jeu : la responsabilité et la structure.

Je dépends de Lily pour l'essentiel des choses de la maison parce qu'elle le fait et bien. Et elle dépend de moi pour gagner de l'argent, pour la même raison. Nous remplissons ces rôles comme il faut, parce que nous estimons que nous en sommes responsables. En d'autres termes, nous nous tenons nous-mêmes et l'un comme l'autre pour responsables. Le mauvais côté de l'histoire, c'est que la personne responsable peut être jugée. Le bon côté implique qu'on lui fasse confiance. Mais, si Lily se mettait à ne plus remplir son rôle à la maison – qu'elle ne soit plus responsable –, je ne pourrais plus lui faire confiance pour l'assumer et serais forcé de m'en charger. Un tel retournement de situation serait simple et naturel si ce manque de responsabilité était dû à une maladie passagère. Comme lorsqu'elle a eu un abcès au sein après la naissance de notre troisième enfant, c'est le plus naturellement du monde que j'ai pris soin du bébé ainsi que de nos deux autres jeunes enfants. Néanmoins, si ça n'avait pas été une situation temporaire, cela aurait signifié une restructuration complète de notre couple.

C'est pourquoi des rôles distincts et des responsabilités impliquent une structure. À l'intérieur d'un petit (mais pas nécessairement simple) organisme comme le couple, les rôles et les structures peuvent être relativement informels. Mais plus un organisme s'agrandit et se complique, plus il est essentiel que la structure de la responsabilité soit formalisée. La description écrite des charges (ou, comme on les appelle parfois aujourd'hui, profils des responsabilités) est indispensable quand on entre dans le domaine des entreprises formelles.

Presque toutes les écoles de commerce ont un cours obligatoire intitulé « Théorie de l'organisation », assorti d'un énorme manuel portant le même titre, exposant toutes les structures d'organisation possible mises à la disposition des hommes d'affaires. Autant les possibilités offertes sont vastes et complexes, autant le sujet est en fait incroyablement simple. Il repose sur un principe de base : « la théorie de la contingence ». Celle-ci (qui, comme toutes les théories de systèmes, n'est pas une théorie mais bien un fait) considère tout simplement qu'il n'existe pas un type d'organisation meilleur que les autres. La meilleure structure pour une entreprise particulière – ou tentative – est contingente par rapport à l'objectif de l'effort collectif, et des autres facteurs aussi, d'ailleurs.

Parmi ces autres facteurs, il y a la nature de l'homme. Une réunion de cellule de réflexion ne va pas attirer le même genre de personne qu'une compagnie industrielle traditionnelle. Il en va de même pour les départements de marketing et les départements commerciaux. Cela n'est nulle part plus évident que dans l'organisation du couple marié. Selon la théorie de la contingence, il n'existe pas une organisation du couple meilleure que les autres. Bien que le couple que nous formons avec Lily semble avoir été organisé en fonction de rôles stéréotypés, il est en fait, comme je l'ai expliqué, le produit de nos deux personnalités et vocations très diverses, et ce n'est en aucun cas quelque chose que nous donnons en modèle. L'excellence ne peut pas être stéréotypée. Je pourrais vous offrir des formules stéréotypées de couples ratés ; je ne peux pas le faire pour des couples réussis. Chaque situation est différente à cause de la grande diversité des partenaires.

Quand la responsabilité est structurée en système, qu'elle soit aussi réduite que dans un couple ou aussi énorme que dans une corporation, il y a aussi une structure de l'autorité. Ce qui ne signifie pas que l'autorité ne puisse être partagée. Par exemple, l'argent que Lily et moi épargnons est divisé équitablement en deux. Les décisions au sujet des enfants et les investissements ou dépenses les plus importants sont toujours prises en commun. Cependant, en tant qu'individus, nous avons chacun une autorité limitée à nos domaines propres. Un des P-DG appartenant à la direction de la FEC nous a enseigné le terme « autorité du savoir ». Lily peut remplir son rôle de femme d'intérieur sans vérification quotidienne de ma part, précisément parce qu'elle détient ce genre d'autorité. Il y a deux semaines, notamment, j'étais sur le point d'aller faire quelques courses dans le quartier quand Lily m'a demandé de lui rapporter un bouquet de persil. Celui que j'ai trouvé était tout rabougri, mais je l'ai acheté quand même car je n'ai pas eu le courage de faire des dizaines de kilomètres pour aller en acheter du frais. J'étais évidemment un peu embêté de présenter ce persil à Lily, pourtant elle m'a dit : « Oh, ce n'est pas grave, il n'y a qu'à le faire tremper dans l'eau. » Le lendemain, en effet, le persil semblait aussi frais que s'il venait d'être coupé. Lily connaît les trucs dont elle a besoin.

Notre couple n'est absolument pas hiérarchique. Bien qu'il soit organisé selon un système de responsabilité, aucun de nous deux n'est le patron. Mais dans des organisations plus vastes, comme dans les affaires, on ne peut avoir une structure de responsabilité sans une chaîne de commandement. La configuration de cette chaîne va varier considérablement d'une branche à l'autre, tout dépendant de la nature du business, mais, en dernier ressort, il doit y avoir un responsable. Nombreux sont ceux qui, ayant eu une mauvaise expérience avec les systèmes d'autorité hiérarchique, rejettent toute structure. Il faut se méfier de ce genre d'attitude. Il peut exister des structures extrêmement négatives, mais ce ne sont que des exceptions. La plupart sont positives. J'ai d'ailleurs appris au fil des ans que les enfants, de même que les adultes, avaient un grand besoin de structure.

Les employés souffrent souvent énormément du manque de structure. Je m'en suis rendu compte pour la première fois à trente et un ans, quand j'ai été nommé directeur du service de psychiatrie du centre médical de l'armée américaine à Okinawa. J'étais en charge d'un département d'environ quarante personnes. Jusque-là, je n'avais jamais administré personne ni reçu aucune formation qui ressemblât de près ou de loin à du management. Pourtant, quand j'ai pris la responsabilité de ce département, le style de direction que j'allais adopter était parfaitement clair dans mon esprit. Il allait être aussi différent que possible de ceux des patrons que j'avais eu jusqu'alors.

Je n'avais pas la moindre idée de la façon de définir un consensus, mais j'allais me battre pour y arriver. Évidemment, mon modèle était très consultatif. Non seulement je n'ai jamais arrêté une décision administrative sans consulter toutes les personnes concernées, mais j'ai fait de mon mieux pour que, en prenant en compte les limites de la compétence professionnelle, ceux qui étaient sous mes ordres puissent prendre eux-mêmes les décisions qui les concernaient. Comme mon département était un service médical « professionnel », j'ai estimé que nous pouvions ignorer les problèmes hiérarchiques. Je les ai dissuadés de m'appeler « commandant Peck » et, très vite, ils se sont tous mis à m'appeler Scotty. J'étais Monsieur sympa. Et cela fonctionnait. L'ambiance était euphorique. Tout le monde disait que j'étais un formidable dirigeant et combien ils étaient soulagés d'être débarrassés de leur ancien chef, un stupide lieutenant-colonel. Le travail se faisait tranquillement. Le moral était au beau fixe.

Cependant, après environ six mois, les choses ont changé peu à peu. C'était presque imperceptible au début. L'euphorie avait disparu. Les hommes avaient cessé de dire que c'était l'endroit idéal pour travailler. « Bon, la lune de miel est terminée, me suis-je dit, il fallait s'y attendre. Maintenant, c'est du travail ordinaire, mais tout va bien. » Neuf mois plus tard, les choses ont empiré. Des chamailleries dans le travail. Je me suis demandé où était le problème, mais je n'ai pas trouvé. Cela n'avait probablement rien à voir avec moi, n'avais-je pas fait la preuve que j'étais un leader-né ? Au bout d'un an pourtant, il était clair qu'il y avait un problème. Les disputes devenaient plus sérieuses et le travail commençait à en souffrir : certaines tâches, pas encore très importantes, étaient laissées en plan.

C'est alors que le destin vint à mon secours. La construction d'un grand complexe médical de consultations externes était en train de se terminer et le directeur de l'hôpital m'a averti que la plus grande partie de notre département allait s'y transporter, nos locaux actuels étant trop petits, tristes et froids. Les nouveaux seraient modernes et aérés, avec vue sur le Pacifique et de la moquette partout. Le moral des troupes allait certainement s'améliorer à la perspective d'un changement si agréable.

Ce ne fut pas le cas. Au contraire. Plus le jour du déménagement approchait, plus le staff devenait irritable. Ses membres se sont mis à se disputer pour savoir qui allait prendre tel ou tel bureau dans le nouveau bâtiment. Si bien qu'ils ont fini par prendre du retard pour organiser le déménagement. Il était évident qu'il m'incombait de faire quelque chose. Mais quoi ? Je leur ai annoncé que nous allions, comme tous les matins désormais, nous réunir dans la nouvelle salle de conférences durant toute la matinée suivante – même si cela signifiait que nous allions devoir travailler chaque soir – jusqu'à résoudre le fond du problème.

Les deux réunions de quatre heures que nous avons eues furent les plus orageuses auxquelles j'aie jamais participé. Tout le monde s'est mis à tirer à vue sur tout le monde et sur moi en particulier. Chacun avait une bonne raison de se plaindre, mais toutes les exigences étaient difficiles à satisfaire, superficielles et apparemment excessives. C'était le chaos. Vers la fin de la seconde matinée, un des soldats a lancé : « J'ai l'impression de ne plus savoir où j'en suis. » Je lui ai demandé de bien vouloir s'expliquer, mais il en était incapable. Il est devenu muet et le groupe a continué à se disputer. Mais les mots du jeune homme résonnaient dans ma tête. Plus tôt ce matin-là, quelqu'un avait lancé : « Tout est vague ici. » Et, la veille, un autre jeune avait lâché : « C'est comme si on était en mer. » Je leur ai dit que j'avais besoin de temps pour réfléchir, qu'ils devaient retourner travailler et que nous n'aurions plus ce genre de réunion dans un proche avenir.

Nous sommes rentrés dans le vieux bâtiment et je me suis assis à mon bureau, les yeux au plafond, mon déjeuner, intact, sur le bureau d'à côté. Était-il possible que le département ait besoin de plus de structure que ce que je leur avais donné ? Quel type de structure ? Un sens plus clair des hiérarchies ? Que voulaient-ils que je fasse – les commander comme des enfants ? C'était complètement contraire à ma nature. Après tout, beaucoup d'entre eux étaient assez jeunes à l'époque. Était-il possible qu'ils aient voulu que je joue une sorte de rôle de père ? Mais si je commençais à leur donner des ordres dans tous les sens comme un autocrate, n'allaient-ils pas se mettre à me détester ? Je voulais être Monsieur sympa. En y réfléchissant, je n'étais pas payé pour être populaire mais pour diriger le meilleur département possible. Peut-être avaient-ils besoin d'une main plus ferme pour les commander.

J'ai appelé le sous-officier en charge du département pour qu'il m'apporte le plan du nouveau bâtiment le plus vite possible. Nous l'avons déroulé sur mon bureau. Là, j'ai désigné le plus grand bureau en coin ; « Ce sera le mien », ai-je déclaré. Puis, m'arrêtant pour lui laisser le temps de prendre note de chaque affectation, j'ai parcouru les bureaux les plus petits : « Nous placerons le capitaine Ames ici, vous là, le sergent Ryan là, le lieutenant Hobson ici, le soldat Cooperman, le capitaine Marshall là, le sergent Mosely ici, le soldat Enowitch là, (et ainsi de suite jusqu'en bas du plan). Maintenant, je vous prie d'aller informer chacun de vos collègues du bureau que je lui ai attribué. »

On pouvait entendre les cris de désespoir à travers pratiquement toute l'île. Mais, le soir même, le moral commençait à remonter et, le lendemain, je pouvais le voir grimper. À la fin de la semaine, il était revenu au maximum de ce qu'il avait été. Ils n'ont pas cessé de m'appeler Scotty et mon style de direction a continué d'être relativement non autoritaire, mais moins délibérément. Et le moral est resté au beau fixe durant toute l'année qu'a duré mon service.

On peut considérer cette histoire comme une réussite. J'ai fini par reconnaître qu'il y avait un problème qu'il m'incombait de résoudre. J'ai fait ce qu'il fallait pour le diagnostiquer et réajuster mon attitude pour satisfaire aux besoins de l'entreprise. C'est l'exemple parfait de la manière dont un système peut être amélioré sur une simple intervention. Mais on peut aussi voir cette histoire comme un échec. Car en fait, le département – l'entreprise et les hommes qui la composent – a souffert pendant plus de six mois à cause de ma mauvaise gestion. Il était très clair que nous avions un problème significatif de moral au moins six mois avant que je prenne des mesures. Pourquoi ai-je mis si longtemps à réagir ?

Une des raisons était mon amour-propre. Je ne voulais tout simplement pas croire que quelque chose n'allait pas chez moi ou que mon travail pouvait ne pas être parfait. Et mes besoins venaient alimenter ma vanité : celui d'offrir au département un style de supervision non autoritaire, compatissant et simpliste, et celui de recevoir en retour l'affection et la gratitude constantes de mes subordonnés. Jusqu'au dernier jour, je n'ai jamais cessé de me demander si mes besoins correspondaient à ceux de l'entreprise. Il m'a presque fallu une révélation pour réaliser que mon job – mon rôle dans l'entreprise – n'avait pas spécialement pour objet de me rendre populaire.

Il ne m'était jamais venu à l'idée qu'il existait une autre manière que la meilleure de diriger une entreprise. À cette époque, je n'avais jamais entendu parler de la théorie de la contingence. Ma conscience du groupe était tellement limitée que je n'avais même pas remarqué que les membres de mon département étaient si jeunes et, en conséquence, je n'avais pas pensé que le département pouvait exiger un style de direction différent de celui dont peu avoir besoin un groupe plus mûr. Nous avons donc tous souffert sans nécessité, pendant des mois, à cause du manque de structure.

Les gens ne le comprennent pas en général, mais les structures peuvent être souples. Une grande partie du travail à la FEC consiste à enseigner à des entreprises, des grandes et des petites, comment « fonctionner en communauté ». Quand on travaille en commun, le groupe n'a pas une structure de commandement rigide ; l'autorité et la direction sont partagées, comme il se doit, pour maximiser la communication. Mais on ne pourrait pas faire ce travail si cela signifiait que les entreprises doivent abandonner l'ensemble de leur structure hiérarchique de commandement. On ne peut le faire que si une entreprise est capable de fonctionner sur un mode hiérarchique la plupart du temps, effectuant ses opérations quotidiennes, puis passe à un mode communautaire en réponse à certains problèmes (comme ceux de la diversité et du moral) et lorsqu'il lui faut prendre des décisions de groupe.

Comme je l'ai signalé dans *Le Chemin le moins fréquenté*, une des caractéristiques de la santé mentale individuelle est ce que j'appelle les « systèmes de réponse souple ». Ils sont également spécifiques de la santé des entreprises. Une entreprise qui dispose de deux modes d'opération aux commandes et peut utiliser l'un ou l'autre, selon les circonstances, va forcément aller mieux qu'une entreprise qui ne fonctionne que dans un sens.

LIMITES ET VULNÉRABILITÉ

Quand une structure de responsabilité et de répartition des rôles a été mise en place, alors on peut trouver les limites. Ces limites sont une épée à double tranchant. D'un côté, elles sont indispensables. Si le personnel du département des ventes se sentait autorisé à venir dans celui du marketing pour y expliquer comment lancer les produits sur le marché, ce serait le chaos. D'un autre côté, si les frontières de ces deux départements sont si rigides qu'il ne peut y avoir aucune communication entre eux, il en résultera une compétitivité inefficace et un immobilisme. La FEC est invitée dans les entreprises pour y bâtir une communauté ; une de ses tâches est d'assouplir les frontières entre départements devenues si rigides qu'elles empêchent la communication et l'interdépendance fonctionnelle.

Rares sont les dirigeants de grosses entreprises qu ont à intervenir au sujet de ces histoires de cloisonne- ment. En revanche, chaque être humain doit faire face à ce genre de problème dans son couple, dans sa famille nucléaire ou élargie, dans son réseau d'amitiés et dans son travail. Chacun de nous en tant qu'individu doit faire des choix quotidiens pour définir ses limites dans le cadre de n'importe quelle organisation.

Le plus facile de ces choix concerne probablement le degré de respect que l'on accorde aux limites des autres. Le fait d'être puni d'une manière ou d'une autre si l'on ne parvient pas à percevoir et à respecter ces limites, aide à prendre des décisions. Ces limites varient d'un individu à l'autre et d'une culture à l'autre. Les psycho- logues ont ainsi remarqué que la plupart des gens dans une culture donnée se sentent à l'aise pour communi- quer avec les autres à partir d'une distance physique spécifique. Aux États-Unis, elle est relativement grande ; il est rare que l'on s'adresse à une nouvelle connais- sance à moins d'un bon mètre de distance. En Inde, elle serait plutôt d'une trentaine de centimètres. Notre jar- gon psy actuel a choisi l'expression « respecter l'espace de l'autre » pour représenter la relation entre ce concept d'espace physique et les limites.

Évidemment, cette notion d'espace est bien plus com- plexe qu'une simple mesure. Ainsi, il y a une douzaine d'années, Lily prenait le ferry de l'île de Staten avec sa mère qui commençait à devenir sénile. Alors qu'elles étaient assises dans le bateau, sa mère a soudain remar- qué un cheveu blanc dans la chevelure brune de sa fille et, sans demander la permission, elle s'est penchée vers elle pour le lui arracher. Lily s'est sentie violée, natu- rellement. Ce n'était pas, bien sûr, le même degré de transgression qu'un viol sexuel, un vol ou un assassinat, mais l'incident montre bien que, de manière plus

nigne, on peut à chaque instant enfreindre les limites
ies autres, provoquant ainsi leur ressentiment.

Pourtant, les limites doivent être transgressées en
certaines occasions. Les décisions les plus difficiles que
l'on ait à prendre sont celles qui nous obligent à intervenir dans les affaires de nos enfants, de nos amis et,
en vieillissant, de nos parents. Comment savoir à quel
moment intervenir dans la vie d'un adolescent ou d'un
jeune adulte et comment évaluer son déroulement ? Ou
quand faut-il affronter un ami qui nous semble avoir
commis une erreur ? Et quand faut-il se mettre à insister pour que des parents vieillissants ne restent plus
seuls, alors qu'ils s'y refusent ? On ne sait pas. Il n'y a
pas de règle. Toutes ces décisions doivent être prises
dans « l'angoisse de ne pas savoir ». Nous sommes une
fois encore confrontés au paradoxe de la vie et au fait
d'être presque simultanément appelés à respecter les limites des autres et, à l'occasion, à interférer dans leurs
vies, même s'ils doivent nous en vouloir à mort.

Toutefois, selon mon expérience, il est un problème
plus important que celui d'apprendre à connaître les limites des autres et de savoir comment et quand il faut
les respecter, c'est le problème de choisir et de poser
nos propres limites. Quand je pratiquais encore la psychothérapie, il me semblait qu'au moins la moitié de
mes patients avaient ce que j'ai fini par appeler des problèmes de pont-levis. Tôt ou tard, je leur disais : « Nous
vivons tous dans un château. Autour du château il y a
des douves et par-dessus il y a un pont-levis, que nous
pouvons baisser ou lever, selon notre bon vouloir. » Le
problème était que le pont-levis de mes patients ne
fonctionnait pas très bien. Soit il restait baissé tout le
temps, si bien que pratiquement tout le monde pouvait
entrer dans leur espace personnel, y traîner et rester
aussi longtemps qu'il le souhaitait, y faisant autant de
dommages qu'il voulait – ou, au contraire, leur pont-

levis était levé en permanence et rien ni personne n[...] pouvait alors pénétrer dans leur solitude. Aucun des deux cas n'est bénin.

Ces patients manquaient de liberté et de systèmes de réponse souples qui sont une des principales caractéristiques de la santé mentale. Par exemple, dans *Le Chemin le moins fréquenté*, je citais le cas d'une femme qui couchait avec tous les hommes qu'elle fréquentait ; au bout d'un moment, elle s'est sentie si avilie qu'elle a complètement cessé de sortir avec eux. Ce fut une véritable révélation pour elle d'apprendre qu'il y a des hommes que l'on ne veut pas voir passer le seuil de sa porte, certains que l'on veut bien laisser entrer dans son salon mais pas dans sa chambre et d'autres que l'on accepte dans sa chambre. Elle n'avait jamais imaginé qu'il pouvait y avoir – qu'il était nécessaire qu'il y ait – au moins trois diverses manières de répondre à des hommes différents dans des situations données. Elle n'avait pas saisi non plus qu'elle avait le pouvoir de faire ce genre de choix, de tirer un trait pour définir et protéger ses frontières.

C'est à nous de décider quand lever ou baisser notre pont-levis. Mais ce choix implique une autre question. Si nous laissons le pont-levis baissé, les gens et les problèmes peuvent entrer dans notre vie et nous faire du mal, affectivement surtout. La solution que beaucoup apportent à cette alternative est de garder leur pont-levis physiquement ouvert, mais leur pont affectif solidement verrouillé. Comme si un homme d'affaires adoptait une politique de « porte ouverte » mais qu'aucune des personnes qui ouvraient cette porte ne puisse l'affecter. Un de nos problèmes latents dans la vie est de savoir constamment choisir le degré auquel nous nous permettons d'être émotionnellement affectés par les problèmes et par les gens. C'est le dilemme de la vulnérabilité.

Le mot « vulnérabilité » signifie la capacité d'être blessé. Quand on choisit le degré de vulnérabilité qu'on va tolérer en tant qu'être humain, il est important de faire la distinction entre blessé au sens d'avoir mal, et blessé à celui d'être abîmé. Pour faire la différence, au cours de mes conférences, je demandais s'il y avait quelqu'un dans l'assistance qui accepterait de faire une expérience douloureuse sans savoir laquelle. Heureusement, il y avait toujours une bonne âme pour se présenter. Je la priais de bien vouloir grimper sur la scène et, là, je lui pinçais le bras assez fort. Puis, je me reculais et lui demandais : « Est-ce que ça fait mal ? » Le volontaire répondait vigoureusement que oui. Alors j'ajoutais : « Est-ce que ça vous a abîmé ? » En général, il reconnaissait – parfois à reculons – que, bien qu'il ait souffert, il n'avait pas subi de détérioration permanente.

Pratiquement, quelles que soient les circonstances, il est assez stupide de se mettre dans une situation susceptible de vous occasionner des dommages permanents. Mais il est plutôt malin de s'ouvrir – dans certaines limites – à des situations qui pourraient éventuellement provoquer une douleur affective, comme prendre le risque de commencer une relation qui pourrait mener à un engagement. Là encore, il faut faire la différence entre l'égoïsme intelligent et l'égoïsme idiot. Ce dernier tente d'éviter toute souffrance émotionnelle, existentielle, alors que l'égoïsme malin fait la distinction entre la souffrance névrosée, inutile et improductive, et celle qui est inhérente à la vie et permet d'apprendre.

C'est pourquoi il est nécessaire pour notre santé et notre apprentissage émotionnel de garder la capacité de choisir d'être une personne vulnérable. C'est également utile pour obtenir une communication positive et un comportement organisationnel.

Que se passe-t-il quand une personne ose dire à une autre : « Je suis perturbée, je ne sais plus où je vais ; je me sens seule et perdue ; je suis fatiguée et effrayée. Pouvez-vous m'aider ? » L'effet d'une telle vulnérabilité est presque toujours désarmant. « Je suis seul et fatigué aussi », risque de répondre l'autre en lui ouvrant les bras.

Que se passe-t-il au contraire, si on essaie de préserver l'image « macho » de celui qui a tout, qui est le meilleur, quand on s'entoure de défenses psychologiques ? On devient inabordable, les voisins restent sur la défensive et les relations deviennent sans intérêt et guère plus productives que deux bidons d'eau se heurtant l'un contre l'autre dans la nuit.

Je ne conseille à personne d'être totalement vulnérable tout le temps. Pourtant, si vous choisissez d'être une présence réparatrice en ce monde, il sera nécessaire, tout au long de votre vie, d'accepter la possibilité d'être blessé, au moins à un certain degré. Un livre, célèbre à bon droit, d'Henri Nouwen est intitulé *The Wounded Healer*[1]. Son message, tel que le suggère son titre, est que, si l'on veut être un guérisseur efficace, on doit consentir, dans certaines limites, à être continuellement blessé – on ne peut guérir ou être guéri sans cela.

Mais je le répète, il doit y avoir des limites. Un homme nommé John Kiley m'a un jour appris une expression genre bouddhiste zen : « pleurer d'un œil ». Pleurer d'un œil ne signifie pas que la souffrance de la vulnérabilité doive être tiède, mais simplement que l'on ne doit pas en être altéré. L'expression montre bien la différence entre empathie et compassion. L'empathie, la capacité à ressentir et jusqu'à un certain point à se charger de la douleur de l'autre, est toujours une

---

1. Henri Nouwen, *The Wounded Healer*, Image Books, 1979.

ualité. La compassion, elle, est plus symbiotique, c'est une totale identification à l'autre. Je ne dis pas que toute compassion soit mauvaise, mais, si l'on se complaît dans la dépression de l'autre à un point tel que l'on y sombre soi-même, on a pris sur ses épaules un fardeau inutile et on s'est rendu, en outre, soi-même inapte à aider cet autre.

Cette distinction est évidemment primordiale pour les psychothérapeutes. La qualité la plus importante qu'un psychothérapeute puisse posséder, c'est la capacité à être simultanément concerné et détaché. C'est ce que signifie pleurer d'un œil. Mais ce n'est pas une qualité uniquement réservée aux psychothérapeutes. Elle doit être cultivée par tous ceux qui souhaitent être une présence réparatrice dans ce monde.

POUVOIR

Dans *Le Chemin le moins fréquenté*, j'ai fait la distinction entre spiritualité et pouvoir politique. Le pouvoir politique est essentiellement la capacité d'influencer les autres ou de les forcer à faire ce que l'on veut qu'ils fassent. C'est un mode de fonctionnement de la structure des entreprises. Le pouvoir politique ne réside pas dans la personne elle-même, mais plutôt dans la position qu'elle occupe dans une hiérarchie ou dans l'argent qu'elle possède, deux « qualités » lui permettant de créer des entreprises qui lui obéissent. Le pouvoir politique est toujours « temporaire ». On peut le posséder pendant un temps, mais en fin de compte il nous sera toujours arraché, soit par remplacement ou mise à la retraite d'office, soit par l'âge, soit enfin par la mort, qu'elle soit naturelle ou provoquée.

Le pouvoir spirituel, lui, n'a guère de rapport avec l'organisation ou la structure. Il ne réside ni dans la position ni dans la fortune, mais dans l'être. C'est la capacité d'influencer les autres, souvent par l'exemple, simplement en vertu du genre de personne que l'on est. Les politiquement puissants ne possèdent souvent pas grand-chose en termes de pouvoir spirituel. Inversement, les puissants spirituellement se trouvent aussi bien parmi les pauvres que parmi les marginaux.

Je ne veux pas dire qu'il n'existe pas de lien entre pouvoir politique et pouvoir spirituel. Les cadres supérieurs sont confrontés exactement aux mêmes tentations que Jésus dans le désert. Mais, à la différence de Jésus, ils risquent d'être collés à l'examen. Ils sont le reflet de la célèbre maxime de Lord Acton : « Le pouvoir corrompt, le pouvoir absolu corrompt absolument. » Bien que ce soit vrai en général, j'ai eu la chance de connaître un certain nombre de dirigeants puissants qui n'étaient pas corrompus ; ils étaient même exceptionnellement introspectifs, doués d'une perspicacité et d'un intérêt extraordinaires pour les autres. Et ils souffraient beaucoup dans leur travail. Mais, bien sûr, ils ne pleuraient que d'un œil pour préserver leur faculté de vulnérabilité.

Aucune expérience ne fut plus pénible dans ma vie que lorsque la FEC a été frappée par la crise économique et, en 1991, après deux ans de déficit, a dû déposer son bilan. En tant que cadre de cette entreprise, j'ai participé à la douloureuse décision de licencier des gens très compétents. Ce genre d'épreuve est une des raisons pour lesquelles la plupart des cadres s'endurcissent et perdent leur disposition à la vulnérabilité. Les vrais grands leaders sont les rares personnes qui puissent la conserver. Et je le répète, comme je l'ai écrit dans *Le Chemin le moins fréquenté*, « la meilleure mesure de la grandeur d'une personne est probablement sa capacité à souffrir ».

Il est facile de surévaluer le pouvoir politique des dirigeants. Les cadres très supérieurs ont souvent les mains liées. Mais pas à cause du chevauchement du pouvoir politique sur le spirituel. Le plus grand pouvoir dont dispose un cadre supérieur est son aptitude à déterminer l'esprit de l'entreprise. S'il est lui-même mesquin ou méchant, la mesquinerie ou la méchanceté vont envahir toute l'entreprise. Cela m'a frappé quand je travaillais pour le gouvernement fédéral à Washington de 1970 à 1972, sous le gouvernement Nixon. La mentalité « coups tordus » régnait pratiquement partout. À l'inverse, dans les cas, hélas rares, où un cadre supérieur est une personne profondément honnête, on va probablement trouver une entreprise exceptionnellement honnête.

Si le pouvoir politique n'est, en général, accessible qu'à un nombre restreint de gens, le pouvoir spirituel, lui, est accessible à la majorité. Bien que la spiritualité soit un cadeau du ciel qui commence par la création de l'âme individuelle, les gens peuvent décider de négliger ou de cultiver cette dernière. Quand on fait le choix de la conscience, du savoir, de la croissance, c'est qu'on a aussi choisi le chemin du pouvoir spirituel qui réside dans l'être et non dans la position.

À travers les siècles, en considérant la dichotomie entre l'être et le faire, les théologiens ont invariablement fini par choisir l'être. En d'autres termes, qui on est – quelle sorte de personne – est beaucoup plus important que ce que l'on fait. C'est difficile à concevoir dans notre culture orientée vers l'action. Je ne peux vous dire le nombre de fois que je suis allé voir Lily à la fin d'une journée consacrée à la pratique de la psychiatrie et que je lui ai dit : « J'ai vraiment fait quelque chose de super aujourd'hui avec Tom. J'ai fait une intervention brillante. C'était une belle manœuvre. » Le problème c'est que, à la séance suivante, Tom se comportait comme si rien ne s'était passé. Après un mo ment, je lui demandais ce qu'il pensait de la séance précédente. « Quoi dans la séance ? » me rétorquait-il. Je lui rappelais alors les choses brillantes que j'avais faites ou dites ; Tom se grattait la tête et disait : « Je me souviens vaguement de quelque chose à ce sujet. »

Ou parfois, Tom pouvait venir à sa séance et s'exclamer : « Bon Dieu, docteur Peck, ce que vous m'avez dit la dernière fois a vraiment changé ma vie. » C'était mon tour alors de me gratter la tête et de me demander ce que j'avais bien pu dire de si important. Tom me répondait alors : « Vous ne vous souvenez pas, à la fin de notre dernière séance, au moment où je quittais le bureau, vous avez dit ça et ça ? Merci. Merci. » Qu'avais-je dit qui pouvait être si merveilleux ? Ce n'était pas quelque chose que j'avais *fait* mais plutôt quelque chose qui s'était « échappé » de mon être.

En tant que psychothérapeute, j'étais très intéressé par les guérisons miraculeuses (bien que le scientifique en moi aurait aimé disposer de quelques études sur le sujet). Elles ne sont pas la norme dans l'exercice de la psychiatrie. En fait, dans toute ma carrière, je n'ai pratiqué qu'une seule cure éclair qui a eu lieu dans le contexte d'une communauté. C'était au cours d'un atelier de cinq jours sur la construction d'une communauté réunissant près de quatre cents personnes dans un joli centre de retraite en Caroline du Nord. À la fin du troisième jour, le groupe tout entier avait « atteint » la communauté, mais il restait quelques traînards qui en étaient encore éloignés et le resteraient probablement. Le matin du quatrième jour, j'étais allé chercher deux tasses de café dans la salle à manger et les emportais dans ma chambre pour ma période de prière solitaire, quand j'ai aperçu une femme assise sur le parapet, une serviette sur la tête, l'air complètement

217

ccablé. Je me suis arrêté, par curiosité plus que pour n'en mêler.

« Mon Dieu, ça n'a pas l'air d'aller, lui lançai-je, qu'est-ce qui se passe ? »

Elle serra la serviette autour de sa tête et murmura d'une voix douloureuse :

« J'ai la migraine.

— Je suis désolé, j'espère que ça ira... », lui répondis-je, et j'ai continué mon chemin.

Comme je m'en allais, je l'ai entendue dire :

« Je suis en colère ! Dieu que je suis en colère ! »

Je me suis arrêté de nouveau, pas pour essayer de l'aider mais, encore, par curiosité.

« Pourquoi êtes-vous si en colère ?

— Je ne supporte pas ces damnés charismatiques à la noix, me répondit-elle, vous savez ceux qui lèvent les bras pendant les chants et se mettent à agiter leurs mains. Ils font semblant d'être pieux et n'en croient pas un mot.

— Il est probablement vrai que beaucoup font semblant, lui rétorquai-je, mais peut-être que certains essaient seulement de s'amuser. »

La femme me regarda soudain avec les yeux écarquillés :

« Oh, mon Dieu ! je ne me suis jamais amusée ! lâcha-t-elle.

— J'espère qu'un jour ça vous arrivera », lui déclarai-je avant de partir vers ma prière, mes tasses à la main.

À la fin de la journée, on vint me raconter que cette femme n'avait plus la migraine. Elle avait rejoint le groupe et passé tout l'après-midi à raconter aux autres membres : « Le docteur Peck m'a guérie. Je ne me suis jamais amusée. Le docteur Peck m'a guérie. »

Ce fut ma première et dernière cure « éclair ». Il me semble que ce n'est pas par hasard si c'est arrivé à un moment où je n'essayais même pas de la soigner.

Les meilleurs psychothérapeutes finissent par apprendre, s'ils s'y attellent suffisamment longtemps, à cesser d'*essayer* de guérir leurs patients. Le but qu'ils doivent se fixer de manière réaliste, c'est de construire la meilleure relation – ou communauté – possible avec leurs patients ; la guérison viendra naturellement, à l'intérieur de cette relation, sans qu'ils aient besoin de rien « faire ». Je pense que le pouvoir de guérir, un pouvoir spirituel, vient de Dieu. C'est un cadeau. Et je pense que le but de Dieu est qu'il soit utilisé de manière à être redistribué au bout du compte. En d'autres termes, la meilleure raison de posséder quelque pouvoir que ce soit – spirituel ou temporel – est de s'en servir de manière à habiliter les autres.

CULTURE

La culture peut se définir comme le système d'interaction des normes et valeurs, implicites et explicites, dans une entreprise. Chaque entreprise, même le couple, possède sa propre culture. On parle de culture familiale. On a beaucoup écrit sur le sujet de la culture dans les affaires. Bien sûr, chaque entreprise a sa propre culture, et même ceux qui ne sont pas habitués à penser en termes de systèmes savent que la culture américaine est différente de la culture française, qui est elle-même différente de la japonaise, et ainsi de suite.

L'un des livres les plus importants de ce siècle est celui de Ruth Benedict, *Patterns of Culture*[1], dans lequel elle décrit en détail trois cultures « primitives » extrêmement différentes. Dans l'une d'elles les rôles des sexes sont complètement inversés par rapport à ceux

---

1. Ruth Benedict, *Patterns of Culture*, Houghton Mifflin, 1989.

que l'on connaît. Les hommes s'y occupent de la maison et des enfants, alors que les femmes sont responsables des affaires et des décisions politiques importantes. À l'inverse, une des cultures que Benedict a étudiées est encore plus patriarcale que celle des États-Unis du XVIIIe et du XIXe siècle.

Le message de ce livre magistral est qu'aucune culture n'est meilleure que les autres. Et alors qu'un membre de l'une d'entre elles serait très dépaysé s'il devait s'adapter à une autre, chacune des trois fonctionnait apparemment très bien. Le livre de Benedict a mis en avant le concept de relativisme culturel, dont le principe sous-jacent est que ce qui est considéré comme positif dans une culture peut très bien être considéré comme négatif dans une autre. Autrement dit, l'éthique est totalement relative à la culture. Un peu comme pour l'éthique contextuelle, le relativisme culturel implique qu'on ne puisse juger aucune culture autrement que de l'intérieur.

Le concept de relativisme culturel a fait énormément pour nous ouvrir l'esprit – des esprits dont beaucoup avaient besoin qu'ils s'ouvrent. Je me souviens très clairement, par exemple, qu'à dix-neuf ans je débarquais avec un groupe d'Américains d'un yacht de croisière qui s'était mis à quai à Naples. À onze heures ce soir-là, notre groupe déambulait face à la jolie baie de Naples, ainsi qu'une foule de Napolitains de tous âges. Ce n'étaient pas les adultes qui attiraient l'attention de mes compatriotes, mais tous les enfants dont l'âge était compris entre deux et douze ans. « Ils devraient être couchés ! s'exclamaient-ils. Quelle sorte de gens sont donc ces Italiens qui laissent leurs enfants debout à onze heures du soir ? C'est une très mauvaise façon de s'occuper de ses enfants. »

Ce que mes compatriotes ne savaient pas, c'est que la sieste était une partie incontournable de la culture italienne, du moins à l'époque, c'est-à-dire il y a plus de quarante ans. Tous, adultes et enfants, dormaient entre trois et cinq heures de l'après-midi. Les magasins fermaient, puis ouvraient à nouveau vers cinq ou six heures, et les gens ne dînaient que vers vingt heures. Les enfants n'étaient pas debout « trop tard » et n'étaient aucunement mal élevés. Si mes compatriotes avaient mieux connu le concept du relativisme culturel, ils n'auraient pas manifesté cette arrogance donneuse de leçons que l'on reproche à tant de touristes américains à travers le monde.

Toutefois, il arrive qu'il soit inapproprié de ne pas porter de jugement. En 1969, avec Lily, nous sommes allés en Inde. Les Américains qui visitent l'Inde peuvent se ranger en deux catégories. La première revient en délirant sur la beauté de l'Inde, la seconde, horrifiée par l'expérience. Nous faisions partie de cette catégorie. Nous avons été épouvantés non seulement par la misère et la saleté, mais aussi par l'incroyable inefficacité. Pendant onze jours, nous avons régulièrement vu des choses faites de travers qui auraient pu tout aussi facilement être faites correctement. Pour la première fois de notre vie, nous avons pensé que, bien que la tolérance soit une vertu, il peut y avoir un excès de tolérance. L'Inde semblait souffrir du vice de la tolérance. Nous avons vu des gens tolérer sans se plaindre la plus intolérable inefficacité.

C'est resté un mystère pour nous jusqu'à notre avant-dernière journée, lors du petit déjeuner. Un serveur a renversé un pot de crème par terre mais, au lieu de nettoyer ce qu'il avait fait, il a disparu. D'autres serveurs, des maîtres d'hôtel, puis des managers sont venus contempler à tour de rôle la flaque de crème et ont marché dessus, laissant des traces de pas d'un bout à l'autre de la salle à manger. Nous avions sous les yeux un exemple de la genèse de la crasse en Inde. Mais quelle en était l'explication ? À ce moment, nous avons finalement compris : ce n'était pas le travail des serveurs ni de toutes les autres personnes présentes de nettoyer la crème sur le sol. C'était le travail d'une femme de ménage de basse caste qui était absente ce jour-là. Cet incident nous a fait réfléchir, et nous avons vu que toute l'inefficacité dont nous avions été les témoins était une conséquence du système de castes. Celui-ci, quoique interdit, était si profondément enraciné dans la culture indienne qu'il continuait à régir le moindre aspect de la vie des gens. Le relativisme culturel dirait qu'il n'y a rien d'intrinsèquement mauvais dans le système de castes. Je ne suis pas d'accord. Selon moi, il s'agit d'un profond défaut de la culture indienne, non seulement à cause de son incivilité intrinsèque mais aussi à cause de son incroyable inefficacité et de son influence délétère sur toute la société.

Même si la culture américaine a bien évidemment des défauts, ils n'ont peut-être pas l'ampleur de ceux du système de castes. Je pourrais citer une douzaine de défauts graves de notre culture ; pour moi, le principal problème des États-Unis à l'heure actuelle ce ne sont pas les défauts de sa culture, mais le fait que sa culture soit en train de tomber en morceaux. Depuis le début des années 1960, toutes nos principales normes culturelles ont été gravement remises en cause. Je pense que cela était justifié. Mais nous nous sommes retrouvés dans une position où nombre de nos concitoyens sont de moins en moins sûrs de la manière dont ils doivent se conduire. Nous avons jeté bas beaucoup de nos vieilles normes culturelles rigides, et le processus n'est pas encore terminé. La grande question est à présent de savoir si nous parviendrons à en élaborer de nouvelles, plus adaptées. Je ne connais pas la réponse à cette question. Le futur de notre société me semble de plus en plus sombre.

En général, les normes sont établies ou réétablies, défendues ou supprimées par ceux qui détiennent le pouvoir dans les organisations, qu'il s'agisse de familles ou d'entreprises. Plus haut, j'ai fait remarquer que l'un des plus grands pouvoirs dont disposent les dirigeants d'entreprise est d'insuffler leur esprit aux organisations dont ils ont la charge. L'autre grand pouvoir qu'ils possèdent est analogue. C'est celui de créer la culture de l'organisation. Il n'est pas facile pour un nouveau dirigeant de changer la culture d'une entreprise mais, dans la mesure où il est possible de le faire, le changement commence toujours par la tête. Personne n'est plus responsable de la culture d'une organisation que ceux qui occupent les principaux postes d'autorité.

Souvent, non seulement les dirigeants d'entreprise mais aussi les chefs de famille abdiquent cette responsabilité. En ce temps de remise en cause de notre culture, de plus en plus de parents ne savent plus précisément comment se comporter en tant que parents. On a souvent l'impression qu'ils se tournent vers leurs enfants pour fonder la culture familiale, comme s'ils hésitaient à exercer l'autorité nécessaire pour poser des valeurs et des normes familiales claires et précises. Les parents ne doivent pas être des despotes, mais les enfants ne doivent pas non plus être responsables de la genèse de la culture familiale. Si on leur donne cette responsabilité, ils deviennent à la fois confus et tyranniques. Le pouvoir de créer l'esprit d'une organisation est plus que semblable au pouvoir de créer sa culture. Ils sont inséparables : au bout du compte, c'est dans la culture d'une organisation que s'incarne son esprit.

DYSFONCTIONNEMENT ET INCIVILITÉ

Il est devenu courant d'appliquer le terme « dysfonctionnel » aux organisations, qu'il s'agisse d'entreprises ou de familles. En fait, cela est devenu tellement ourant que, comme « communauté » et « civilité », le mot perd progressivement tout contenu. À l'époque où je donnais encore des conférences, il m'arrivait de poser la question suivante à mon auditoire : « Y a-t-il quelqu'un ici qui n'ait pas grandi au sein d'une famille dysfonctionnelle ? » En général, personne ne levait la main. Toutes les organisations, quelles qu'elles soient, sont dysfonctionnelles. Mais certaines le sont plus que d'autres.

Il y a plusieurs années, on m'a demandé de faire l'audit d'un service important d'une agence gouvernementale, car de toute évidence il était dysfonctionnel. Ce service avait toutes sortes de problèmes, mais le principal sautait aux yeux dès que l'on se penchait sur son organigramme. Le chef de service (un homme que j'appellerai Peter) était un haut fonctionnaire. Je fus surpris de constater que deux de ses subordonnés étaient des politiciens. Pendant les années où j'ai travaillé pour le gouvernement, je n'avais jamais vu de politiciens placés sous l'autorité d'un haut fonctionnaire. Les politiciens occupaient toujours des positions dominantes. Peter et ses deux adjoints ont essayé de m'expliquer que cela n'avait rien d'exceptionnel et ne posait aucun problème. Mais un certain nombre de choses ne tournaient pas du tout rond et j'ai fini par trouver un autre haut fonctionnaire qui accepta d'en discuter avec moi en toute franchise. « Bien sûr, me dit-il, Peter a été mis sous surveillance. » Apparemment, les politiciens qui dirigeaient l'organisme gouvernemental se méfiaient tellement de Peter qu'ils avaient introduit deux de leurs fidèles au sein de son service pour l'espionner et miner son autorité.

Je ne voyais vraiment pas pourquoi on se méfiait tant de Peter. Il me semblait très sérieux et compétent. En fait, j'ai découvert que son service avait une culture de la méfiance si profondément enracinée qu'on aurait pu la qualifier de paranoïaque. Puisque cette culture venait d'en haut, d'échelons supérieurs politiques auxquels je n'avais pas accès, on négligea toutes mes recommandations, et, après mon départ, le service continua à être aussi dysfonctionnel qu'avant.

« Dysfonctionnel » et « culture paranoïaque » sont des termes abstraits. Ce qui l'était moins, c'est le fait qu'un haut fonctionnaire très compétent voyait son action entravée et que deux autres personnages de haut rang perdaient leur temps à l'espionner. L'argent des contribuables était jeté par la fenêtre. Mais, pis encore, le moral du millier de personnes dépendant de ce service était désastreux et son efficacité lamentable. Le coût pour le contribuable s'élevait à des millions de dollars. Quant à ce qu'il représentait pour l'ensemble de l'organisme gouvernemental, Dieu seul le sait.

La morale de cette histoire est double. Comme je l'ai déjà dit, la meilleure utilisation du pouvoir est de le déléguer ; dans ce cas, non seulement ceux qui l'exerçaient au plus haut niveau ne le déléguaient pas, mais ils court-circuitaient celui des autres. La première morale de l'histoire est que ce manque de civilité est dispendieux, on peut même dire que c'est un gâchis coûteux. L'autre morale est qu'il est très difficile de changer une culture, aussi dysfonctionnelle soit-elle. Nous avons vu qu'un des principes de la théorie des systèmes est que, dès que vous changez l'une des parties du système, toutes les autres doivent suivre. Nous pouvons à présent déduire un autre principe : les systèmes résistent au changement de manière intrinsèque. Le fait est que la plupart des organisations, en dépit de leur caractère manifestement dysfonctionnel et de leur coût, préfèrent demeurer dysfonctionnelles plutôt que d'évoluer vers une plus grande civilité. Pourquoi ? Réfléchissez à la complexité de la définition de la civilité, à savoir « un comportement organisationnel consciemment motivé qui est éthique dans la soumission à un pouvoir supérieur ». Ce n'est pas une vertu naturelle. Il faut de la conscience et de l'action pour la développer. L'incivilité nous est plus naturelle en tant qu'êtres humains – parce que nous sommes paresseux, il nous est plus facile d'être incivils.

Cela peut paraître pessimiste mais, en fait, il reste de quoi être optimiste. On peut le déduire de mon affirmation selon laquelle toutes les organisations sont dysfonctionnelles. Ce que cela veut dire pour vous en tant que chef de famille ou d'entreprise, c'est que vous ne pouvez l'être de manière parfaite. Les choses ne sont jamais nettes et sans bavures. Mais l'échec ordinaire ne doit pas vous tracasser outre mesure. Il fait partie de la complexité de la tâche de parent ou de dirigeant. Je dirais même que, si vous recherchez la perfection, les choses peuvent être encore pires. Vous avez le droit de vous sentir satisfait de vous débrouiller normalement dans ce bas monde. Vous n'êtes pas parfait : vous faites de votre mieux. Être aussi civil que possible dans ces rôles complexes et exigeants requiert un égoïsme intelligent – et aussi un effort psychospirituel constant. Pourquoi donc se donner tant de mal, puisque l'incivilité nous vient plus facilement que la civilité ? Comme je l'ai suggéré dans *Ainsi pourrait être le monde*, la réponse à cette question est que, même si l'incivilité est plus facile, la fondation d'une organisation ou d'une culture relativement civile est, à long terme, plus efficace en termes de coûts. C'est aussi la voie vers la création de quelque chose de plus sain et de plus vivant.

6

Les choix de société

Dans la mesure où nous jouons des rôles très variés et devons faire face à de multiples tâches, responsabilités et défis dans notre vie familiale, professionnelle et autres, les choix qui s'offrent à nous sont très nombreux. Nos vies deviennent encore plus complexes lorsque nous regardons au-delà du cercle familial et des groupes particuliers auxquels nous appartenons ou avec lesquels nous sommes en rapport de manière régulière. Que nous soyons enfants, chefs de famille, étudiants ou employés, nous faisons aussi partie d'une organisation encore plus vaste que nous appelons la société. Nous coexistons en tant que collectivité d'êtres humains par-delà les frontières des villages et des villes, des comtés et des États, des régions et des nations. Nous sommes tous, inévitablement, citoyens du monde. Et, en tant que membres de l'ordre social, nous devons décider de ce que la citoyenneté veut dire.

Un de mes vieux amis psychiatres, un des tout premiers lecteurs du *Chemin le moins fréquenté*, m'a dit ce qui suit à propos du livre : « Il m'a appris que l'on n'a rien pour rien. » Dans un certain sens, il avait raison. Le soutien et le réconfort que nous apporte la société ne sont pas gratuits. Un certain degré de responsabilité, outre le simple fait de payer ses impôts, accompagne les bénéfices de la citoyenneté. Mais la question de savoir si nous voulons être de bons citoyens ou non est une autre affaire. Il nous faut choisir la manière de nous y prendre pour être les meilleurs citoyens possible, si on en a l'énergie et la volonté, évidemment. On peut toujours se désintéresser de la question, éviter toute responsabilité, se moquer de tout et en particulier du bien-être de la société. Comme tous les choix que nous effectuons au cours de notre vie, chaque option comporte ses propres conséquences.

Si l'on examine de plus près les complexités de la citoyenneté en considérant la société de manière réaliste, on est inévitablement confronté à un certain nombre de paradoxes. Si vous étudiez les multiples dimensions d'une situation et s'il ne manque aucun élément de la réalité au tableau, alors vous êtes probablement en train de contempler un paradoxe. Autrement dit, presque toute vérité est paradoxale et cela n'est nulle part plus manifeste que lorsqu'il s'agit de réfléchir à notre intervention dans la société.

LE PARADOXE DU BIEN ET DU MAL

Dans l'une de ses épîtres, saint Paul dit que la société humaine est régie par des « principautés et des pouvoirs » – son expression pour signifier « le démoniaque ». Que nous interprétions le démoniaque comme une force extérieure ou simplement comme notre nature humaine et « péché originel », il y a quelque chose de foncièrement vrai dans l'idée que le diable gouverne le monde. Comme le montrent les guerres, les génocides, la pauvreté, la famine, les inégalités criantes dans la répartition des richesses, le racisme et le sexisme, le désespoir, la toxicomanie, la délinquance en col blanc dans nos institutions, le crime dans nos rues et la maltraitance des enfants et des femmes dans nos maisons, on peut estimer que le mal est à l'ordre du jour.

Du moins, c'est l'impression que l'on a la plupart du temps, car les forces du mal sont réelles et variées. Certains religieux prétendent que les facteurs perpétuant le mal trouvent leur origine dans le péché. Les explications psychologiques soulignent le plus souvent l'absence de conscience individuelle et collective. Bien des commentateurs voient dans le chaos de notre culture, avec l'effondrement des valeurs familiales et l'accent mis sur le matérialisme et le confort à tout prix, le principal déterminant du mal. On reproche souvent aux médias leur mauvaise influence. Jetons un œil sur chacun de ces facteurs pour faire ressortir la réalité paradoxale du bien et du mal qui a un impact important sur nos choix de société.

Originellement, le mot « Satan » veut dire adversaire. Dans la théologie chrétienne, Satan est aussi appelé le diable. Lorsque nous jouons le rôle de l'adversaire, nous sommes précisément « l'avocat du diable ». Mythologiquement, Satan ou le diable est un ange déchu qui fut expulsé du ciel pour désobéissance et orgueil ; il est devenu l'incarnation du mal et l'adversaire de l'homme. Une certaine dose d'antagonisme est bonne pour notre réflexion et notre développement. Mais l'excès en la matière peut receler un soupçon de perfidie. Toute attitude antagoniste qui est systématiquement contraire au développement de l'homme – et directement opposée au divin – contient les ingrédients de base pour la perpétuation du mal.

Parmi ces ingrédients, il y a la nature humaine elle-même. Je ne sais pas précisément quel rôle le diable joue en ce bas monde, mais comme je l'ai dit assez clairement dans *Les gens du mensonge*, étant donné la dynamique du péché originel, la plupart des gens n'ont pas besoin du diable pour faire le mal. Ils sont parfaitement capables de se débrouiller tout seuls. Dans *Le Chemin le moins fréquenté*, j'ai suggéré que la paresse est peut-être l'essence de ce que les théologiens appellent le péché originel – par paresse, je ne veux pas tant dire la léthargie physique que l'inertie mentale, morale ou spirituelle. Le péché originel englobe aussi notre tendance au narcissisme, à la peur et à l'orgueil. Combinées, ces faiblesses humaines ne contribuent pas seulement au mal mais empêchent les gens de reconnaître leur part d'ombre. Déconnectés de leurs propres péchés, ceux qui n'ont pas l'humilité leur permettant de voir leurs faiblesses, sont les plus à même de contribuer au mal, volontairement ou involontairement. Ce sont ces individus ou ces groupes sans conscience et dépourvus d'intégrité qui sont en général à l'origine des guerres. J'ai parlé de ceci dans *Les gens du mensonge*, me servant du massacre de My Lai comme étude de cas. J'y montrais comment le mal, à un niveau institutionnel et de groupe, apparaît lorsqu'il y a fragmentation de la conscience.

Dans *Plus loin sur le chemin le moins fréquenté* et *Different Drum*, j'ai parlé du fléau de la compartimentation. Je racontais l'époque, vers 1970, où je travaillais à Washington et déambulais dans les couloirs du Pentagone, parlant de la guerre du Vietnam à qui voulait m'entendre. On me répondait : « Docteur Peck, nous comprenons votre inquiétude. Oui, vraiment, nous vous comprenons. Mais, voyez-vous, ici nous nous occupons seulement des approvisionnements, et notre seule responsabilité est de faire en sorte que le napalm soit fabriqué et expédié au Vietnam à temps. Nous n'avons absolument rien à voir avec la guerre. La guerre est la responsabilité du département politique. C'est eux que vous devriez voir. »

J'ai donc rendu visite aux gens du département politique et ils m'ont dit : « Eh bien, voyez-vous, docteur Peck, nous comprenons votre inquiétude. Si, si, vraiment. Mais ici, au département politique, nous ne sommes pas réellement responsables de la politique que nous menons. Nous ne faisons qu'exécuter les décisions politiques, nous ne les prenons pas. C'est la Maison-Blanche qui s'en occupe. » On aurait dit que personne au Pentagone n'avait rien à voir avec la conduite de la guerre du Vietnam.

On trouve ce même type de cloisonnement dans toute organisation d'une certaine taille, dans les affaires, dans l'administration, dans les hôpitaux et les universités, dans les églises. Lorsqu'une quelconque institution se développe et se compartimente, sa conscience devient le plus souvent si fragmentée et si diluée qu'elle disparaît virtuellement ; l'organisation a alors le potentiel de devenir intrinsèquement mauvaise.

Le mot « diabolique » vient du grec *diaballein*, ce qui veut dire séparer, fragmenter ou compartimenter. Parmi les aspects les plus diaboliques de la fragmentation de notre conscience collective, on trouve des choses si ordinaires qu'elles ont été institutionnalisées, comme le racisme, le sexisme, le jeunisme et l'homophobie. Là où elles règnent, les mécanismes de l'oppression et de la déshumanisation sont à pied d'œuvre. Lorsque certains groupes humains sont considérés comme inférieurs, non pertinents, ou sont traités avec dérision, des conséquences dramatiques pour la société dans son ensemble sont inéluctables.

Pour combattre le mal social institutionnalisé, nous devons nous rappeler que ce qui nous semble bon doit l'être pour la majorité des gens, la plupart du temps, et pas simplement « bon pour nous ». Cette variante de ce que l'on appelle la « règle d'or » signifie que, lorsque nous nous conduisons d'une certaine manière mais

jugeons les autres durement pour le même comportement ou quelque chose de moins grave, nous sommes
en danger. Par exemple, selon les statistiques officielles,
aux États-Unis, les habitants des ghettos sont globalement condamnés à des peines de prison plus lourdes que
d'autres pour des crimes relativement mineurs, comme
le fait d'être en possession de petites quantités de crack.
Les toxicomanes ne vivant pas dans des centres urbains
sont rarement condamnés à de la prison ferme la première fois. Généralement, ils écopent d'une peine avec
sursis et sont contraints de suivre un traitement.

Le plus souvent, les forces du mal agissent avec dis-
crétion plutôt qu'à visage découvert. Le déni du mal est
presque aussi horrible que le mal lui-même, comme ces
gens qui traversent l'existence en regardant le monde à
travers des lunettes roses. Le déni du mal peut même,
dans certains cas, perpétuer le mal. Dans *La Quête des
pierres*, j'ai parlé de cette tendance chez certaines personnes aisées que leur fortune isole dans leur monde
d'opulence. Ils ne voient pas la misère qui les entoure
et, en conséquence, refusent d'accepter leur part de responsabilité. Nombre d'entre eux font quotidiennement
le voyage en train de leurs résidences élégantes dans la
banlieue de New York vers le centre-ville sans jamais
lever le nez de leurs journaux lorsqu'ils traversent les
zones les plus misérables de Harlem. La misère leur est
invisible, tout comme à ceux qui en sont victimes.

D'un autre côté, on trouve des gens qui adoptent un
point de vue cynique et semblent croire que le mal se
niche partout. Leur vision est sombre et défaitiste,
même au sein de l'innocence et de la beauté. Ils cherchent le pire partout et ne remarquent jamais le positif.
Lorsque le désespoir et le cynisme sont nos démons,
nous risquons également de perpétuer le mal. On ne
peut pas éviter ses démons, mais on peut refuser de les

accueillir à bras ouverts et de s'allier à eux. Pour être en bonne santé, il faut les combattre personnellement.

Cette vision désespérée de la société peut être encore aggravée par l'influence des médias. Avec leur propension à en rajouter sur les drames de la vie, ils propagent une vision déséquilibrée de la réalité. Le vol d'une carte de crédit devient une statistique et les unes des journaux sont emplies de rapports officiels sur la criminalité. Mais on ne connaît pas les statistiques concernant les cartes de crédit oubliées dans un distributeur et retournées à leurs propriétaires (ce qui est en général ce qui se passe). L'exclusion des bonnes nouvelles par les médias donne au public l'impression que le mal règne sans partage sur le monde. « Pas de nouvelles, bonnes nouvelles », certes, mais aussi « Bonnes nouvelles, pas bonnes nouvelles » (nouvelles sans intérêt ?). On n'entend jamais parler du bien qui se produit quotidiennement, de façon routinière, à travers le monde.

Il est facile de se désespérer, de lever les mains au ciel et de se dire que, puisque le monde est si mauvais, rien ni personne ne peut faire la différence. Mais si l'on regarde la société de manière réaliste, on reconnaît les puissantes influences tant des forces du bien que de celles du mal. Le monde n'est pas entièrement bon, mais il n'est pas entièrement mauvais non plus. Ainsi, le défi le plus important auquel nous devons faire face est de rechercher un point de vue équilibré et de s'y tenir. Et de ce point de vue, nous avons plutôt des raisons de nous réjouir et non de nous désespérer.

Une histoire racontée par mon père illustre bien ce point. Dans les années 1950, un sage oriental fut interviewé par un journaliste qui lui demanda s'il était optimiste ou pessimiste. « Je suis optimiste, bien évidemment », répondit-il. « Mais comment pouvez-vous être optimiste avec tous les problèmes du monde, surpopulation, guerre, criminalité, corruption ? » répliqua le journaliste. « Oh, je ne suis pas optimiste en ce qui concerne notre siècle, mais je le suis pour le suivant. »

Étant donné la réalité du monde d'aujourd'hui, j'aurais tendance à répondre de la même manière. Je n'étais pas optimiste pour le XXe siècle, mais je le suis pour le XXIe. Il sera essentiel de préserver un point de vue équilibré. Tout comme il nous faudra accroître notre conscience pour reconnaître notre propension au péché, notre contribution au mal et à sa réalité, nous devrons aussi développer notre conscience pour identifier le bon, le beau, et nous en réjouir. Si nous voyons le monde comme intrinsèquement mauvais, il n'existe aucune raison de penser qu'il puisse s'améliorer. Mais, si nous voyons que les forces du bien sont, à tout le moins, sur un pied d'égalité avec celles du mal, alors il y a de l'espoir.

De bien des manières, le monde s'améliore constamment. Comme je le disais dans *Le Chemin le moins fréquenté*, il y a un siècle, la maltraitance des enfants était non seulement généralisée aux États-Unis, mais aussi traitée avec indulgence. Autrefois, les parents pouvaient battre brutalement un enfant sans commettre de crime. Il y a deux cents ans, on obligeait les enfants, même ceux âgés de moins de sept ans, à travailler dans les mines et les usines à longueur de journée. Il y a quatre siècles, on ne considérait pas en général que les enfants étaient dignes d'attention et de respect en tant qu'individus ayant leurs propres besoins et leurs propres droits dans notre société. Mais la protection de l'enfance s'est prodigieusement renforcée au cours de notre siècle. Il existe des lignes téléphoniques pour dénoncer les abus et les investigations sont poussées lorsqu'on soupçonne de la maltraitance. À moins que la forêt ne vous empêche de voir les arbres, il est impossible de nier que notre société a dramatiquement accru la protection des intérêts et le bien-être des plus jeunes et des plus vulnérables de ses membres.

Il y a aussi des preuves d'une amélioration massive au niveau mondial. Considérez la question des droits de l'homme. Les gouvernements sont régulièrement évalués pour déterminer comment ils traitent leurs citoyens et certains subissent des sanctions économiques en raison de leurs violations massives et répétées des droits de l'homme, comme ce fut le cas pour l'Afrique du Sud tant que perdurait l'apartheid. Autrefois, la notion de crime de guerre n'existait pas. Les femmes étaient systématiquement violées et réduites en esclavage avec leurs enfants, et l'éviscération des prisonniers de guerre mâles était un comportement ritualisé. Les guerres et les crimes de guerre n'ont pas cessé, mais depuis peu, nous avons commencé à nous demander pourquoi les humains dépensent tellement d'énergie à s'entre-tuer alors qu'une paix raisonnable serait à portée de main si seulement on se donnait la peine d'y travailler un peu. Nous avons établi des tribunaux pour juger les crimes de guerre. Nous débattons aussi à présent de la question de savoir comment une guerre peut être considérée comme juste, ou injuste, ou nécessaire. Le fait même que l'on puisse poser ces questions montre à quel point un changement positif est en train de s'opérer dans notre société et dans le monde.

On pourrait dire que l'une des raisons pour lesquelles bien des gens ont le sentiment que le mal est plus omniprésent que jamais résulte précisément du fait que nous sommes devenus plus exigeants. Quoi qu'il en soit, les faits montrent que notre société évolue de manière positive sur le long terme et cela serait impossible si elle était entièrement mauvaise. La vérité est que le bien et le mal coexistent dans notre monde, depuis toujours et aujourd'hui encore. J'ai accepté ce fait il y a longtemps. Cependant, il m'est plus facile d'expliquer clairement pourquoi le mal existe et d'où il provient que d'établir les origines du bien dans ce monde sans faire référence à Dieu. Ce que Paul appelait « le mystère de l'iniquité » est au bout du compte moins mystérieux que celui de la bonté humaine.

Le point de vue judéo-chrétien dominant est que le monde est bon et contaminé par le mal. En tant que chrétien lambda, je préfère le point de vue contraire selon lequel le monde est naturellement mauvais et contaminé par le bien. Prenons les enfants, par exemple, nous aimons leur innocence et leur spontanéité. Mais le fait est que nous sommes tous nés menteurs, tricheurs, voleurs et manipulateurs. Il n'y a donc rien d'étonnant à ce que tant de personnes deviennent des adultes menteurs, tricheurs, voleurs et manipulateurs. Ce qui est plus difficile à expliquer, c'est pourquoi tant de gens sont bons et honnêtes. Nous sommes tous capables du mal, mais en fait nous nous comportons bien mieux qu'on ne pourrait l'espérer.

Au cours de mes expériences d'ateliers communautaires, j'ai toujours été impressionné par ce que j'appelle « l'héroïsme ordinaire des êtres humains ». On sait aussi à quel point les gens peuvent se montrer à la hauteur dans des circonstances tragiques. Les faits le prouvent abondamment : les gens peuvent être incroyablement bons lorsqu'ils se serrent les coudes. Pourtant, bien des gens considèrent la bonté comme allant de soi. Il y a une leçon de sagesse pour nous tous dans ces mots prononcés par un anonyme : « Une vie de confort et de facilité est peut-être moins merveilleuse qu'il n'y paraît. C'est seulement en tombant malade que l'on comprend réellement la valeur de la santé. C'est seulement en ayant faim que l'on apprend à apprécier la véritable valeur de la nourriture. Et la connaissance du mal nous aide à apprécier ce qui est bon. »

Si l'existence du bien et du mal est paradoxale, nous devons accepter ce paradoxe afin de pouvoir vivre dans l'intégrité. Le point crucial de l'intégrité, c'est la complétude. Et par notre complétude en tant qu'êtres humains, nous pouvons pratiquer le paradoxe de la libération et de la célébration. La théologie de la libération proclame que les chrétiens ont un rôle actif à jouer dans la lutte contre le péché et le mal systématique d'une société, qu'ils doivent assumer la responsabilité de la libération des gens du fardeau de la pauvreté et de l'oppression. La théologie de la célébration a historiquement encouragé l'accent mis sur la célébration de la bonté et de la beauté du monde.

Dans son livre *Christian Wholeness*[1], Thomas Langford étudie les nombreux paradoxes que les chrétiens doivent affronter s'ils veulent être réalistes et intègres ; le paradoxe de la célébration et de la libération par exemple. Comme le remarque Langford, les gens qui se concentrent exclusivement sur la libération, deviennent fanatiques et moroses, alors que ceux qui se consacrent à la célébration deviennent exaltés, superficiels et désinvoltes. Encore une fois, nous sommes voués à l'intégration. La lutte pour la complétude nous impose de reconnaître continuellement les forces du mal et de leur livrer bataille. En même temps, nous devons demeurer conscients des forces du bien et reconnaissants envers elles.

Dans la bataille entre le bien et le mal, nous devons être prêts à lutter tout au long de notre vie. Il y a certes des raisons d'être pessimistes, mais nous avons aussi de très bonnes raisons de croire que chacun d'entre nous peut avoir un impact, aussi minuscule soit-il, dans l'équilibre du monde entre le bien et le mal. Une remarque attribuée à Edmund Burke nous fournit l'indice pour déterminer laquelle des deux forces l'emportera : « La seule chose requise pour que le mal triomphe est que les braves gens, hommes et femmes, ne fassent rien. »

---

1. Thomas A. Langford, *Christian Wholeness*, Upper Room.

Le paradoxe du bien et du mal est essentiellement inhérent à la nature humaine. J'ai déjà parlé du péché originel. Pour annuler le paradoxe, je dois maintenant parler de ce que Matthew Fox a appelé « la bénédiction originelle ». C'est-à-dire, très simplement, notre capacité de changement. Si, comme je l'ai affirmé, nous sommes tous des menteurs, tricheurs, voleurs et manipulateurs-nés, ne pas se conduire de la sorte à l'âge adulte doit être contraire à la nature humaine. Mais nous possédons la capacité de modifier la nature humaine si nous choisissons de le faire. Chaque fois que quelqu'un a l'audace de me demander : « Docteur Peck, qu'est-ce que la nature humaine ? », ma première impulsion est de répondre : « La nature humaine, c'est de garder son pantalon pour faire ses besoins. »

Après tout, nous sommes tous passés par là : nous faisions ce qui nous venait naturellement, nous nous lâchions quand nous en avions envie. Mais ensuite, vers l'âge de deux ans, papa et maman ont commencé à nous dire : « Tu es bien gentil mon chéri, et je t'aime beaucoup, mais il est temps de faire ça proprement. » Au début, bien sûr, cela n'a absolument aucun sens pour l'enfant. Ce qu'il comprend, lui, c'est que quand il faut y aller, faut y aller, et le résultat est toujours intéressant. Pour l'enfant, serrer les fesses en se retenant jusqu'aux toilettes pour voir ce truc intéressant partir avec la chasse d'eau est totalement non naturel.

Mais s'il existe un bon rapport entre l'enfant et le parent, et si le parent n'est pas trop impatient ou trop sévère – et, malheureusement, ces conditions favorables ne sont pas souvent remplies, raison pour laquelle nous, les psychiatres, nous intéressons tellement à l'acquisition de la propreté –, alors il se produit quelque chose de merveilleux. L'enfant se dit à lui-même : « Ma maman est vraiment gentille et ces dernières années elle s'est vraiment mise en quatre pour moi, alors j'aimerais bien pouvoir lui rendre la pareille, lui faire un cadeau, quoi. Mais je suis un tout-petit de deux ans. Qu'est-ce que je pourrais lui offrir qui lui ferait plaisir ? Peut-être ce truc dingue qu'elle me demande… »

Et ainsi, par amour pour sa mère, pour lui faire un cadeau, l'enfant commence à faire quelque chose de pas du tout naturel : serrer les fesses jusqu'aux toilettes. Et quand il atteint quatre ou cinq ans, il finit par trouver très naturel d'aller aux toilettes. D'un autre côté, quand il a un coup de fatigue ou de stress et a un « accident », il trouve tout ça bien peu naturel. En l'espace de deux ou trois ans, par amour, l'enfant a réussi à changer sa nature.

Cette capacité de changement qui nous a été donnée – cette bénédiction originelle, notre aptitude à nous transformer – est si extraordinaire que, lorsqu'on me demande ce qu'est la nature humaine, je réponds parfois, en plaisantant, que ça n'existe pas. Car ce qui nous distingue le plus des autres créatures, ce n'est pas notre pouce opposable, ni notre larynx magnifique, ni notre cortex cérébral énorme, non, c'est notre absence relative d'instincts, ces comportements héréditaires, préformés qui, pour autant que l'on sache, donnent aux autres créatures une nature bien plus rigide et prédéterminée que la nôtre. En d'autres termes, les êtres humains disposent d'un ensemble de choix psychologiques, physiques et sociaux qui leur donnent une grande souplesse de réaction dans toutes sortes de situations.

Pendant une bonne partie de mon existence, j'ai milité pour la paix. Ceux qui imaginent que la paix dans le monde est impossible se définissent généralement comme des réalistes et disent de gens comme moi qu'ils sont idéalistes, confus ou idiots. Et jusqu'à un certain point ils ont raison, non pas sur la qualité ou la clarté de nos idées, mais sur notre idéalisme. Je dirais qu'un idéaliste est quelqu'un qui croit en la capacité de transformation de la nature humaine. Je ne suis pas pour autant un romantique. Pour moi, le romantique pense non seulement que l'on peut changer, mais aussi que c'est facile. Les romantiques sont attirés par des formules simplistes comme « l'amour triomphe de tout ». Dans mon travail de psychiatre, j'ai progressivement compris que bien des gens ne changeront pas en dépit de tout l'amour du monde. Changer la nature humaine n'est pas facile, mais c'est possible.

Les raisons à cela sont profondes. Ce que nous appelons la personnalité peut être défini comme un mode d'organisation *cohérent* des éléments psychiques, une combinaison de la pensée et du comportement. « Cohérent » est le mot clé de cette définition. La personnalité des individus – et celle des cultures et des nations aussi – possède une cohérence avec un côté lumineux et un côté sombre, un bon et un mauvais.

Par exemple, lorsque j'exerçais encore et que de nouveaux patients venaient me voir, ils me trouvaient le plus souvent habillé d'une chemise sans cravate, d'un pull confortable et parfois même en pantoufles. S'ils revenaient me voir, et que cette fois-là je sois en costume cravate, prêt à me rendre à une conférence, cela ne posait pas de problème. Mais si j'avais revêtu une ample robe bleue, porté des bijoux et tiré sur un joint, ils ne seraient sans doute jamais revenus. Une des raisons pour lesquelles ils revenaient avec une telle constance, c'est que j'étais toujours plus ou mois le même bon vieux Scotty. Il y avait une cohérence dans ma personnalité qui leur permettait de savoir où ils étaient. Cela leur donnait un endroit où « accrocher leur manteau », en quelque sorte. Nous avons besoin d'une certaine dose de cohérence ou de prévisibilité dans nos personnalités, pour pouvoir fonctionner efficacement dans le monde en tant qu'êtres humains dignes de confiance.

Mais le côté sombre de cette cohérence est ce que les psychothérapeutes appellent la « résistance ». La personnalité, qu'il s'agisse de celle d'un individu ou d'une nation, résiste au changement de manière intrinsèque. Le changement est une menace, même lorsqu'il s'agit d'un changement bénéfique. La plupart des patients entreprennent une thérapie en demandant à changer d'une manière ou d'une autre. Mais, dès que la thérapie a commencé, ils se mettent à agir comme si le changement était la dernière chose qu'ils souhaitaient et ils le combattent bec et ongles. La psychothérapie, dont le but est la libération, éclaire notre être sous le jour de la vérité. L'adage « la vérité vous libère mais d'abord elle vous rend fou » reflète la résistance de notre nature humaine au changement. Le changement n'est pas, de toute évidence, quelque chose qui nous vient facilement. Mais il est possible – et telle est notre gloire en tant qu'êtres humains.

C'est notre résistance naturelle au changement – résultat de notre paresse, de notre peur ou de notre narcissisme – que je désigne quand je parle de « péché originel ». En même temps, le trait le plus caractéristique de notre nature humaine – notre « bénédiction originelle » – est cette même capacité de changement volontaire. Étant donné le libre arbitre, c'est notre choix individuel de céder au péché originel, de résister au changement, de stagner et même de nous détériorer, ou bien de travailler à notre transformation aussi bien individuelle que collective. Il serait inutile de travailler à l'amélioration de la société si les gens étaient incapables de changer. Ils ont pourtant la liberté de ne pas le faire. Le conflit entre l'inertie du non-changement et l'effort du changement a été résumé par un théologien chrétien des premiers temps, Origène, qui a dit : « L'esprit défend le progrès : le mal est donc, par définition, ce qui s'oppose au progrès. »

LE PARADOXE DE CE QUI EST DÛ

J'ai déjà exploré un aspect de ce que j'appelle la « pensée criminelle », à savoir ce paradoxe selon lequel les gens, qu'ils soient riches ou pauvres, ont tendance à penser qu'ils ont droit à quelque chose sans contrepartie, à se conduire comme si le monde leur devait quelque chose plutôt que l'inverse. Certains estiment qu'ils y ont droit en raison d'un complexe de supériorité, alors que, pour d'autres, ce sentiment provient d'un complexe d'infériorité. Ces derniers semblent penser n'avoir aucune responsabilité pour ce qui leur arrive dans la vie. Les premiers croient que la « réussite » leur est due, même aux dépens d'autrui, en qui ils voient des gens moins méritants qu'eux, le plus souvent pour des motifs insignifiants ou non pertinents.

Les raisons de ces attitudes sont nombreuses. Dans *La Quête des pierres*, je cite une raison propre aux Américains. C'est l'idée énoncée dans la Déclaration d'indépendance : « Nous tenons ces vérités pour évidentes, que tous les hommes sont égaux de naissance, qu'ils ont été dotés par leur Créateur de certains droits inaliénables, parmi lesquels on trouve la vie, la liberté et la quête du bonheur. » Il me semble que ces paroles sont, paradoxalement, sans doute les plus profondes et les plus sottes à avoir jamais été écrites. Elles constituent une vision magnifique et sacrée qui résume assez justement l'essence de la condition humaine. En même temps, elles recèlent de terribles chausses-trappes.

Nous sommes tous égaux devant Dieu. Cela étant dit, nous sommes en fait très inégaux. Nous avons des dons différents, des capacités différentes, des faiblesses différentes, des gènes différents, des langues différentes, des cultures différentes, des valeurs différentes, des styles de pensée différents, des histoires personnelles différentes, des degrés de compétence différents, et ainsi de suite… En fait, on pourrait à juste titre appeler l'humanité « l'espèce inégale ». Ce qui nous distingue le plus de toutes les autres créatures, c'est notre incroyable diversité et la variabilité de notre comportement. Égaux ? Déjà dans la sphère morale, nous allons du démoniaque à l'angélique.

L'idée fausse de notre égalité nous fait entrer de plain-pied dans l'idée fausse d'une pseudo-communauté, c'est-à-dire la certitude que tout le monde est pareil – et lorsque cette idée fausse s'écroule, comme c'est inévitable dès lors que l'on agit de manière authentique, elle nous pousse à atteindre l'égalité par la force de la persuasion, douce au début, puis de moins en moins… Nous nous trompons totalement sur notre tâche. Le devoir de la société n'est pas d'atteindre l'égalité, mais de développer des systèmes capables de traiter humainement la question de l'inégalité, des systèmes qui célèbrent et encouragent la diversité dans des limites raisonnables.

L'idée des droits de l'homme joue un rôle central dans le développement de tels systèmes. J'applaudis des deux mains la Déclaration des droits de l'homme annexée à la Constitution américaine et son interprétation par les cours de justice. Mais je reste sceptique à propos de l'étendue des droits proclamée par la Déclaration d'indépendance : le droit à la vie, à la liberté et à la quête du bonheur. En vieillissant, par exemple, j'ai de plus en plus de doutes quant à mon droit à la vie. En tant qu'auteur et professeur, je dois remettre en question mon droit au mensonge ou à la distorsion subtile. En tant que psychiatre et théologien qui sait que le bonheur doit être l'effet secondaire d'une quête plus profonde ou alors une illusion, je ne suis pas sûr que la quête du bonheur soit un objectif valable. J'ai un problème encore plus grand avec la somme de ces droits. Mettez ensemble les droits à la vie, à la liberté et à la poursuite du bonheur, et on a l'impression qu'on a le droit à la paix – comme si on pouvait avoir droit à la paix.

Nous voici à nouveau confrontés à un paradoxe. Une face du paradoxe est que la paix est une véritable aspiration humaine. Il existe une différence entre les conflits mortels et ceux qui ne le sont pas. Nous avons besoins des seconds. Si nous les gérons convenablement, ils améliorent la dignité humaine. Mais la guerre, en dépit de sa gloire supposée, détruit la dignité. Si on définit la paix comme une absence de guerre déclarée, il est en effet noble d'y aspirer, or on ne peut aspirer à quelque chose que l'on pense ne pas mériter. En ce sens, nous devrions considérer la paix comme un droit. L'autre face du paradoxe est que nous n'avons aucun droit à aspirer à la paix sans y avoir travaillé. Tout ce que j'ai toujours dit sur la communauté, et tout ce que nous savons de la paix, indique que nous n'avons aucune raison, quelle qu'elle soit, de l'obtenir sans efforts ou d'espérer qu'une fois que nous l'aurons obtenue par nos sacrifices, elle sera acquise pour toujours sans que nous ayons jamais à lever le petit doigt de nouveau.

Il n'y a peut-être pas de chausse-trappe plus dangereuse que de croire en notre droit à la paix. Et si tant de gens y croient, c'est qu'ils sont dans l'illusion que tous les conflits peuvent se résoudre pacifiquement. C'est naïf. D'autres font l'hypothèse contraire, pensant qu'aucun conflit ne saurait être résolu sans recourir à la force, à la violence ou la menace de violence. Cette hypothèse est cynique et auto-vérifiante. La réalité paradoxale à notre stade d'évolution humaine est que certaines guerres sont inévitables ou « justes » et d'autres injustes, inutiles et menées par paresse et bêtise à un coût exorbitant.

J'ai parlé jusqu'ici de la paix entre les peuples, mais les mêmes principes paradoxaux s'appliquent dès lors qu'il s'agit d'atteindre cet état auquel nous aspirons tous tellement, la paix intérieure. Nous avons bien sûr le droit de la désirer, mais nous n'avons pas davantage droit à la paix intérieure qu'à la paix extérieure. Cependant, bien des gens protestent de manière véhémente lorsque la vie interrompt le bonheur ou la sérénité qu'ils ont fini par percevoir comme un dû. En outre, afin d'atteindre la paix intérieure, il faut souvent d'abord être à même d'y renoncer. Seuls ceux susceptibles de se mentir constamment sans états d'âme jouissent d'une véritable tranquillité d'esprit. Mais, si on ne souhaite pas vivre dans un tel état d'auto-lobotomisation, on doit se souvenir qu'il existe quelque chose de bien plus important que la paix intérieure : l'intégrité. L'intégrité exige, entre autres choses, la capacité de subir des épreuves par attachement à la vérité.

Pour ne pas oublier cela, je m'efforce de penser à Jésus qui, si fréquemment, s'est senti frustré, en colère, effrayé, seul, triste et déprimé – un homme qui aspirait de toute évidence à la popularité mais pas à n'importe quel prix et qui nous a appris que la vie est autre chose qu'un concours de popularité ; un homme qui ne semblait pas connaître la « paix intérieure », comme le monde a l'habitude de l'imaginer, et qui est pourtant appelé le Prince de la paix. Nous devons être conscients du fait qu'il existe un faux type de tranquillité d'esprit résultant d'une perte de contact avec nous-même. La véritable paix intérieure exige une intimité avec la moindre facette de notre personnalité, impliquant de nous soucier non seulement de nos droits mais aussi de nos responsabilités.

En tant que citoyens, nous sommes affectés par tout un ensemble de problèmes au niveau local et national. Selon l'importance de ces problèmes dans notre vie quotidienne et celle des autres, on peut nous solliciter pour différents rôles et avec diverses responsabilités. Certains s'efforcent d'affronter ce défi – de faire la différence – en votant avec discipline lors de la moindre élection locale ou nationale. D'autres choisissent de participer à des organisations locales pour aider ceux qui sont dans le besoin. D'autres encore contribuent financièrement à des causes qui les intéressent ou les préoccupent. Mais beaucoup rechignent à prendre la moindre responsabilité. Ils trouvent plus aisé de regarder les autres jouer au messie résolvant tous les problèmes du monde. Au lieu de prendre une part active à l'obtention et au maintien de certains droits, ils n'éprouvent pas le moindre sentiment de responsabilité en tant que citoyen. Ils peuvent bien sûr prétendre ne faire aucun tort à la société, mais le dicton attribué au militant noir Eldridge Cleaver est juste : « Si vous ne faites pas partie de la solution, alors vous faites partie du problème. »

Le paradoxe est que nous sommes responsables de tout et que, en même temps, nous ne pouvons être responsables de tout. La réponse à ce paradoxe, et à tous les autres, consiste à ne pas s'attacher à un seul côté de l'équation, mais d'accepter les deux faces de la vérité. William Faulkner, dans une allocution prononcée le jour où sa fille recevait son diplôme d'études secondaires, a dit : « N'ayez jamais peur d'élever votre voix pour l'honnêteté, la vérité et la compassion, contre l'injustice, le mensonge et l'avarice. Si les gens à travers le monde, dans des milliers d'endroits comme celui-ci, faisaient cela, le monde serait différent. »

Rosa Parks, une modeste et anonyme employée d'un magasin de Montgomery, dans l'Alabama, a aidé à changer notre nation en refusant de céder sa place assise dans un bus à un Blanc, déclenchant un boycott qui dura trois cent quatre-vingt-un jours. Les pieds endoloris, sa dignité mise à l'épreuve de manière répétée, cette femme de quarante-deux ans fut arrêtée et perdit son emploi par la suite. Son action simple et bien d'autres qui suivirent déclenchèrent un mouvement aboutissant à une réforme légale sans précédent.

Tout le monde ne peut pas avoir l'impact d'une Rosa Parks, mais chacun de nous peut prendre part à la lutte contre le mal dans le monde, quelle que soit sa forme. Je dirais même plus : cette lutte commence chez soi. Nous devons d'abord nous occuper de notre famille et de nous-mêmes et œuvrer à bâtir une communication et des interactions saines. « Pensez global, agissez local » : c'est un bon conseil.

Étant donné les limitations géographiques et autres auxquelles se voit confronté le citoyen lambda ; il se peut que l'action locale soit le seul moyen de faire la différence. Mais cela ne veut pas dire que notre pensée doit se restreindre à ce qui se trouve près de chez nous. Il nous est toujours possible de penser globalement sur bien des questions. Je peux, si je le décide, me soucier seulement du coût de l'aide médicale aux États-Unis, simplement parce que cela me touche directement. Mais, puisque je suis un citoyen du monde, je ne peux garder les yeux fermés sur des événements se déroulant ailleurs. Il est de ma responsabilité de penser aux guerres civiles, aux génocides et à d'autres crimes comme ceux survenus au Rwanda, en ex-Yougoslavie et dans d'autres pays. Pourtant je n'ai pas encore pris le temps de me pencher sur ces pays comme je l'ai fait pour le

Vietnam. Les demandes auxquelles je dois répondre sont suffisamment nombreuses pour remplir ma vie. Personne ne peut tout étudier ou faire et prendre la responsabilité de tout sans finir dans une institution psychiatrique.

Cependant, il ne suffit pas de se sentir seulement concerné par des questions nous affectant directement. Il faut de temps à autre être prêt à défendre les autres, même lorsque cela ne semble comporter aucun bénéfice pour nous. Parfois même, il faut être prêt à le faire à notre propre risque. Savoir discerner quand il faut mouiller sa chemise est un choix qui appartient à chaque individu, selon ce qu'il est disposé à sacrifier pour un certain combat.

Il arrive que l'on ne sache vraiment pas où situer la limite de la responsabilité. Dans de tels cas, il faut faire de son mieux et accepter simplement une part d'incertitude. Nous ne pouvons pas toujours savoir avec assurance si nous aurions pu faire plus – si nous devons intervenir lorsque notre voisin hurle sur sa femme, ou si nous sommes témoins d'un incident raciste. Face à des responsabilités sociales complexes et écrasantes, il ne faut jamais oublier que, si on cède au désespoir et à la fatigue, on ne sert plus à rien ni à personne, y compris à nous-mêmes.

Cela me rappelle un atelier de la FEC au cours duquel un membre blanc du groupe fit passer une note à une femme noire qui était en train de parler de la responsabilité dont elle se sentait investie de donner une image positive de sa race. C'était comme si elle portait sur ses épaules le poids du monde entier. La note disait : « Ne vous sentez pas totalement, personnellement, irrévocablement, responsable de tout. Ça, c'est mon boulot. » Et la note était signée : « Dieu. » Autrement dit, il y a un temps dans notre vie et dans le monde où ce qu'il convient de faire est, du moins provisoirement, et comme le dit la formule des Alcooliques anonymes, de « lâcher prise et laisser faire Dieu ».

Nous pouvons tous décider de faire quelque chose pour aider notre famille et notre communauté, mais je suis incapable de dire à chacun spécifiquement ce qu'il devrait faire précisément. Puisqu'on ne peut participer à tout, il faut être sélectif dans le niveau de notre intervention et, pour cela, ressentir l'appel qui nous est destiné. Et Dieu n'appellera pas un tel de la même manière qu'il appellera tel autre. Je ne considère pas certains appels comme plus nobles que d'autres. J'ai ainsi compris au fil des années que, quelle que soit la noblesse de mes ambitions, mon appel ne me dit pas de travailler aux côtés des pauvres.

J'ai ressenti cela de manière très claire il y a plus de dix ans lorsqu'on nous a demandé, à Lily et à moi, d'effectuer une semaine de travail volontaire avec l'Église du Sauveur de Washington, dont de nombreux paroissiens font partie des cercles du gouvernement fédéral. Durant cette semaine, nous espérions pouvoir rencontrer brièvement Gordon Cosby, le dynamique fondateur de cette Église, dont le ministère était essentiellement tourné vers les habitants des quartiers pauvres de Washington. Notre dernière journée dans sa paroisse commença par un rendez-vous à la Banque mondiale à sept heures et demie du matin, puis il y eut une succession de rendez-vous avec des membres du Congrès, avec des organisateurs de petits déjeuners de prière, et d'autres réunions avec des gens du Congrès l'après-midi. À dix-huit heures, nous étions épuisés. C'est à ce moment-là qu'on nous a dit que nous pourrions voir Cosby dans un des centres d'accueil de la paroisse. Lily et moi sommes arrivés pour le rendez-vous et avons été conduits dans un sous-sol où étaient en train de manger plusieurs centaines de sans-abri pendant qu'un groupe de rock jouait sur une petite scène. Le vacarme était assourdissant. Cosby nous a proposé de prendre un plateau-repas et de nous asseoir à côté de lui. Je lui ai demandé si nous ne pouvions pas aller discuter dans un endroit plus paisible, à l'extérieur. Il nous a aimablement consacré quelques minutes dans une petite pièce tranquille ; c'était pour moi un véritable conflit personnel. « Personne ne peut admirer davantage que moi le travail que vous faites, Gordon, précisément parce que j'en serais incapable. Je n'ai pas l'impression d'être destiné à cela. J'aimerais avoir la même vocation que vous, mais ce n'est pas le cas. »

Cela ne veut pas dire que je n'aie pas participé à d'autres d'activités en faveur des pauvres et des sans-abri. La FEC a fait énormément de choses contre la pauvreté. Et pendant vingt ans j'ai combattu la décision prise par de nombreux États de fermer leurs hôpitaux psychiatriques et de jeter à la rue la plus grande partie de leurs patients souffrant de maladies chroniques et sévères. Bien que cette décision ait été enrobée de paroles mielleuses sur le respect des libertés individuelles des malades mentaux et sur les avantages des tranquillisants modernes, accompagnées d'une aimable fiction à propos des « centres communautaires de santé mentale » censés assister ces malades, je savais dès le départ que les motivations étaient essentiellement économiques et que la conséquence serait de créer une nouvelle catégorie de sans-abri.

Mais, j'ai eu beau me rendre insupportable (comme souvent lorsque je milite pour quelque chose), on ne m'a pas écouté. Dans ce cas comme dans d'autres, j'ai eu le sentiment d'avoir dépensé mon énergie inutilement. Pendant des années, je me suis consolé en me rappelant le récit d'un de mes patients qui avait participé à une conférence où l'un des frères Berrigan (deux militants très actifs en faveur de la désobéissance civile et du désarmement) avait pris la parole. Mon patient m'a raconté que quelqu'un a demandé au père Berrigan comment il pouvait continuer à militer depuis des dizaines d'années quand ses efforts ne semblaient produire aucun résultat tangible. Il répondit : « Nous ne pensons pas aux résultats. Si nous le faisions, nous serions déjà morts. Les résultats ne sont pas notre souci. Nous faisons simplement ce que nous estimons devoir faire, ce qui nous paraît juste, et laissons Dieu se préoccuper des résultats. »

LES PARADOXES DU TEMPS ET DE L'ARGENT

Il nous faut à la fois choisir notre niveau d'implication et notre responsabilité en tant que citoyens, et considérer la question du timing. Dans la mesure où on ne peut jamais faire tout ce qu'on a envie de faire au cours de sa vie, et étant donné la réalité de nos ressources – le temps, l'énergie, l'argent – limitées, il est essentiel de savoir à quel moment il faut s'impliquer. J'ai rencontré un jour une femme de cinquante-cinq ans dont les enfants avaient grandi et qui était très engagée dans le mouvement de désobéissance civile. Non seulement elle avait le temps et l'énergie, mais elle était aussi capable de supporter les conséquences de son militantisme ; elle estimait même qu'il était improductif si elle ne se retrouvait pas derrière les barreaux au moins une fois par mois. Mais je doute que Dieu donne une telle consigne à une jeune mère ou à un père dont la famille dépend de son seul salaire.

Comme le dit le dicton : tout est une question de timing. La plupart des gens sont déjà occupés à plein temps par leur travail et l'éducation de leurs enfants. D'autres font un choix différent. Je connais un certain nombre de militants des droits civiques qui étaient formidables en tant que poil à gratter de la société mais se sont révélés des parents catastrophiques. Ils s'intéressaient davantage aux problèmes de la société qu'à ceux de leurs propres enfants. Pourtant, certains de ces militants étaient de toute évidence été destinés à faire ce qu'ils faisaient, et, s'ils ont peut-être regretté de ne pas avoir passé plus de temps avec leurs enfants, le monde a sans doute bénéficié de leur sacrifice.

Bien des individus aux principes solidement ancrés contribuent au bien-être de la société en donnant du temps, de l'argent ou d'autres ressources dont ils disposent. Le « volontariat », c'est ainsi que j'appelle cet effort de faire le bien par-delà notre sphère individuelle ou familiale. Dès qu'une personne défend une cause dont elle n'a aucune récompense à espérer, son implication dans cette cause est essentiellement volontaire. Un philanthrope offre son argent. Un professeur offrira son temps libre pour donner des cours de soutien aux enfants d'un quartier défavorisé. Un étudiant peut apporter son aide à un foyer de sans-abri. Une ménagère peut consacrer une partie de son temps à des résidents d'une maison de retraite.

Le volontariat est une vocation. Il est aussi légitime et complexe qu'un choix de carrière. Je pense que la plupart des gens devraient faire du volontariat à un moment ou à un autre ; le processus et ses conséquences sont toujours mutuellement bénéfiques pour la société et l'individu. Que l'on soit jeune, adulte ou âgé, le volontariat est une occasion d'apprentissage et de développement en rendant service à autrui. L'enthousiasme et l'énergie des jeunes et la disponibilité, l'expérience, la compassion des personnes plus âgées font d'eux des volontaires particulièrement dévoués.

Mais le choix du volontariat dépend de nombreux autres facteurs, dont le timing est sans doute l'essentiel. Comme disent les versets de l'Ecclésiaste :

Pour chaque chose, il y a une saison, et un temps pour tout ce qui se passe sous les cieux ;

Un temps pour naître, un temps pour mourir, un temps pour planter, un temps pour récolter ;

Un temps pour mourir, un temps pour guérir, un temps pour s'effondrer, un temps pour bâtir ;

Un temps pour pleurer et un temps pour rire, un temps pour porter le deuil et un temps pour danser ;

Un temps pour jeter des pierres et un temps pour les ramasser, un temps pour embrasser et un temps pour ne pas embrasser ;

Un temps pour trouver, un temps pour perdre, un temps pour garder et un temps pour jeter ;

Un temps pour déchirer, un temps pour réparer, un temps pour se taire, et un temps pour parler ;

Un temps pour aimer, un temps pour haïr, un temps pour la guerre et un temps pour la paix.

Notre temps est important, mais d'autres éléments font aussi la différence dans notre capacité à servir la société. Beaucoup de gens comprennent mal le militantisme ; ils y voient un appel à une pauvreté radicale et le rejettent pour cette raison. Travailler pour le bien de la société n'est pas nécessairement synonyme de sacrifice total. Il y a quelques années, j'ai lu le compte-rendu d'une conférence d'activistes communautaires au Canada. L'un des participants, qui avait passé de longues années à pratiquer l'action sociale et le volontariat, a dit : « La plus grande contribution que l'on puisse apporter aux pauvres, c'est de ne pas devenir l'un d'eux. » Cette affirmation peut sembler dure, mais cela m'a frappé, au vu de ma propre expérience, comme étant au moins en partie vrai. La FEC a pu faire son travail surtout parce qu'il s'agit d'une organisation à but non lucratif.

Il n'y a pas de vertu en soi dans la misère, mais la question reste posée de savoir si la richesse n'est qu'une forme d'avarice. Cela dépend, bien sûr, de la manière dont on dépense son argent. Il y a plus qu'une part de vérité dans le dicton selon lequel l'argent est à la racine de tout mal. Mais l'envers est tout aussi vrai. On peut se servir de l'argent pour faire le bien. Un homme nommé Leonard Orr a même suggéré un jour que l'argent, c'est « Dieu en circulation ».

Mais quand a-t-on « assez » d'argent ? Ceux qui s'acharnent à faire de l'argent ou à le garder quand ils en ont déjà vous répondront sans doute : « On n'en a jamais assez. » Selon moi, l'argent est un moyen, pas une fin. Et si la fin est de faire le bien, il peut, en effet, n'y avoir jamais assez d'argent. En tout cas, la question se pose rarement, sauf quand il n'y en a pas « assez » et qu'il faut prendre des décisions pour y remédier.

On dit souvent que l'argent asservit plutôt qu'il ne libère. L'argent est une maîtresse séduisante. Dans *La Quête des pierres*, j'ai écrit que je m'inquiète bien plus pour l'argent aujourd'hui que lorsque nous n'en avions pas beaucoup. Cette inquiétude est en partie compréhensible. « Un sot ne garde jamais longtemps son argent. » Mais mon angoisse a souvent dépassé les bornes et de telle manière qu'elle aurait pu devenir une obsession. Compter son argent peut sans doute rassurer quand on est anxieux, mais cela peut aussi être la voie de l'orgueil et de l'autosatisfaction, comme si l'argent était la mesure de notre valeur.

Je suis peut-être plus enclin à cette obsession que la plupart des gens. Étant né en mai 1936, je suis donc un enfant de la grande dépression. Tout au long de notre jeunesse, dans le quartier de Park Avenue, mon père nous a rabâché, à mon frère et à moi, que nous devions « apprendre la valeur d'un dollar », mais aussi que nous allions « finir chez les pauvres ». Une partie de moi savait que c'était ridicule. Mais cela a eu son effet. Devenu adolescent, lorsque j'invitais mes petites amies au restaurant, je souffrais mille tourments si elles commandaient quoi que ce soit d'autre que le plat le moins cher du menu. J'ai réussi à surmonter ce travers, même si pendant de longues années, alors que je m'étais marié et avais des enfants, je craignais encore de finir chez les pauvres. Que se produirait-il si j'avais une attaque et ne pouvais plus travailler ? Si quelqu'un me faisait un procès ? Si les cours de la Bourse s'effondraient ? Si l'inflation explosait ? Et s'il arrivait ceci ? Et s'il se passait cela ?

Pour beaucoup de gens, l'argent est synonyme de sécurité. Mais la sécurité totale est une illusion. La vie, c'est intrinsèquement de l'insécurité. Très tôt, j'ai eu la révélation que la seule sécurité dans l'existence, c'est de se réjouir de son insécurité. Depuis, j'ai prêché cette révélation et pourtant, à ce jour, j'ai besoin de la réapprendre quotidiennement. L'argent est une forme de sécurité, et il n'y en a jamais assez, du moins si nous courons après l'illusion de la sécurité totale.

Je sais pertinemment que ces gens très riches qui ne donnent jamais rien à personne vivent avec la malédiction de poursuivre une illusion vide. Je le sais parce qu'une partie d'eux est en moi. Je ne suis peut-être pas tombé aussi entièrement qu'eux dans le piège de l'idolâtrie de l'argent, mais le fait est que rien n'interfère davantage avec ma vie de prière que mon inquiétude à propos de mes revenus, de mes investissements et des ventes de mes livres. Certains auteurs de spiritualité ont diagnostiqué que la race humaine souffrait d'une « psychologie de la pénurie » et nous incitent à adopter une « psychologie de l'abondance », le sentiment qu'il y en aura toujours assez et que Dieu y pourvoira largement. Je crois à cet enseignement. Le problème est que, étant un enfant de la grande dépression, j'ai du mal à le suivre, quels que soient mes efforts pour y parvenir.

Qu'est-ce que la vraie richesse ? En termes mondains, c'est la possession d'argent et d'objets de valeur. Mais, si nous mesurions la richesse à l'aune d'autre chose que de simples dollars, bien des gens matériellement pauvres sont riches spirituellement, et bien des nantis vivent dans la misère spirituelle. D'un point de vue psychospirituel, les gens véritablement riches sont ceux qui ont une authentique relation avec Dieu et ont appris qu'en donnant d'eux-mêmes ils reçoivent beaucoup également.

Que nous ayons reçu les dons de l'esprit ou de la richesse matérielle ou les deux, ces bénédictions s'accompagnent d'un certain nombre d'exigences. On dit de quelqu'un qui a beaucoup reçu – qu'il s'agisse de talent, d'argent ou d'autres ressources – que l'on attend énormément de lui. Ainsi, l'un des plus grands dilemmes auxquels doivent faire face ceux qui ont accumulé de la richesse, c'est la décision de partager cette richesse au bénéfice des autres. À partir de quel moment ceux qui ont de l'argent doivent-ils commencer à le distribuer ? Il n'existe pas de formule simple, bien sûr. Mais ce qui m'apparaît clairement, c'est que – comme dans le cas du pouvoir – la fin ultime de l'argent est qu'il profite à autrui. L'excès d'argent, comme l'excès de pouvoir, représente un danger pour la société comme pour l'individu qui le garde pour lui-même exclusivement.

UNE ÉTUDE DE CAS PERSONNEL

De 1984 à 1995, parvenus à l'âge mûr, Lily et moi avons fait beaucoup de volontariat. Si nous avons pu y consacrer tant de temps et d'autres ressources, c'était grâce au succès commercial du *Chemin le moins fré-*

quenté. Et en 1984, la deuxième année où nous avons gagné bien plus d'argent que ce dont nous avions besoin, nous avons commencé à réfléchir aux moyens de dédier notre temps ou notre argent à une cause importante. Celle qui a attiré notre attention plus que toutes les autres, c'est la paix, et Lily et moi avons envisagé d'établir une fondation d'un type ou d'un autre. Pendant quelques mois, nous avons joué avec l'idée de mettre sur pied quelque chose qui rassemblerait les cinq cents organisations existantes pour la paix. Mais, plus nous y réfléchissions, plus il semblait clair que notre fondation ne serait sans doute que le cinq cent et unième groupe.

Graduellement, nous sommes parvenus à la conclusion que le développement de la vie communautaire devait, en fait, précéder la paix. Donc, en décembre 1984, en association avec neuf autres personnes, nous avons créé la Fondation pour l'encouragement de la vie communautaire, la FEC. C'est une organisation à but non lucratif, d'éducation publique, dont la mission est d'enseigner les principes de la communauté, c'est-à-dire les principes d'une communication saine au sein du groupe et entre les groupes.

Sa charte fondatrice proclame :

« Notre cœur souhaite la paix. À cause des blessures subies dans des relations précédentes, nous avons peur des risques encourus. Notre crainte nous fait considérer le rêve d'une véritable communauté comme étant une simple utopie. Mais il existe des règles permettant aux gens de se rassembler à nouveau, grâce auxquelles les vieilles blessures seront guéries. Telle est la mission de la fondation : enseigner ces règles pour redonner de la réalité à l'espoir, pour rendre cette vision manifeste dans un monde qui a presque oublié la gloire de ce qu'être humain veut dire. »

Dans *Different Drum* (dont le sous-titre était *Bâtir la communauté pour faire la paix*, ce qui signifiait bien une progression), j'ai exposé la valeur de la construction communautaire en tant que précurseur décisif de la paix. Cette construction aide à lever les entraves à la communication, comme l'autosatisfaction qui vient si naturellement aux gens en raison de leurs emplois, leurs titres, leurs revenus, leurs diplômes, leurs identités raciales, religieuses et culturelles. Lorsque ces entraves sont levées grâce à l'apprentissage du vide, nous éprouvons un état transitoire de la conscience dans lequel l'esprit est entièrement ouvert, réceptif et, donc, en éveil. C'est par ce processus que nous créons le lieu où la guérison – et même les miracles, en un certain sens – peut se produire. La construction communautaire aide les gens à se défaire de leur sophistication pour aller droit au cœur de leur innocence. Elle les encourage à examiner profondément leurs motivations, leurs émotions, leurs jugements et leurs réactions ; elle élargit donc le champ de la conscience de soi et, au bout du compte, des autres.

Pendant ces onze années-là, Lily et moi avons consacré en gros un tiers de nos revenus et un tiers de notre temps à œuvrer dans le cadre de la FEC. Nous passions chacun environ vingt heures par semaine à travailler pour l'organisation. Faire partie de la FEC, c'était à bien des égards comme avoir des enfants. Nous n'avions jamais réalisé la masse d'efforts que cela représentait. Nous n'avions pas réalisé non plus tout ce que cette expérience nous apporterait.

Comme je l'ai écrit dans *La Quête des pierres*, lorsque nous avons fondé la FEC, nous étions une bande de gens bien intentionnés qui ne savaient pas comment s'y prendre pour faire le bien en gérant une organisation non lucrative. Si, à l'époque, vous m'aviez demandé de qu'était la planification stratégique, je vous aurais peut-être répondu que c'était sans doute quelque chose qu'on faisait au Pentagone. Nous n'avions aucune idée précise de la manière dont on gère une entreprise et ce que doit être toute organisation, même à but non lucratif, si elle veut réussir. Là aussi, nous avancions vraiment à tâtons. Je devais apprendre. Nous devions apprendre non seulement ce qu'était la planification stratégique, mais aussi le marketing, l'art d'organiser des conférences, la gestion des volontaires, le recrutement et le licenciement, la levée de fonds et le développement, l'informatique, les mailings, la publicité, la comptabilité, et ainsi de suite. Nous devions aussi apprendre des choses encore plus importantes, comme par exemple que « grand » ne veut pas nécessairement dire « meilleur », qu'il faut savoir faire travailler les gens ensemble et affronter les questions de rôle et de pouvoir.

La majeure partie de ce que nous avons appris au cours de ces douze années est le fruit de notre travail avec de nombreuses autres personnes au sein de la FEC, et l'apprentissage fut souvent douloureux. Nous avons réussi à faire toutes les erreurs de gestion que vous trouverez dans les manuels. J'ai déjà dit que la plus difficile des décisions financières que nous ayons jamais prise n'avait pas à voir avec nos finances personnelles mais avec celles de cette organisation de bénévoles. La récession de 1990-1992 a frappé la FEC de plein fouet ; elle n'a survécu que parce qu'en l'espace de six mois, nous avons réduit notre budget annuel de sept cent cinquante mille à deux cent cinquante mille dollars en « restructurant », cet euphémisme signifiant licencier des employés compétents.

Je suis un wasp élevé dans la croyance en une certaine manière de vivre sa vie avec dignité et, de ce point de vue, la chose la plus difficile que j'ai dû faire à la FEC fut de lever des fonds. On m'avait enseigné à ne jamais mendier. En 1987, après avoir passé trois ans à le faire, j'ai laissé libre cours à ma souffrance et à ma frustration dans un poème intitulé « Une vie de mendiant (confessions d'un leveur de fonds) ».

Je mendie. J'erre dans la rue, j'accoste les gens.
Vois-je encore leurs visages ? Ou simplement leurs vêtements ?
Je les juge à leurs vêtements. Celui-là a l'air pauvre. Il est débraillé. Celle-ci a l'air quelconque. Celui-là n'a l'air de rien. Ah, mais celui-là ! Il a l'air riche. Celui-là a l'air de quelque chose. Celui-ci a l'air in-fluent. Je m'approche de ma proie – et on me re-pousse.
Ne suis-je pas comme eux ?
Ne recherché-je pas une meilleure vie ?
Le problème, voyez-vous, c'est que je ne le suis pas.
Un bon mendiant.
Je ne cesse de guetter,
pourtant la nuit venue, je sombre dans des rêves de refuge,
je ne sais même pas si j'aurai de quoi payer ma chambre la semaine prochaine.
Je m'interroge : je réussirais peut-être mieux si je les dévisageais ?
J'ai des collègues dans cette profession.
La plupart me disent que j'ai raison de ne pas les dévisager.
Ils ont le même genre de vêtements que moi
et cependant, certains semblent mieux réussir que moi.
Je me demande pourquoi.
Regardent-ils les visages ? Certains disent oui.
Sur les visages, on peut lire la culpabilité.
Et ils l'exploitent. Je ne sais pas faire cela.
Ce n'est pas que je sois moral,
mais moi aussi je pourrais percevoir leur besoin,

et alors comment saurais-je qui est qui ?
Qui est le mendiant ? Et si c'était moi,
avec mon peu de moyens, qui devais donner ?
Peu de moyens,
tel est le problème. On ne peut pas trop se disper-
ser,
disent-ils, et c'est vrai.
Je ne peux être dans toutes les rues,
à toutes les heures, et je ne peux certainement pas
dévisager tous les gens.
Mais ça ne marche pas.
Il y a des jours où je me demande si je ne ferais
pas mieux de rester immobile.
J'ai un ami, un aveugle, qui se débrouille vraiment
bien.
Il reste assis, il n'a pas besoin de bouger,
avec ses yeux dont on ne voit que le blanc,
et ils lui donnent et lui donnent encore.
Mais à moi, ils ne me donneraient rien,
si je me contentais de rester là, non ?
Et je n'ai pas le courage de m'arracher les yeux,
même si cela m'éviterait d'avoir à me poser toutes
ces questions,
et à me demander si je dois regarder les visages ou
non.
Alors je bouge, je me concentre sur les vêtements,
je mendie de mon mieux, mais je ne me débrouille
pas bien.
C'est une vie de mendiant.

Ça, c'était le mauvais côté. Je n'aurais pas pu le faire s'il n'y avait eu le bon côté. D'abord, je savais que la mendicité était honorée dans de nombreuses religions et que l'humiliation pouvait être considérée comme une sorte de discipline spirituelle. Bien sûr, j'ai eu la chance, à un moment où je pouvais me reposer sur mon portefeuille de titres, que Dieu m'ait placé dans une telle situation où je devais compter sur la générosité des autres. Et puis cela me permettait en outre de me faire de nouveaux amis. Il est difficile de ne pas aimer quelqu'un qui vous offre de l'argent pour une cause que vous estimer valable. Et, chose étrange, les dons conséquents semblaient surgir lorsque nous en avions le plus besoin, et alors que nous nous y attendions le moins, comme si c'étaient des manifestations de la grâce.

Il peut être très facile ou bien très pénible de donner son argent. Julius Rosenwald, le génie des affaires qui a fondé la grande chaîne de magasins Sears and Roebuck et qui a créé la Fondation Julius Rosenwald, a déclaré un jour : « Il est presque toujours plus simple de gagner un million de dollars honnêtement que de s'en défaire sagement. » Plusieurs petits donateurs de la FEC et certains parmi les plus importants ont simplement déclaré : « Voici mon chèque. On dirait que vous faites du bon travail, et nous aimerions vous aider, mais nous ne souhaitons pas nous impliquer plus avant. » Nous leur étions très reconnaissants. Mais d'autres gens qui apportaient de grosses sommes avaient parfois le sentiment qu'il était de leur responsabilité de veiller à ce que leur argent soit bien géré. Cela voulait dire qu'ils devaient y consacrer davantage de temps, et cela rendait plus difficile le fait de donner de l'argent que de le gagner. Quand bien même, c'était peut-être aussi plus gratifiant émotionnellement, comme c'était le cas pour Lily et moi.

Nombre de gens ont donné à la FEC des centaines de milliers de dollars et beaucoup lui ont donné de leurs temps. Aujourd'hui, la FEC n'emploie que quatre personnes à plein-temps. Pourtant, son influence est plus grande que jamais parce qu'une centaine de personnes s'y dévouent bénévolement. Le bénévolat est un travail pénible. Parce qu'ils ne sont pas payés, bien des bénévoles s'imaginent qu'ils peuvent venir quand ça leur chante, mais le vrai bénévolat demande bien plus. Ceux qui dépendent des bénévoles pour faire avancer leurs organisations savent que le plus ardu est souvent d'obtenir qu'ils s'engagent. Au fil des ans, notre organisation a eu la chance de pouvoir disposer d'une armée de bénévoles dévoués.

Rétrospectivement, je crois que la FEC a survécu et fleurit actuellement grâce au dur travail de ces bénévoles dévoués corps et âme, et parce que c'est une organisation honnête. Nous avons commis toutes les erreurs imaginables, mais nous l'avons fait avec intégrité et cela semble nous avoir permis d'éviter que les erreurs ne deviennent des catastrophes. Agir avec intégrité, cela voulait dire que nous devions combiner de bons principes de gestion avec nos principes communautaires. Ce ne fut pas facile. Il a fallu que nous apprenions encore plus de choses sur la gestion et la nature de la culture d'entreprise et sur la décision par consensus, et que nous développions notre connaissance de la communauté elle-même. L'un de nos préceptes informels était : « La FEC va plus au fond. » Ainsi, nous nous sommes aventurés chaque fois plus loin dans les profondeurs de ce qu'est véritablement une communauté, dans le cadre de notre organisation, découvrant nous-mêmes les limites réelles et les vertus tout aussi réelles de la communauté sur le lieu de travail.

Ce fut une bonne chose. Lorsque nous avons commencé la FEC, le marché de la construction communautaire était cette partie du public intéressée par une expérience temporaire, individuelle, de croissance personnelle. Toutefois, à mesure que de plus en plus de gens faisaient l'expérience de la communauté, le marché principal est devenu ces organisations qui recherchaient davantage d'efficacité et de créativité. Nous avons été capables de faire face à la demande croissante de manière intègre parce que nous savions comment inclure les principes communautaires dans le fonctionnement d'une entreprise et cela était essentiellement le résultat de notre expérimentation avec nous-mêmes.

Par-dessus tout, la FEC m'a apporté une conscience encore plus grande de la différence entre les personnes et de la raison pour laquelle nous avons besoin de ces différences. Dans *Ainsi pourrait être le monde*, je disais que, des années avant cette expérience, l'un de mes premiers maîtres dans ce domaine avait dix ans de moins que moi. Peter était un jeune engagé volontaire dans l'armée, un « technicien psychologue » qui avait travaillé avec moi à Okinawa. Lorsque je suis arrivé, j'ai découvert qu'il n'y avait pas assez de psychothérapeutes pour faire face à la demande, et pourtant une douzaine de ces techniciens âgés d'à peine vingt ans passaient leurs journées assis à ne rien faire. Je leur ai donc demandé de commencer à faire des psychothérapies ; je les formerais sur le tas. Rapidement, il est devenu clair que la moitié d'entre eux n'étaient pas faits pour ce travail et je leur ai confié d'autres tâches. Mais six avaient un don naturel pour ce rôle. L'un d'eux s'appelait Peter. Pendant quelque temps, il exerça avec talent l'art de la psychothérapie. Puis son engagement volontaire prit fin et il rentra aux États-Unis. Au moment de nous quitter, je lui ai demandé ce qu'il comptait faire de sa vie et je fus effondré d'apprendre qu'il avait l'intention de monter une entreprise de distribution de lait. « Mais vous êtes un excellent thérapeute ! Je pourrais vous aider à entrer à l'université. L'armée paiera vos études – Non merci, tout est prévu », me répondit-il fermement. J'ai insisté, soulignant tous les avantages d'une carrière de psychothérapeute. Enfin, avec une exaspération compréhensible dans la voix, Peter me cloua le bec : « Écoutez, Scotty, vous ne pouvez pas comprendre que tout le monde n'a pas forcément envie d'être un psychothérapeute ? »

Cette histoire illustre bien sûr mon narcissisme, mais aussi le fait que ceux qui ont un talent pour quelque chose n'ont pas nécessairement la vocation qui devrait l'accompagner. Les conseillers pédagogiques savent bien que les meilleurs emplois, ce sont ceux où les aptitudes et les intérêts des gens coïncident. Mais Dieu est généreux avec beaucoup et leur accorde des dons multiples, des intérêts aussi bien que des talents. Toutefois, la distribution de ces dons est unique pour chaque individu. J'ai des dons que vous n'avez pas. Vous avez des dons que je n'ai pas. Et c'est pour cela que nous avons besoin l'un de l'autre.

L'incapacité narcissique courante à discerner la séparation, la différence d'autrui pèse autant sur la vie de l'entreprise que sur la vie familiale et personnelle. Laissez-moi vous donner un exemple de cette dynamique malsaine, l'impossibilité d'apprécier la diversité entre nous, au travail, même dans un contexte encore plus large, créant un schisme destructeur et détestable dans toute une profession. On m'a demandé il y a quelque temps si j'accepterais d'intervenir dans un conflit entre les deux principales instances professionnelles d'une spécialité médicale américaine. L'« American College » représentait avant tout les praticiens sur le terrain, et l'« American Academy » les chercheurs. Les membres de chaque groupe étaient des médecins intelligents, bien élevés et parfaitement civilisés. Pourtant, au cours de la dernière décennie, les relations entre ces organisations « sœurs » s'étaient gravement détériorées au point de sombrer dans l'incivilité la plus totale.

J'ai vite compris que la pratique de cette spécialité, aux frontières de la médecine, était bien plus un art qu'une science. Ceux qui faisaient partie du College traitant des patients sur la ligne de front devaient se reposer principalement sur la déduction et l'intuition. Ce n'est pas un hasard si ces hommes et ces femmes étaient non seulement habitués à l'ambiguïté, mais en fait excités par elle. De l'autre côté, comme toute recherche scientifique, la recherche médicale exige une grande précision et une grande clarté. À cause de la nature novatrice de cette spécialité, l'exigence de précision était encore plus forte que dans d'autres domaines. En conséquence, les membres de l'Academy étaient des hommes et des femmes qui détestaient le flou et considéraient l'ambiguïté comme une ennemie.

J'ai passé deux coups de fil et j'ai réalisé que la principale source de conflit entre les deux organisations venait de la différence de personnalité de leurs membres. Cela englobait même les styles de communication qui, par-delà toute question de contenu, semblaient faits pour être incompatibles. Incapable de reconnaître les divers types de personnalité et encore moins d'apprécier en quoi ils étaient tous utiles, chaque organisme en était venu à supposer que l'hostilité de l'autre découlait d'une intention de nuire. Hélas, chaque organisme a décidé de ne pas persévérer dans la réconciliation. Une fois « accros » au conflit, bien des organismes, comme des individus, préfèrent se battre plutôt que changer.

Si ces deux organisations avaient fait l'effort de poursuivre le travail, elles auraient découvert que nous disposons à présent d'une « technologie » éducationnelle précise permettant de résoudre de tels conflits organisationnels inutiles. Ce que nous appelons « la technologie de construction communautaire » est un système de techniques d'apprentissage en groupe qui tranchent dans le vif du narcissisme ordinaire des gens et les aident non seulement à percevoir leurs différences mutuelles, mais aussi à les accepter. Cet apprentissage n'est pas indolore, mais il est efficace. Grâce à lui, les gens font l'expérience concrète de leur interdépendance mutuelle.

Pensez-vous que ce soit un accident si nous, les humains, avons été créés avec une telle diversité et si nos appels sont si divergents ? Comment, sinon, pourrait-il y avoir une société ? Nous, la race collective, le corps de l'humanité, avons besoin et de nos praticiens de terrain et de nos chercheurs, de notre pouvoir exécutif et de notre pouvoir législatif, de nos spécialistes de marketing et de nos représentants de commerce, de nos agriculteurs et de nos sidérurgistes, de nos prêtres et de nos plombiers, de nos auteurs et de nos éditeurs, de nos athlètes et de nos entraîneurs, de nos prophètes et de nos bureaucrates. Oui, à l'occasion, le tissu se déchire un peu, mais quel beau tissu quand même !

Telle est la leçon que nous a enseignée la FEC. Avec Lily, nous avons beaucoup donné. Mais nous avons reçu bien davantage en retour. Nous nous sommes fait de nouveaux amis dans une communauté globale et avons appris énormément de choses sur nous-mêmes et sur les autres. Sans la FEC – comme sans nos enfants –, je serais un homme bien sot.

Aujourd'hui que Lily et moi devenons vieux, nous nous sommes retirés de la FEC et d'autres activités qui autrefois faisaient partie de notre routine. Mais l'apprentissage continue – y compris sur la manière de tirer sa révérence avec classe. En fait, dès le départ, notre intention était d'aider la FEC à devenir indépendante de nous. Nous avions une conscience aiguè de ce qui se passe lorsque des individus bâtissent des organisations, puis les quittent. Il existe d'innombrables exemples d'« évangélistes » qui ont fondé des organisations et qui, victimes d'un infarctus ou d'une indélicatesse, les ont vues s'effondrer. Notre but était d'éviter que cela ne se produise avec la FEC. Nous avons donc rendu notre tablier et encouragé les autres à être indépendants de nous, abandonnant notre pouvoir pour le donner à ceux qui sont effectivement très capables de poursuivre la mission de la FEC.

Mon père a pris sa retraite seulement lorsqu'il y fut contraint par la vieillesse, il avait alors quatre-vingts ans. Il n'a pas été évident de rompre avec la tradition de mon éducation : on meurt en selle. Mais j'ai appris qu'il n'y a aucun mal à ne pas faire les choses comme les autres. En fait, un membre fondateur de la FEC, Janice Barfield, m'a servi de modèle sur ce point. Elle a dit que Dieu lui avait demandé de cesser toute activité et elle le fit avec grâce et élégance après huit ans de bons et loyaux services. Son exemple m'a permis de suivre ses traces onze ans après. La décision concernant la retraite est un choix personnel ; chacun doit suivre sa propre voie.

Je pense que Dieu m'a donné le feu vert pour m'abstenir d'assumer toute responsabilité majeure autre que mes projets d'écriture. Puisque je suis depuis toujours accro à la responsabilité, ce pas n'a pas été simple à franchir. J'ai dû apprendre à dire non et à encourager les autres à remplir les tâches que je ne me sentais plus capable d'accepter. Le jeu a pris une place bien plus grande dans ma vie. Mais il me paraît juste – et même juste aux yeux de Dieu – que je puisse jouir de ma retraite.

Dans une vie commune emplie de bénédictions, Lily et moi avons le sentiment que l'aventure de la retraite est une bénédiction supplémentaire. Nous n'avons pas cessé de progresser. Je n'ai pas arrêté d'écrire. La famille et les amis occupent toujours une place centrale dans notre vie et nous avons l'intention de continuer à faire des dons à ces causes sociales qui nous ont toujours paru importantes. Nous jouons beaucoup au golf, car cela nous détend mais aussi parce que c'est une expérience d'apprentissage nouvelle et étrange. Nous voyageons de plus en plus à l'étranger – un autre apprentissage.

Il y a peu de temps, j'ai dit à Lily : « Ce sont vraiment nos années dorées. – Tu parles, m'a-t-elle répondu, ce sont nos années de platine ! »

Troisième partie

LA SCIENCE DE DIEU

7

Au bout du compte, tout nous ramène à Dieu

J'ai dit plus tôt que ce livre a germé à partir d'une phrase attribuée au juriste et magistrat de la Cour suprême Oliver Wendell Holmes : « Je me moque de la simplicité de ce côté-ci de la vie, mais je donnerais ma vie pour la simplicité de l'autre côté. »

Pour rejoindre l'autre côté, il faut se résoudre à un changement radical de sa manière de penser, abandonner sa vision simpliste des choses afin de considérer ce que des scientifiques rigoureux appelleraient la théorie de Dieu. Entreprendre ce voyage, c'est s'engager sur le chemin menant au monde invisible. On ne peut découvrir les vérités fondamentales de Dieu en adoptant une attitude rigide de certitude figée. Il faut « apprendre avec humilité ».

Tout comme la vie, l'autre côté n'est pas toujours linéaire ni statique. Comme la vie elle-même, c'est un processus qui recèle un mystère en son sein ; pour le percer, il faut entreprendre un voyage impliquant un changement, une guérison et l'obtention de la sagesse. Au cours de ce voyage vers l'autre côté, il arrive que l'on expérimente des visions – ces fulgurances intuitives où de nombreuses choses qui semblaient obscures commencent à devenir compréhensibles dès lors qu'on les considère d'un point de vue spirituel. Pour y accéder, on ne peut plus interpréter la vie de manière simpliste à travers le prisme limité du matérialisme.

Comme toutes les transitions de la vie, celles qui nous conduisent vers une meilleure compréhension de l'autre côté de la vie risquent d'être difficiles, voire chaotiques. On y rencontre des paradoxes et, en voulant les comprendre, on connaît la douleur psychique, celle qui accompagne la perte des anciennes idées et le sentiment de certitude qu'elles nous procuraient. Alors que nous étions confortablement installés dans nos convictions, quelque chose survient qui jette bas notre tranquillité. Il est donc impératif de garder l'esprit ouvert et de faire preuve de courage au cours de ce voyage. Il faut rassembler toutes ses ressources – émotionnelles, intellectuelles et spirituelles – pour affronter le sentiment de perte qui vient immanquablement dès lors que l'on surmonte son incapacité à penser paradoxalement, à penser avec intégrité.

Un de ces paradoxes est que la simplicité de l'autre côté n'a pas toujours l'air simple. Dieu, par exemple, a souvent l'apparence d'un être extraordinairement complexe. En tant que chrétien, il m'est souvent utile de diviser Dieu, comme cela est fait traditionnellement, en trois parties : le Père, le Fils et le Saint-Esprit. Et, en même temps, j'accepte le paradoxe et je sais au sens le plus profond du terme que Dieu est Un. Et lorsque je dis que, au bout du compte, tout nous ramène à Dieu, qu'est-ce que je veux dire exactement – et quelles preuves puis-je apporter, s'il y en a ? Explorons donc la « théorie de Dieu » et les résultats scientifiques – indirects pour la plupart – qui semblent nous ramener à Lui.

LA SCIENCE ET DIEU

Où la science s'insère-t-elle dans la logique des choses entourant Dieu ? Les génies scientifiques, dont Jung et Einstein, font partie de ces gens qui, par l'intermédiaire de leur œuvre, ont fait progresser le monde dans sa quête pour le sens de la vie et la compréhension de l'univers. Et tous deux ont personnellement proclamé que leurs recherches les avaient conduits à conclure à la réalité de Dieu. Toutefois, en dépit de ces observations par certains des esprits les plus brillants de la science, nous ne disposons toujours d'aucune preuve de l'existence de Dieu.

Toute proclamation de l'existence de Dieu contient toujours au moins une légère dose de scepticisme – précisément parce que aucune mesure scientifique ne peut la démontrer. En fait, à l'ère de la raison, la science elle-même est devenue une sorte de dieu. Le problème est qu'on ne peut attraper Dieu ni le mesurer. Mesurer quelque chose, c'est en faire l'expérience selon une certaine dimension, une dimension permettant des observations d'une grande précision. Grâce à l'utilisation de la mesure, la science a pu faire d'énormes avancées dans la compréhension de l'univers matériel. Mais, en raison même de son succès, la mesure est devenue une espèce d'idole scientifique. Le résultat est que beaucoup de scientifiques adoptent une attitude non seulement de scepticisme mais tout bonnement de rejet de tout ce qui n'est pas mesurable. C'est comme s'ils disaient : « On ne peut connaître ce qu'on ne peut mesurer. Et comme il est inutile de se soucier de ce qu'on ne connaît pas, ce qui n'est pas mesurable n'a pas d'importance et ne mérite pas qu'on s'y attarde. » En raison de cette attitude, bien des scientifiques excluent toute considération sérieuse de choses qui sont – ou semblent – intangibles. À commencer par Dieu.

Mais, si on ne peut attraper ou mesurer Dieu, on ne peut pas non plus vraiment « attraper » et mesurer la lumière, la gravité et les particules élémentaires, en dépit de leur existence évidente. En fait, l'exploration de phénomènes comme la lumière, la gravité, l'électromagnétisme et la mécanique quantique a aidé la science à se développer au cours du siècle dernier au point qu'elle en est venue à reconnaître qu'à un certain niveau la réalité est totalement paradoxale.

Dans *Le Chemin le moins fréquenté*, je citais Oppenheimer :

« Même aux questions les plus simples, nous aurons tendance à ne donner aucune réponse ou bien à en donner une qui, au départ, ressemblera davantage à un étrange catéchisme qu'aux formulations directes de la science physique. Quand, par exemple, nous demandons si la position d'un électron demeure la même, il faut répondre "non", quand nous demandons si la position de l'électron change avec le temps, il faut répondre "non", quand on demande si l'électron est au repos, il faut dire "non", quand on demande s'il est en mouvement, il faut répondre "non". Bouddha a donné ce genre de réponses quand on lui demandait quelle était la condition du moi après la mort – ce ne sont pas les réponses habituelles dans la tradition scientifique du XVIIᵉ et du XVIIIᵉ siècle. »

On en sait suffisamment sur le comportement spirituel humain pour en tirer une sorte de science, mais il existe toutes sortes d'événements que l'on ne peut expliquer sans faire appel à la « théorie de Dieu ». La théorie du big bang, notamment, est précisément cela, une théorie. Ainsi, tout nous ramène à Dieu, même pour les gens qui n'y pensent pas forcément. Et comme Dieu n'est pas mesurable, bien des gens ne croient tout simplement pas en son existence. Les matérialistes demandent qu'on leur apporte des preuves visibles. Au fond, les matérialistes vivent selon le précepte que la réalité se réduit à ce qu'en perçoivent les cinq sens.

L'athéisme est un phénomène plus complexe. On peut le définir simplement en le comparant à son contraire. C'est ce que le théologien Michael Novak a fait avec une grande lucidité lorsqu'il a distingué ce qu'il appelait la « conscience sacrée » et la « conscience laïque ». L'individu qui a une conscience laïque pense au fond être le centre de l'univers. Il est souvent très intelligent. Il sait pertinemment qu'il n'est qu'un individu parmi six milliards d'autres qui s'efforcent de survivre à la surface d'une planète de taille moyenne, minuscule fragment d'un petit système solaire parmi des milliards de galaxies, et que chacun de ces autres êtres humains pense aussi être le centre de l'univers. Par conséquent, aussi intelligents soient-ils, les gens qui ont une conscience laïque ont tendance à se sentir un peu perdus au sein de cette immensité et, en dépit de leur « centralité », à éprouver un certain sentiment de vide et d'insignifiance.

Au contraire, celui qui a une conscience sacrée ne se voit pas comme le centre de l'univers. Pour lui, le centre est ailleurs, à savoir dans le sacré, en Dieu. Pourtant, en dépit de cette absence de centralité, cette personne risque moins d'éprouver un sentiment d'insignifiance ou de vide que l'athée, parce qu'il se perçoit comme existant dans le cadre d'une relation avec cet Autre sacré, et c'est de cette relation qu'il retire un sentiment de plénitude et de sens.

Parfois les gens se trouvent à mi-chemin, un pied dans la conscience sacrée et un autre dans la conscience profane. En outre, il existe différents types d'athéisme et de religiosité. Ainsi, une partie de la « science » de Dieu est non seulement de considérer ce qui est inexplicable pour les matérialistes, mais aussi de parvenir à accepter le fait que les gens diffèrent dans leur rapport à Dieu. Pour ce faire, il est nécessaire d'expliquer brièvement la différence entre spiritualité et religion.

SPIRITUALITÉ ET RELIGION

À l'époque où je donnais encore des conférences, il m'arrivait régulièrement de constater que mon public avait une notion confuse de ces termes. Pour cette raison, j'en suis venu progressivement à restreindre ma définition de la religion, qui ne recouvre pour moi qu'un corps organisé de croyances avec une doctrine spécifique et une définition de l'appartenance. La spiritualité est quelque chose de bien plus large et, pour ma définition de la spiritualité, je renvoie le lecteur aux termes utilisés par le psychologue William James pour définir la religion. Dans son ouvrage classique *Les formes multiples de l'expérience religieuse*[1], James décrit la religion comme « la tentative d'être en harmonie avec un ordre invisible des choses ». Pour moi, cela recouvre la spiritualité de tout le monde, ou son absence. En tant que chrétien, toutefois, je crois personnellement qu'il existe une « puissance supérieure » derrière l'ordre caché des choses et qu'elle n'est pas neutre : elle souhaite activement que nous soyons en harmonie avec elle.

Bien évidemment, de nombreuses personnes sont religieuses sans être spirituelles, et vice versa. Une des personnes les plus profanes que j'aie jamais rencontrées était une nonne catholique avec qui j'ai travaillé pendant une année. Elle était au couvent depuis vingt-cinq ans et ne désirait rien d'autre qu'être nonne. En dépit du fait qu'elle faisait tout ce que font les religieuses –

---

1. William James, *Les formes multiples de l'expérience religieuse : essai de psychologie descriptive*, Exergue, 2001.

aller à confesse, rendre des services à la communauté…
–, elle n'accordait pour ainsi dire pas une seule pensée
à Dieu au cours de sa journée.

D'autres sont spirituels sans être religieux. Et puis il
y a ceux qui sont un mélange des deux, comme moi. Je
suis chrétien, et pourtant très œcuménique. J'ai grandi
dans un milieu fondamentalement laïque, mon développement spirituel a été facilité par toutes les grandes
religions du monde, et c'est seulement à l'âge de qua-
rante-trois ans que j'ai été baptisé et suis devenu chrétien. À de petites exceptions près, j'adhère entièrement
à la doctrine chrétienne. D'un autre côté, je me sers
aussi des enseignements des autres religions. *What Return Can I Make ?*[1] est le seul livre spécifiquement chrétien que j'ai écrit ; tous les autres sont davantage
spirituels que religieux.

Je pense que les différences entre ceux qui sont activement religieux ou spirituels et ceux qui ne le sont pas,
ne sont généralement pas dues au hasard mais au développement. La spiritualité des gens – tout comme la
mienne – évolue au cours de leur vie, et j'ai fini par
comprendre que cette évolution se fait par séquences
ou étapes.

Les étapes du développement spirituel

J'ai parlé pour la première fois de ma théorie des étapes du développement spirituel dans *Le Chemin le
moins fréquenté* mais, à l'époque, mes idées étaient
moins claires qu'aujourd'hui. La personne qui a le
mieux écrit sur ce sujet est le professeur James Fowler,
de la Candler School of Theology de l'université Emory,

---

1. Scott Peck, *What Return Can I Make?* Simon & Schuster, 1985.

auteur, entre autres, de *Stages of Faith*[1]. Partant du travail de Fowler et de ma propre expérience en tant que psychiatre, j'ai compris qu'il existait des stades plus ou moins distincts du développement spirituel. Fowler pense qu'il en existe six, que j'ai condensés en quatre et à propos desquels je me suis longuement exprimé dans *Different Drum* et *Plus loin sur le chemin le moins fréquenté*. Ce qui suit constitue une description très succincte.

Stade I, que j'appelle stade chaotique, antisocial. À ce stade le plus primitif, les gens peuvent paraître religieux ou profanes, mais leur « système de croyance », quel qu'il soit, est profondément superficiel. Ils sont, pour l'essentiel, dépourvus de principes. On peut considérer que le stade I est celui de l'absence de loi.

Stade II, que j'appelle stade formel, institutionnel. Celui-ci est le stade de la Lettre de la loi, qui regroupe les « fondamentalistes » religieux (c'est-à-dire la plupart des gens religieux).

Stade III, que j'appelle stade sceptique, individuel. C'est ici que l'on rencontre la plupart des athées. Ceux qui en sont à ce stade ont en général une tournure d'esprit scientifique, rationnelle, morale et humaine. Leur point de vue est globalement matérialiste.

Stade IV, que j'appelle stade mystique. À ce stade particulièrement abouti du développement spirituel, que l'on peut aussi appeler stade de l'esprit de la loi, les hommes et les femmes sont rationnels mais ne font pas une idole de la raison. Ils ont commencé à douter de leurs propres doutes et se sentent profondément en accord avec « l'ordre caché des choses », même s'ils ne peuvent pas le définir complètement. Il se sentent à l'aise avec le mystère du sacré.

---

1. James Fowler, *Stages of Faith : The Psychology of Human Development and the Quest for Meaning*, Harper, San Francisco, 1995.

Il ne faut pas considérer ces stades de manière simpliste. Superficiellement, bien des gens semblent être dans un stade plus avancé qu'ils ne le sont en réalité. Un nombre considérable d'adeptes du « New Age » et de scientifiques, par exemple, sont essentiellement des fondamentalistes, tandis que certains « évangélistes » sont des mystiques du stade IV. En outre, non seulement il existe des degrés dans chaque stade, mais aussi des gens se trouvent dans un état de transition d'un stade vers un autre. Et tandis que certains sont en cours de développement, d'autres, pour toutes sortes de raisons, sont coincés à un stade particulier. Quoi qu'il en soit, les stades sont fondamentalement des étapes de développement, ce qui veut dire entre autres que les athées du stade III sont en fait plus développés spirituellement que la plupart des croyants. Beaucoup de gens au stade II sont très critiques envers les « humanistes athées » du stade III, alors qu'ils feraient mieux de devenir un peu plus humanistes eux-mêmes.

Certaines personnes s'inquiètent du fait que la catégorisation de gens dans différents stades de développement spirituel peut avoir un effet de fragmentation, que la désignation de différents types de croyants peut être destructrice pour la communauté en général et pour la « communauté des croyants » en particulier. Je comprends la crainte des hiérarchies et de leur élitisme potentiel, mais je ne pense pas que cette crainte soit justifiée dans le cas présent. La soi-disant communauté des croyants a, au cours de l'Histoire, exclu, puni et souvent même assassiné ceux qui doutaient, les sceptiques et d'autres qui ne rentraient pas dans le moule. Et ma propre expérience personnelle des différents stades de développement spirituel m'a démontré de manière répétée que, loin d'obérer la formation et la préservation de véritables communautés, cela les facilite au contraire. Et il est bon de garder à l'esprit que les moins développés sont tout à fait capables d'œuvrer pour la communauté et de croître spirituellement, alors que les plus développés d'entre nous conservent des traces des stades antérieurs.

Comme Edward Sanford Martin l'a décrit dans son poème « Mon nom est légion » :

« Dans mon temple terrestre, il y a une foule : l'un est humble, l'autre est fier. Il y en a un dont le cœur est brisé par ses propres péchés. Un autre ne se repent pas et grimace. L'un aime ses voisins autant que lui-même. L'autre ne se soucie que de gloire et d'argent. Cela m'épargnerait bien des soucis si je pouvais savoir lequel je suis. »

Dans notre cheminement de développement spirituel, il serait bon de nous rappeler le sens fondamental du mot « Israël ». L'Ancien Testament, au tout début, nous parle de Jacob. C'était de toute évidence quelqu'un du stade I : menteur, voleur et manipulateur, il avait privé son frère de son droit d'aînesse. Au moment où débute cette partie de l'histoire ou du mythe, Jacob a des ennuis, comme si souvent les gens du stade I. Fuyant son frère, il erre dans le désert. Un soir, il délaisse sa famille pour dormir seul. Au milieu de la nuit, un étranger solidement bâti l'agresse. Ils luttent dans l'obscurité. Ce combat désespéré dure des heures. Enfin, avec les premières lueurs de l'aube, Jacob a l'impression de commencer à avoir le dessus. Exultant, il jette toutes ses forces dans la bataille pour vaincre cet homme qui l'a agressé sans raison.

Il se produit à ce moment quelque chose d'extraordinaire. L'étranger tend la main et touche légèrement la cuisse de Jacob ; celle-ci est instantanément désarticulée, brisée. Puis Jacob s'accroche à l'étranger non pour continuer à se battre car il a évidemment perdu – c'est un homme totalement défait –, mais parce qu'il sait être en présence de la divinité. Alors, dans cette première lueur du jour, il supplie son adversaire de ne pas le quitter sans l'avoir béni. L'étranger accepte et non seulement il bénit Jacob mais lui dit : « Désormais tu t'appelleras Israël, celui qui a lutté avec Dieu. » Et Jacob part en boitant vers l'avenir.

Aujourd'hui, le mot « Israël » a trois sens. Le premier se réfère à une petite partie de la surface de la terre sur la côte orientale de la Méditerranée, une nation-État jeune à l'histoire déjà tourmentée. Le deuxième se réfère au peuple juif, dispersé de par le monde, qui a lui aussi une histoire longue et torturée. Mais le sens le plus fondamental se réfère à ceux qui ont lutté avec Dieu. En tant que tel, il inclut tous les gens du stade I qui viennent à peine de commencer à lutter, ne savent pas encore qui les a agressés, continuent à être dans l'obscurité la plus totale, sans avoir jusqu'ici reçu leur première blessure et leur première bénédiction. Israël englobe aussi ceux qui ont déjà été brisés et bénis, les fondamentalistes du stade II, qu'ils soient hindous, musulmans, juifs, chrétiens ou bouddhistes. Et ceux qui ont été deux fois brisés et deux fois bénis, les athées, les agnostiques et les sceptiques, que ce soit en Angleterre, en Russie, en Argentine ou ici, qui se posent des questions et poursuivent donc la grande lutte. Et, enfin, ceux qui ont été brisés et bénis trois fois, les mystiques de toutes les cultures du monde, qui en sont à rechercher d'autres fractures parce qu'ils savent que de nouvelles bénédictions s'ensuivront. Israël inclut la totalité de l'humanité qui lutte et se développe. C'est le potentiel total de la planète. Nous sommes tous Israël.

LE BAGAGE PSYCHOSPIRITUEL ET HISTORIQUE

Nous avons généralement du mal à voir cet aspect de notre humanité commune, en partie en raison du bagage psychospirituel que nous portons sur nos épaules, inconscients de la manière dont il façonne notre vision du monde lorsqu'il s'agit des questions religieuses et spirituelles ayant un impact sur nos vies et sur notre perception du rôle joué par Dieu. Ce bagage psychospirituel est souvent inutile. Il est partiellement le résultat d'excès religieux, comme l'Inquisition. Originellement, la religion et la science avaient un rapport d'intégration. Et cette intégration avait un nom : la philosophie. Les premiers philosophes, comme Platon, Aristote et Thomas d'Aquin, étaient des hommes à la tournure d'esprit scientifique. Ils pensaient en termes de données et contestaient des prémisses, mais ils étaient aussi entièrement convaincus que Dieu était la réalité essentielle.

Toutefois, au XVIe siècle, la relation entre la science et la religion a commencé à se gâter et atteint le fond en 1633 lorsque l'Inquisition convoqua Galilée. Les conséquences de cet événement furent tout ce qu'il y a de plus déplaisant. Déplaisant pour Galilée, d'abord, obligé de renier sa croyance en la théorie copernicienne – selon laquelle les planètes tournent autour du Soleil – et assigné à résidence pour le restant de ses jours. Mais, rapidement, les événements prirent une tournure encore plus désagréable pour l'Église, qui n'a cessé de se rétracter jusqu'à ce jour.

En réaction à cette situation, il émergea, vers la fin du XVIIe siècle et le début du XVIIIe, un contrat social non écrit partageant le territoire entre le gouvernement, la science et la religion. Il ne fut pas consciemment élaboré mais constitua une réponse quasi spontanée aux exigences du moment ; depuis lors, il a essentiellement contribué à déterminer la nature de notre science et de notre religion.

Au début du XVIIIe siècle, Isaac Newton était le président de la Société royale de Londres pour l'amélioration de la connaissance naturelle. Conformément au contrat non écrit déjà en vigueur, cette connaissance était dite naturelle, par opposition à la connaissance surnaturelle. La « connaissance naturelle » était devenue le domaine de la science, et la « connaissance surnaturelle » celui de la religion ; selon les règles du contrat, les deux ne devaient pas se croiser. Un des effets de cette séparation fut l'émasculation de la philosophie. Puisque la connaissance naturelle était désormais l'apanage des scientifiques et la connaissance surnaturelle celui des théologiens, il ne restait aux pauvres philosophes que ce qui se faufilait dans les trous, c'est-à-dire pas grand-chose.

À certains égards, on peut considérer ce contrat non écrit comme un des grands événements intellectuels de l'histoire de l'humanité. Il en a découlé tout un ensemble de bonnes choses : l'Inquisition disparut, on cessa de brûler les sorcières, les coffres de l'Église restèrent pleins pendant de nombreux siècles, l'esclavage fut aboli, la démocratie établie sans passer par l'anarchie, et, peut-être parce qu'elle se limitait effectivement aux phénomènes naturels, la science prospéra, donnant naissance à une révolution technologique totalement inimaginable au point d'ouvrir la voie au développement d'une culture planétaire.

Le problème, c'est que ce contrat social non écrit ne fonctionne plus. En fait, aujourd'hui, il est devenu carrément diabolique. Comme je le répète, le mot « diabolique » vient du grec *diaballen* qui veut dire « séparer », « compartiment ». C'est l'opposé de « symbolique », qui vient du grec *symballein* et signifie « rassembler », « unifier ». Le contrat social non écrit est en train de nous déchirer.

Grâce à la laïcisation de l'éducation, nous ne pouvons même plus enseigner les valeurs dans les écoles publiques, par exemple. La science y est enseignée, mais il semble admis que la religion ne doit pas l'être.

Personne n'a intenté de procès, sauf quelques fondamentalistes opposés à la théorie de l'évolution qui veulent faire interdire l'enseignement de la science, mais
le sujet de la religion et celui de la spiritualité sont si
sensibles que personne n'ose mettre au point un pro-
gramme d'étude élémentaire raisonnable. Il n'existe
aucune raison valable pour ne pas enseigner la religion ; ce pourrait être fait de manière aussi objective
que la science, en s'intéressant à toutes les religions et
à leurs concepts essentiels. Puisque les valeurs sont en
dernière instance reliées à des idées religieuses fondamentales, on pourrait aborder l'enseignement des valeurs de la même façon, sans partialité, en présentant
un panorama général avec des concepts et des théories
spécifiques.

Aujourd'hui, nous enseignons le matérialisme à nos
enfants. En ne leur enseignant pas la spiritualité, nous
leur envoyons implicitement le message selon lequel les
valeurs ne sont tout simplement pas importantes. Ceux
qui s'opposent à l'enseignement des valeurs ne voient
pas que nous avons déjà introduit une valeur nihiliste
fondamentale dans le cursus scolaire. Le nihilisme dit
qu'il n'y a pas d'ordre caché des choses, que tout est
permis et que la vie n'a pas de signification particulière.
Enseigner des valeurs, c'est suggérer que, au contraire,
tout cela compte. Mais quelles valeurs faut-il enseigner ? Tel est le dilemme. La solution est de ne pas enseigner un ensemble spécifique mais d'offrir un
panorama complet, puis de laisser les enfants décider
eux-mêmes.

Laissez-moi vous montrer l'effet du contrat non écrit
dans la culture américaine et plus spécifiquement dans
mon champ professionnel, celui de la psychiatrie. Se
définissant comme scientifique, elle a totalement né-
gligé le spirituel. Je doute qu'il soit possible pour un
psychiatre de finir son internat sans aborder la théorie

des stades. Les stades freudiens du développement psychosexuel, les stades du développement cognitif de Piaget et les stades de maturation avec leurs crises d'Erikson. Mais, à ma connaissance, les psychiatres ne reçoivent aucune formation en ce qui concerne les stades du développement spirituel. La principale raison en est qu'on ne considère pas comme étant du ressort des programmes de formation des psychiatres de savoir ou d'enseigner quoi que ce soit à propos de la spiritualité.

Nous portons non seulement ce bagage historique collectif, mais aussi celui de nos propres expériences personnelles : la manière dont nous avons été traités par l'Église lorsque nous avons exprimé des doutes, ou quand nous avons connu des périodes où nous nous sommes sentis étrangers à autrui et à Dieu. L'Inquisition n'existe plus, mais les excès religieux actuels conduisent encore bien des gens à se figer au niveau du stade III, le profane. Le dogmatisme et la bigoterie chez les fondamentalistes du monde entier ne laissent aucune place au doute ou à l'incertitude. Nombreux sont ceux qui sont restés profondément blessés d'avoir été rejetés par leur Église parce qu'ils doutaient. Écorchés vifs, leur première réaction à tout ce qui touche au spirituel est le rejet viscéral. Pour ne pas se trouver bloqués, pour avancer, il leur faudra réussir à pardonner cette rigidité, cette intolérance typique du stade II.

Sans compter que beaucoup restent « coincés » dans leur développement spirituel pour des raisons purement psychologiques. Lorsque j'exerçais encore, j'ai travaillé comme consultant pour un couvent dont le règlement exigeait des postulants qu'ils passent un examen psychiatrique avant de devenir novices. Dans le cadre de ces entretiens, j'ai reçu une femme âgée de quarante-cinq ans décrite par son directeur de noviciat et son directeur religieux comme « une candidate merveilleuse », le seul point noir étant que les autres postulants ne l'aimaient guère. Ils n'avaient rien de spécial à lui reprocher, mais ils n'étaient pas chaleureux à son égard.

Lorsque je l'ai rencontrée, ce qui m'a aussitôt frappé, c'est qu'elle se comportait plus comme une gamine de huit ans que comme une adulte de quarante-cinq. Quand elle parlait de sa vie spirituelle, il n'y avait rien de spontané. Elle faisait l'effet d'une brave petite fille qui connaissait toutes les bonnes réponses et était très fière de pouvoir réciter son catéchisme.

J'ai dû pousser mes investigations au-delà de sa vie religieuse. Questionnée sur son enfance, elle m'a répondu qu'elle avait été « merveilleuse, emplie de bonheur ». Comme nos premières années sont souvent pénibles, j'ai dressé l'oreille et lui ai demandé de m'en dire plus. Elle m'a raconté un incident : elle avait huit ans, sa sœur neuf, elles prenaient leur bain ensemble, et sa sœur lui a dit en plaisantant « Attention, Oogle arrive ! » Oogle était leur compagnon de jeu imaginaire, un fantôme amical. Instinctivement, elle avait plongé sous l'eau. Elle se souvenait qu'ensuite sa mère l'avait battue.

« Battue ? Mais pourquoi ? lui ai-je demandé.

— Parce que je m'étais mouillé les cheveux, bien sûr. »

D'autres souvenirs importants sont remontés à la surface pendant notre entretien, et il est devenu évident que l'enfance « merveilleuse » était une version partielle de l'histoire, une version simpliste et réconfortante, sans doute. En fait, lorsqu'elle avait douze ans, sa mère fut atteinte de sclérose en plaques et mourut sept ans plus tard. Pour moi, il était désormais clair que son côté infantile était dû au fait qu'elle était restée figée à un stade émotionnel préadolescent.

La personnalité des enfants au cours de leur période de latence ressemble à bien des égards à la spiritualité du stade II. D'ailleurs, si on appelle la période entre cinq et douze ans « période de latence », c'est précisément parce qu'à cet âge-là les enfants sont « latents », ce qui veut dire pas très problématiques. S'ils sont parfois espiègles, ils ont tendance à croire tout ce que papa et maman leur disent. Avec l'adolescence, par contre, ils sont enclins à tout remettre en question. Mais comment se révolter contre une mère qui vous bat parce que vous vous êtes mouillé les cheveux, quand elle devient invalide au début de votre adolescence et meurt à la fin, juste au moment où la période de révolte est censée se terminer ? L'impossibilité pour cette femme de quarante-cinq ans d'avoir pu passer par le stade de révolte adolescente se reflétait dans sa spiritualité. L'origine de son côté puéril et de sa déférence envers tout ce qui concernait l'Église était facile à localiser.

J'ai déjà dit qu'il existe des parallèles entre les stades de développement spirituel et les stades de développement psychosexuels que connaissent bien les psychiatres. Le stade I correspond, par certains côtés, aux cinq premières années de la vie, le stade II à la période de latence, le stade III à l'adolescence et au jeune âge adulte, et le stade IV au dernier quart d'une existence humaine ayant connu un développement normal. Comme les stades de développement psychosexuels, les stades de développement spirituel sont séquentiels – on ne peut pas les sauter. Et tout comme il existe des fixations du développement psychosexuel, il en existe dans le développement spirituel, parfois pour les mêmes raisons.

Je dois aussi répéter que le « diagnostic » de la spiritualité d'une personne ne doit pas être basé sur des apparences superficielles ou des hypothèses simplistes. Ce n'est pas parce qu'un homme est scientifique qu'il en est obligtoirement au stade III ; il peut parfaitement n'être qu'un escroc de stade I. Et une petite minorité peut ne s'inscrire dans aucun stade. Ceux que nous appelons les « personnalités-limite », par exemple, peuvent avoir un pied dans le stade I, l'autre dans le stade II, une main dans le stade III et l'autre main dans le stade IV. Ce n'est pas pour rien qu'on les appelle personnalités-limite ; ils ont tendance à être partout à la fois.

Le plus grand problème qui se pose pour tous les stades, excepté le stade IV (ils se voient comme des pèlerins en chemin), est de penser qu'on est arrivé. Un fondamentaliste de stade II risque de penser qu'il a tout compris, qu'il tient Dieu dans la poche de son pantalon, alors qu'un athée endurci se verra comme tellement sophistiqué qu'il ne juge pas utile d'évoluer.

Certaines personnes ont besoin de sortir de leur religion pour avancer, comme Kathy, cette femme dont j'ai raconté l'histoire dans *Le Chemin le moins fréquenté*. C'était une catholique primitive, de stade II, qui avait envers sa religion un attachement formel plutôt que spirituel. D'autres ont besoin d'entrer plus loin en religion pour se développer, comme c'était le cas du très athée Theodore, dont j'ai également raconté l'histoire dans le même livre, et qui représente un autre cas de handicap du processus de développement spirituel si on n'entreprend pas une psychothérapie.

L'INTÉGRATION ET L'INTÉGRITÉ

On peut discerner les avancées et les stagnations de la foi dans l'histoire de l'humanité. Mais c'est seulement depuis peu, en cette période que traverse actuellement notre société, que l'on commence à voir les limites de la raison. Si nous nous trouvions encore dans l'âge de la foi, je suppose que, en tant que membre des « Lumières », c'est la foi aveugle que je critiquerais. Mais aujourd'hui, en tant que grand défenseur de la raison, je suis très opposé à la raison étroite et dépourvue d'imagination. Si l'on pense que l'on doit connaître *la* raison de toute chose et qu'il n'en existe qu'une seule – quand le concept de surdétermination nous est étranger –, on tombe dans la malédiction de la pensée binaire. Cette pensée limitée nous a conduit à croire que l'éducation doit être ou laïque ou religieuse, que les émeutes sont dues ou à la désintégration des familles ou à l'oppression raciste, que l'on doit être ou démocrate ou républicain, ou conservateur ou libéral.

La vérité, c'est qu'il y a de la place à la fois pour la foi et pour la raison. Et c'est seulement quand on est capable d'intégrer les deux attributs dans sa vie que l'on peut se rapprocher de l'intégrité. Je ne sais pas qui a inventé le terme, mais quelques théologiens, dont moi-même, exaltent de plus en plus ce qu'ils appellent la « sainte conjonction ». La sainte conjonction, c'est le mot « et ». Au lieu d'une pensée binaire, nous soutenons l'idée d'une pensée multiple. Nous n'essayons pas de nous débarrasser de la raison mais défendons l'idée d'une raison augmentée. Raison *et* mystère. Raison *et* intuition. Raison *et* révélation. Raison *et* sagesse. Raison *et* amour.

Il s'agit alors de considérer un monde où une entreprise peut faire des profits et être éthique. Où un gouvernement peut garantir l'ordre politique et la justice sociale ; où la médecine peut être pratiquée de manière techniquement efficace et avec compassion ; où l'on peut enseigner aux enfants la science et la religion. Il s'agit d'une vision intégrative. Et par intégration nous ne voulons pas dire un pot-pourri incolore et inodore. Lorsque nous parlons d'intégrer la science et la foi, nous ne pensons pas à un retour vers un âge primitif où la science ne compte pas, pas plus que nous ne plaidons pour un *statu quo* où une science limitée est idolâtrée, tandis que la foi se réduit à un cours de une heure, le dimanche. La sainte conjonction, c'est la conjonction de l'intégrité.

Je me demande souvent ce qui viendra après l'âge de la raison. Je ne sais pas, mais j'espère que ce sera l'âge de l'intégration. La science et la religion y œuvreront main dans la main et chacune s'en verra renforcée. Mais, avant de parvenir à l'âge de l'intégration, il nous faudra devenir plus sophistiqués dans notre manière de penser. Plus précisément, il faut apprendre à penser de manière paradoxale parce que nous rencontrerons un paradoxe chaque fois que la raison se trouvera intégrée par la sainte conjonction.

Il y a plusieurs années, j'ai proposé un ensemble de dix recommandations à la commission de l'éducation de l'État où je vis, qui s'était réunie pour débattre de la question épineuse de l'enseignement des valeurs dans les écoles publiques. L'une de mes recommandations était l'enseignement du bouddhisme zen dès la deuxième année du cours élémentaire. Je ne plaisantais pas. Le bouddhisme zen, c'est la manière idéale d'apprendre le paradoxe. Si je n'avais pas côtoyé le bouddhisme zen pendant une vingtaine d'années, je n'aurais jamais été prêt à avaler les paradoxes effroyables constitutifs de la doctrine chrétienne. Les enfants deviennent capables d'affronter les paradoxes vers l'âge de dix ans ; c'est un moment critique qui ne doit pas être gâché. Je doute cependant que la commission ait pris ma suggestion au sérieux.

Les gens ont du mal à penser paradoxalement dans cet âge de la raison. Souvent, on définit le sens du mot « paradoxe » – en partant de sa racine grecque – comme « contraire à la raison ». Mais les paradoxes ne sont pas « déraisonnables ». Ils donnent cette impression parce que l'on parle surtout avec des substantifs. Les substantifs sont des catégories, et le langage compartimente. « Chat » est la catégorie de certains animaux terrestres à fourrure et moustaches. « Poisson » est la catégorie de créatures aquatiques avec des écailles. Par conséquent, une créature appartenant à la catégorie des chats ne peut pas appartenir à celle des poissons. La « vie » et la « mort » sont des compartiments opposés. Même les verbes sont catégoriques. « Trouver » est l'opposé de « perdre ». Que devons-nous donc penser de quelqu'un qui nous enseigne le paradoxe suivant : « Quiconque sauvera sa vie la perdra, et quiconque perdra sa vie la trouvera ? »

La grâce et le hasard heureux

Nous aurons beau essayer, le fait est que nous, les humains, ne pourrons jamais faire de miracles par la force de notre volonté. Ce fait, cette absence de contrôle, est une des raisons pour lesquelles les athées restent insensibles au miracle dans la vie de tous les jours. Ils ne peuvent pas voir la grâce – et donc la preuve – de Dieu et de l'amour de Dieu.

Dans mon identité première de scientifique, j'ai besoin de preuves et je les aime. Étant aussi logique que mystique, j'attends que l'on me présente des preuves statistiques pour me convaincre de quelque chose. Mais entre vingt et trente ans, à mesure que j'ai mûri, j'ai été de plus en plus frappé par la fréquence d'événements statistiquement improbables. Dans leur improbabilité même, j'ai commencé à percevoir la marque de Dieu. À cause de tels événements dans ma propre vie et dans la vie de mes patients (dont je raconte un certain nombre dans *Le Chemin le moins fréquenté* et dans mes autres livres), je sais que la grâce existe. Ces événements hautement improbables obéissent à des règles et presque tous semblent avoir un résultat bénéfique. Je suis ainsi tombé par chance sur un synonyme de la grâce : le hasard heureux[1].

Le hasard heureux est une sorte de don que certains posséderaient et d'autres pas : certaines personnes auraient de la chance, d'autres pas. Or une de mes idées principales est que la grâce, qui se manifeste notamment par des événements positifs et agréables que l'on ne recherche pas, est accessible à tout le monde. Mais certains savent en tirer parti – et d'autres pas.

L'une des raisons pour lesquelles nous avons tendance à résister à la grâce est que nous ne sommes pas vraiment conscients de sa présence. Nous ne trouvons pas ces choses inattendues heureuses, parce que nous sommes incapables d'apprécier la valeur du cadeau qui nous est fait. En d'autres termes, les hasards heureux nous arrivent à tous, mais bien souvent nous ne les remarquons pas et ne savons donc pas en profiter pleinement.

Les indications de la grâce telles que je les ai décrites ont les caractéristiques suivantes :

— elles servent à protéger, soutenir et amplifier la vie et sa croissance spirituelle ;

— leur mécanisme d'action est ou bien totalement compréhensible (comme dans les rêves) ou totalement obscur (comme dans les phénomènes paranormaux) si l'on s'en tient aux principes de la loi naturelle tels qu'ils sont interprétés par la pensée scientifique moderne ;

— elles surviennent fréquemment et son routinières, ordinaires et universelles ;

---

1. *Sevendipity* en anglais.

— bien qu'elles soient potentiellement influencées par la conscience, leur origine se trouve en dehors du champ de la volonté et du processus de prise de décision consciente.

J'en suis donc venu à croire que ces facteurs font partie des manifestations d'un seul et même phénomène : une force puissante dont l'origine est extérieure à la conscience et favorise la croissance spirituelle. Puisque nous ne pouvons pas la toucher et n'avons aucun moyen sérieux de la mesurer, nous qui avons une tournure d'esprit sceptique et scientifique aurons tendance à la balayer d'un revers de la main. Et pourtant, elle existe. Elle est réelle.

Encore une fois, notre compréhension en est limitée par notre difficulté à affronter les paradoxes, par notre volonté d'identifier les choses rationnellement. Le paradoxe de la grâce est que, d'une part, elle est méritée – j'ai déjà cité un certain nombre de raisons pour lesquelles le fait d'être touché par elle est une question de choix – et que, d'autre part, on a beau essayer de l'atteindre, elle semble nous échapper. Autrement dit, nous n'allons pas à la grâce, la grâce vient à nous. Le paradoxe selon lequel nous choisissons la grâce et sommes choisis par elle est l'essence du phénomène des hasards heureux. Bouddha a trouvé l'éveil seulement lorsqu'il a cessé de le rechercher – lorsqu'il l'a laissé venir à lui. Mais qui peut douter que l'éveil ne soit venu à lui parce qu'il l'a cherché pendant au moins seize années de sa vie, seize années à se préparer ? Il a dû à la fois le chercher et ne pas le chercher.

On me demande souvent si j'ai éprouvé la grâce depuis que j'ai écrit *Le Chemin le moins fréquenté* il y a vingt-deux ans. Oui, ça n'a pas cessé. Et même s'il ne s'agit pas de l'exemple le plus récent, il y en a un qui est particulièrement mémorable. Voilà huit ans, je me rendais à une conférence à Minneapolis où je devais prendre la parole. À l'époque, les heures de vol m'étaient précieuses, puisque c'est à ce moment que j'écrivais. J'avais donc toujours un bloc-notes sur moi. Comme je suis assez timide, je n'aime pas bavarder avec la personne à côté de moi, surtout si elle a bu. Alors, même quand je n'écris pas, j'ai une mine renfrognée laissant entendre que je ne veux pas qu'on empiète sur mon intimité.

Ce matin-là, lorsque je suis monté dans l'avion à Hartford, mon voisin – qui n'avait pas du tout bu – était un homme d'une quarantaine d'années. Je lui ai envoyé mes messages non verbaux habituels signifiant « je ne souhaite pas parler », et j'ai été ravi de constater qu'il m'envoyait les mêmes. Nous étions donc assis ensemble silencieusement et avons partagé silencieusement la même salle d'embarquement pendant une heure, une correspondance particulièrement longue, à Buffalo. Puis nous sommes remontés ensemble silencieusement dans l'avion. C'est seulement trois quarts d'heure après avoir décollé que nous avons échangé nos premières paroles, littéralement comme un nuage dans un ciel bleu. Il a levé les yeux du roman qu'il était en train de lire et m'a demandé : « Je suis désolé de vous déranger, mais vous ne connaîtriez pas, par hasard, le sens du mot *Serendipity* ? »

Je lui ai répondu que, à ma connaissance, j'étais une des seules personnes à avoir consacré une importante partie d'un livre au sujet, et que c'était peut-être un hasard heureux que, au moment précis où il recherchait le sens du mot, il ait été assis en plein ciel à côté d'un spécialiste de la question. (Pensez à l'invraisemblance de cet événement ! Et pensez aussi que j'ai défini la grâce en termes d'occurrence d'événements qui, non seulement sont statistiquement très improbables, mais ont aussi des résultats bénéfiques.)

J'ai posé mon bloc-notes et nous avons commencé à discuter. Il m'a demandé si le livre avait quelque chose à voir avec le sens des hasards heureux. Je lui ai répondu que c'était une sorte d'intégration de la psychologie et de la religion. « Je me suis un peu éloigné de la religion », m'a-t-il rétorqué. Et il m'a raconté qu'il était originaire de l'Iowa, avait été élevé dans la foi méthodiste et avait été pratiquant pendant longtemps. Peut-être avais-je l'air de quelqu'un à qui il pouvait se confier – il était peu probable que nous nous revoyions jamais –, et il a donc poursuivi : « Je ne suis pas sûr de croire encore à cette histoire de naissance vierge. Pour être honnête, j'ai même des doutes à propos de la résurrection. Ça m'attriste un peu, parce que j'ai l'impression que je vais devoir quitter mon Église. »

Je me suis alors mis à lui expliquer qu'il était sain d'être sceptique et de douter. Je lui ai dit que, dans le livre que j'avais écrit, « la voie de la sainteté passe par la remise en question de tout » et je lui ai exposé pourquoi ce questionnement était nécessaire pour passer d'une religion qu'« on vous a donnée » à une religion personnelle, mûre. Lorsque nous nous sommes quittés à Minneapolis, mon compagnon de voyage m'a dit : « Je n'ai pas la moindre idée de ce que tout cela signifie, mais je ne vais peut-être pas quitter mon Église. »

LA RÉVÉLATION

Je pense que l'influence réparatrice radicale de la grâce se manifeste à nous non seulement dans ces circonstances très improbables mais aussi à travers la révélation. Chaque fois que quelque chose ne pouvant être une coïncidence se produit, il y a de grandes chances que la main de Dieu soit à l'œuvre. Mais n'arrive-t-il jamais à Dieu de se révéler directement à nous, de nous parler ? La réponse est oui.

La manière la plus courante est par l'intermédiaire de sa « petite voix fluette ». Rappelez-vous l'histoire de mon amie – une femme d'une trentaine d'années – qui faisait son footing un matin à l'heure de partir travailler. Elle n'avait pas prévu de courir, mais ne pouvait se débarrasser de cette petite voix lui enjoignant de courir. Après avoir suivi son conseil et avoir été transformée par cette expérience, elle s'exclama, hilare, en m'en faisant le récit quelques jours plus tard : « Quand je pense que le Créateur de tout l'univers a pris le temps de venir courir avec moi ! »

Mon contact le plus récent avec la petite voix de Dieu a eu lieu à l'automne 1995, alors que je venais de terminer le premier jet de mon roman *Au ciel comme sur terre*, qui avait été retenu pour publication. Le moment des corrections était venu et j'avais un problème. Dans la première version, je m'étais servi de moi-même en tant que personnage principal et j'étais conscient qu'il faudrait changer cela dans la seconde version. Pour la réécriture, j'avais besoin de « sortir de moi-même » – opération pour laquelle je n'ai jamais été particulièrement doué – et d'améliorer encore le personnage. Mais la nature de l'intrigue exigeait que le protagoniste me ressemble : un intellectuel de formation psychiatrique doublé d'un théologien amateur. C'était un problème et je n'avais pas la moindre idée de la manière dont j'allais le résoudre.

J'en étais là, lorsque, un après-midi, alors que je travaillais sur autre chose et que mon problème était relégué dans un coin de mon cerveau, j'ai entendu une petite voix fluette me dire : « Lis le livre de Daniel. » J'ai secoué un peu la tête. Comme presque tout écolier, je savais que Daniel était un prophète dont le livre faisait partie de l'Ancien Testament, qu'il avait, pour une rai-

296

son ou pour une autre, été jeté aux lions mais avait réussi à survivre par la grâce de Dieu. N'ayant jamais lu le livre de Daniel ni eu la moindre intention de le faire, je n'en savais pas plus. N'ayant par ailleurs aucune idée de la raison pour laquelle cette voix m'exhortait à le faire, je me suis remis à dicter des lettres.

L'après-midi suivant, alors que je cherchais des papiers dans le bureau de ma femme, la petite voix est revenue. « Lis le livre de Daniel », a-t-elle répété. Cette fois, je n'ai pas secoué la tête. Ayant déjà fait l'expérience de la capacité d'insistance du Saint-Esprit, j'ai admis que Dieu essayait peut-être de me faire faire quelque chose, même si lui seul savait quoi et pourquoi. Mais je n'étais pas pressé d'obtempérer pour autant.

Après le déjeuner, le lendemain, alors que je faisais ma promenade quotidienne, la voix est revenue, encore plus insistante :

« Scotty, *quand* vas-tu enfin lire le livre de Daniel ? » Comme je n'avais rien de plus urgent à faire, dès que je fus revenu à la maison, j'ai pris une de nos bibles et lu le livre de Daniel. J'y ai appris beaucoup de choses, mais la plus utile pour moi à ce moment-là fut de réaliser qu'il existe des parallèles frappants entre Daniel et moi-même. Quoique bien plus courageux, fidèle et noble que moi, lui aussi était un intellectuel. En tant qu'interprète de rêves, il était une sorte de psychiatre et, plus tard, en tant que prophète, une sorte de théologien. Ma vie avait connu la même évolution, et j'ai rapidement compris que j'avais la solution de mon problème : le caractère principal de mon roman serait un Daniel, pas un Scotty. Et tant nos similitudes que nos différences m'ont permis de « sortir de moi-même » de mille façons pour donner de la crédibilité à ce personnage.

Cet exemple de la manière dont Dieu s'occupe de moi est d'autant plus remarquable que je suis un médiocre savant et un piètre lecteur de la Bible. Dans le Nouveau Testament, je n'ai jamais été capable de lire la Révélation et j'ai un mal fou avec les épîtres. Quant à l'Ancien, je l'ai à peine effleuré. Cela ne m'a jamais vraiment manqué. Que peut-on dire de ce type de phénomène ? Bien des gens ont écrit sur le thème de la créativité sans mentionner Dieu, démontrant comment la solution d'un problème difficile peut soudain se révéler à eux alors qu'ils n'y pensent pas du tout. Mais, dans ces cas-là, la solution est aussitôt reconnue et acceptée. Elle n'est pas vécue comme venant de l'extérieur. Quant à moi, je n'ai pas reçu la solution mais le don d'un chemin y conduisant. Cela me paraissait incompréhensible, je n'avais pas conscience du rapport avec mon problème. Comme c'était un chemin que je n'aurais pas emprunté habituellement, je ne l'ai pas accueilli favorablement. Il m'était même si étranger que j'ai commencé par le rejeter carrément.

Comme problème, le mien n'était pas énorme. Suis-je en train de suggérer que Dieu se mettrait en quatre pour m'aider avec quelque chose d'insignifiant ? Oui, c'est exactement ce que je pense. Pourquoi Dieu s'intéresse tellement à moi, je ne le sais pas. Mais des millions de gens ont vécu des expériences similaires de grâce et de révélation ; pour moi, ce sont non seulement des preuves de l'existence de Dieu, mais aussi du fait qu'il s'occupe de nous à chaque instant.

Faire l'expérience de sa « petite voix blanche » est un drôle de phénomène. Ce n'est pas du tout une voix masculine puissante qui nous tombe du ciel. Comme le dit la Bible, la voix est effectivement « petite » et « blanche », c'est à peine une voix. Elle semble venir de l'intérieur, et bien des gens n'arrivent sans doute pas à la distinguer d'une pensée. Pourtant, ce n'en est pas une.

Il n'y a rien d'étonnant à ce que tant de gens ne sachent pas quoi penser d'une telle révélation. La ressemblance de cette « voix » avec une pensée ordinaire impose toutefois une remarque de précaution : on aurait tort d'assigner à la moindre de nos pensées une origine divine, cela pourrait nous rendre rapidement fous. Certaines règles permettent de faire la distinction. D'abord, il est important de prendre le temps (à moins de se trouver dans une situation d'urgence) de « tester avec la réalité » si la voix que l'on entend est celle du Saint-Esprit ou ses propres pensées. On peut d'autant plus prendre son temps que si, par prudence, on n'en tient pas compte au début, elle reviendra presque toujours, comme la voix m'incitant à lire le livre de Daniel. Ensuite, cette voix du Saint-Esprit (ou du Réconfort, comme l'appelait Jésus) est toujours constructive, jamais destructrice. Elle peut vous demander de faire une chose paraissant un peu risquée, mais ce ne sera jamais un risque majeur. Si vous entendez une voix qui vous dit de vous tuer, de voler, de tricher, ou de dépenser toutes vos économies pour acheter un bateau, prenez rendez-vous chez un psychiatre.

D'autre part, la voix a l'air généralement un petit peu « folle ». C'est du reste ce qui la distingue de votre propre pensée. Elle a un ton vaguement étranger, comme si elle venait d'ailleurs (ce qui est le cas). C'est inévitable. Le Saint-Esprit n'a pas besoin de nous dire des choses que nous connaissons déjà ou de nous pousser dans une direction que nous avions déjà choisie. Il vient à nous avec quelque chose de nouveau et d'inattendu – pour nous ouvrir et donc, par définition, pour briser avec douceur nos limites et nos barrières. C'est bien pourquoi notre première réaction, lorsque nous entendons la voix pour la première fois, est en général de secouer la tête.

Dieu peut également s'adresser à nous – s'occuper de nous – par l'intermédiaire de nos rêves, en particulier ceux que Carl Jung nommait « les grands rêves ». À l'époque où j'exerçais encore, certains de mes patients, conscients du fait que les rêves pouvaient contenir des réponses à leurs problèmes, cherchaient à se les rappeler tous délibérément, mécaniquement et au prix de grands efforts, jusqu'au plus petit détail. Mais nous n'avions pas le temps de les analyser tous au cours de la thérapie, loin de là ; en outre, j'ai découvert qu'un matériau onirique trop important pouvait empêcher de travailler dans des domaines d'analyse plus fructueux. Il fallait donc convaincre ces patients de cesser de courir après leurs rêves et de les laisser venir à eux, de laisser leur inconscient choisir quels rêves devaient atteindre la conscience. Cet apprentissage était assez difficile : le patient devait lâcher un peu prise et adopter une attitude plus passive. Mais, dès qu'il était parvenu à ne plus faire l'effort conscient de s'agripper à ses rêves, son matériau onirique diminuait, certes, en quantité mais augmentait considérablement en qualité. Avec comme résultat, parfois, la guérison.

Certains de mes patients, au contraire, entamaient une psychothérapie sans avoir la moindre idée ou compréhension de l'immense valeur que leurs rêves pourraient avoir pour eux. Ils refoulaient de leur esprit tout le matériau onirique qui s'y présentait, le considérant comme dépourvu de valeur. Je devais leur apprendre à se souvenir de leurs rêves, à les apprécier et à percevoir le trésor qu'ils recelaient. Pour utiliser les rêves de manière efficace, pour profiter d'eux, il faut prendre conscience de leur valeur sans les rechercher ou les attendre. Il faut les prendre comme de véritables cadeaux. C'est ce que Jung appelait un « grand rêve », un rêve qui nous hurle presque : « Souviens-toi de moi ! »

Pourquoi tant de gens sont-ils incapables de comprendre les preuves – la petite voix blanche, nos rêves, etc. – de la grâce et de la révélation ? Il y a deux raisons : la première est qu'ils se sentent menacés par le changement. La plupart des fondamentalistes ou des athées ne sont tout simplement pas prêts à admettre les preuves qui remettraient en cause leurs convictions. La seconde est qu'il y a quelque chose de véritablement effrayant dans l'idée d'accepter Dieu pour la première fois. Détrôner son ego pour mettre Dieu à sa place aux commandes de sa vie implique une évidente perte de contrôle (comme dans mon « grand rêve » où je devais laisser Dieu conduire la voiture).

Pour bien des athées, le rejet de toute preuve de l'existence de Dieu n'est pas un phénomène neutre ou passif. Il est courant de nos jours d'entendre parler de toxicomanes notamment qui refusent de reconnaître leur dépendance malgré l'accumulation de preuves – c'est le « déni ». Ce déni est un processus psychologique agressivement actif. Je pense que certains athées sont comme intoxiqués par leur athéisme, tout comme certains fondamentalistes le sont par leur simplisme. Quelles que soient les preuves convaincantes que vous pourrez leur présenter, rien ne les fera changer d'avis. Ils ont bien accès au même Dieu que tout le monde, mais ils ont choisi de l'éviter et de le nier.

L'EGO ET L'ÂME

L'acceptation des preuves de l'existence de Dieu implique une bataille entre l'ego et l'âme. J'ai précédemment défini l'âme comme « un esprit humain unique, perfectible, immortel, créé par Dieu et nourri par lui ». Chacun de ces qualificatifs est essentiel. Le fait que l'âme soit « nourrie par Dieu » est d'une importance particulière ; j'entends par là que Dieu nous a créés au moment de notre conception et, en même temps que, par la grâce, il continue à s'occuper de nous durant toute notre vie. Je pense que cela n'aurait pas de sens qu'il fasse cela s'il n'attendait pas quelque chose de nous, à savoir le développement de notre âme. Mais en quoi l'âme se distingue-t-elle de l'ego ?

J'ai décrit l'ego comme la partie de notre personnalité qui nous gouverne. Le développement de l'ego, la maturation de ce gouverneur, est intimement lié au développement de notre conscience. Lorsque les gens parlent de l'« ego » de quelqu'un, ils se réfèrent en général à l'image qu'il a de lui-même, à sa perception et à sa volonté. Cela englobe non seulement certains traits de caractère (souvent les plus négatifs et critiquables) mais également ce qui le préoccupe et ce à quoi il accorde de la valeur dans l'existence. Comme l'âme, l'ego peut grandir, changer et se développer, mais il ne le fait pas nécessairement.

L'une des grandes différences entre l'âme et l'ego, c'est que ce dernier est plus près de la surface de ce que nous sommes, ou croyons être, alors que l'âme touche le cœur de notre être – si profond que l'on peut ne pas en être conscient. Tel était le cas lorsque j'ai pris la décision de quitter mon lycée, Exeter, après deux ans et demi de scolarité. J'ai raconté cette histoire dans un chapitre précédent parce qu'elle a marqué le début de ma rencontre avec mon âme.

Tout le monde a une notion de son propre « moi », un sens de son identité. Ce « moi » est parfois désigné par le nom d'ego, parfois par celui d'« identité ». Mon ego désirait faire plaisir à mes parents, endurer ce qu'il fallait endurer et marcher dans les pas de mon frère qui m'avais précédé à Exeter. J'avais souhaité aller à Exeter et y réussir. Je ne voulais absolument pas laisser tomber. Mais si je refusais de laisser tomber, qui a donc laissé tomber ? Graduellement, je me suis rendu compte de mon incapacité à faire ce que je pensais avoir envie de faire, même si je ne savais pas exactement pourquoi à l'époque. De toute évidence, quelque chose en moi était différent de ce à quoi mon éducation conventionnelle m'avais destiné.

La plupart des psychiatres diraient que mon ego était simplement déchiré par des conflits. Certains seraient plus précis et ajouteraient que mon égo était en conflit avec mon véritable moi, voulant entendre par là que le moi est à la fois plus ample et plus profond que l'ego. Je pourrais accepter cette dernière explication, mais il me semble qu'elle pose plus de problèmes qu'elle n'en résout. Qu'est-ce que le « moi véritable » ? Pourquoi ne pas le définir ? Pourrait-il s'agir de l'âme, et, s'il en est ainsi, pourquoi ne pas la définir comme telle ? Et quelle pourrait être la définition de l'âme ?

Les psychiatres athées diraient que le véritable moi, le moi global est un assemblage de composantes psychiques, le ça, l'ego et le sur-ego, le conscient et l'inconscient, le tempérament génétiquement déterminé et l'accumulation de notre expérience d'apprentissage. Pas étonnant avec tout ça que j'aie traversé une crise ; ces éléments sont réels et ils peuvent effectivement entrer en conflit. En outre, une psychothérapie efficace peut être menée sur la base de ce modèle. Le problème, c'est que je n'avais pas du tout le sentiment d'être un tissu de contradictions permanent. Et, curieusement, plus je vieillissais et prenais conscience de ces diverses parties de mon être, moins je me percevais comme un « assemblage ». Je sentais qu'il se passait quelque chose de bien plus profond, quelque chose de très important qui me grandissait. J'avais fini par comprendre que j'avais une âme.

Il est essentiel de garder à l'esprit que l'âme et l'ego, étant des phénomènes différents, opèrent nécessairement à des niveaux différents. Bien que je considère l'âme et l'ego comme deux choses bien distinctes, cela ne veut pas dire qu'il n'y ait aucune interaction entre les deux. Je suis intimement convaincu qu'une conversion

– changement et développement – de l'âme affectera énormément et positivement certains modes de fonctionnement de l'ego. De même, je pense que l'apprentissage de l'ego aide au développement de l'âme. Mais la nature de l'interaction entre l'âme et l'ego demeure mystérieuse.

La plupart des athées reconnaissent l'unicité des personnes mais ne voient pas pour quelle raison il faudrait établir une distinction « mystique » entre l'âme et l'ego. « Puisque tout le monde a une composition génétique unique, en même temps qu'un ensemble d'expériences vécues unique, il s'ensuit naturellement que chacun a un ego différent. » Pour ma part, il me semble, au contraire, qu'il existe une certaine ressemblance dans les ego, alors que les âmes sont uniques. Mais, si je peux vous dire beaucoup de choses au sujet de l'ego, je peux vous en dire très peu sur l'âme. Alors que les ego peuvent être décrits en termes généraux, presque banals, l'unicité de l'âme de chaque individu ne peut être adéquatement saisie par le langage. L'âme est notre véritable esprit et, comme Dieu, elle nous échappe dès que nous essayons de la saisir.

C'est lorsque l'on choisit sérieusement un chemin de développement psychospirituel pour le restant de sa vie que l'unicité de l'âme se manifeste le plus clairement. C'est comme si la psychopathologie de l'ego ressemblait à de la boue ; quand on s'en est débarrassé, l'âme sous-jacente brille de toute sa splendeur, d'une beauté nulle part égalée sur cette terre. Et, si je suis certain que Dieu crée chaque âme de manière différente, il ne s'ensuit pas que certaines questions n'ont pas de réponse. Aussi mystérieux soit-il, le processus de création de l'âme est individualisé. L'unicité des personnes individuelles est indéniable (sauf au péril de son âme) et ne peut être expliquée simplement en termes de psychologie ou de biologie.

La négation de l'âme par les athées est aussi un déni du cœur. Le raisonnement des athées est autovérifiant : « Puisque Dieu n'existe pas, je ne tiendrai compte d'aucune preuve tendant à le désigner. » Il n'est alors pas surprenant qu'ils soient coupés de la conscience de leur âme et soient toujours prompts à écarter ce qui touche au cœur de l'homme. Lorsqu'on se méfie de ses sentiments et qu'ils ne sont pas intégrés à la pensée, le résultat est souvent le déni de son propre cœur.

Le cas de Theodore dans *Le Chemin le moins fréquenté* en est un exemple. Au cours de son traitement, je lui ai demandé d'écouter la musique composée par Niel Diamond pour *Jonathan Livingston, goéland*. C'est une composition d'une grande richesse spirituelle, et j'espérais qu'elle aiderait Theodore à se tourner vers la voie du développement spirituel. Mais il ne supportait pas cette musique. Il la trouvait d'un « sentimentalisme dégoûtant », des mots révélant son rejet de son propre cœur à l'époque.

Il est vrai que tout le monde ne réagit pas comme moi face à des musiques ou à des chansons qui me remuent l'âme. Mais, si l'on est en contact avec son propre cœur, on ne peut que garder une petite place pour l'émotion, au moins en ce qui concerne les choses importantes. Ceux qui sont tournés vers la spiritualité considèrent le corps, l'esprit et le cœur comme partie intégrante de tout leur être. Ils n'ont pas honte d'avoir un « cœur de midinette », bien au contraire, ils détestent les circonstances exigeant de faire taire leur cœur.

J'ai déjà dit que ce divorce entre la tête et le cœur, entre l'intellect et l'émotion, est très répandu chez les hommes et les femmes sophistiqués dans notre société actuelle. Beaucoup sont des chrétiens dans leur cœur tout en étant simultanément des athées intellectuels, ou l'inverse. C'est vraiment dommage. Les premiers – qui sont pour la plupart généreux, gentils, honnêtes et dévoués envers leurs congénères – sont souvent emplis de désespoir, trouvant peu de sens à l'existence tout en refusant d'entendre les voix porteuses de joie et d'apaisement de leur cœur, dont ils jugent les messages sentimentaux, irréalistes ou puérils. N'ayant pas foi dans leur moi le plus intime, ils souffrent inutilement.

La guérison la plus profonde ne passe pas par l'esprit mais par le cœur ou l'âme. Si le cœur est « endurci », aucun mot ne peut l'atteindre. Inversement, lorsqu'on a subi ce que l'Ancien Testament appelle une circoncision du cœur, la réalité de la présence apaisante de Dieu dans nos vies – et dans le reste du monde – devient moins difficile à reconnaître.

LA KÉNOSIS

Lorsque j'ai écrit dans *Le Chemin le moins fréquenté* que le but de la croissance était de nous permettre de devenir plus conscients, et donc d'évoluer, j'ai suggéré que cette voie d'évolution pointait directement vers Dieu. Dieu veut que nous apprenions et nous développions, et je pense qu'il nous aide à le faire. Mais, lorsque j'ai insinué ensuite qu'en fin de compte, Dieu voulait que nous devenions Dieu – comme Dieu –, cette affirmation a provoqué pas mal d'indigestions théologiques ; comme si j'avais énoncé une notion potentiellement satanique. Après tout, Satan ne prétendait-il pas pouvoir être comme Dieu, aussi bon que Dieu ?

J'aurais pu prévenir cette indigestion si j'avais continué à m'exprimer sur le grand paradoxe dont il est question ici. Le paradoxe, c'est que nous ne pouvons devenir Dieu, sauf à nous liquider nous-mêmes, sans craindre l'humilité du vide. Il existe un terme important en théologie pour cette entreprise : la kénosis, qui est le processus du moi se vidant de lui-même. C'est l'essence du message des grands maîtres spirituels, comme le Christ et Bouddha, à travers l'histoire de l'humanité. Nous devons nous débarrasser de notre ego. Le paradoxe selon lequel « quiconque perdra sa vie pour moi la gagnera » peut être reformulé de la manière suivante : « Quiconque est prêt à perdre son ego trouvera son âme. »

L'image du processus kénotique utilisée dans le christianisme est celle du récipient vide. Il faut restreindre suffisamment son ego – la partie de notre personnalité qui nous régit – pour être un récipient en état de recevoir, sinon, impossible d'acquérir une identité. Mais, à part cela, le but de la croissance spirituelle est de nous défaire de notre ego jusqu'à atteindre un état de vide suffisant pour pouvoir nous remplir de l'esprit de Dieu, de notre âme véritable. Cette possibilité a été exprimée par saint Paul : « Je ne vis pas ma propre vie, c'est la vie du Christ qui vit en moi. »

Nous voici donc revenus à la question cruciale du vide. Rappelez-vous : j'ai dit que c'est la clé du désapprentissage et du réapprentissage qu'il nous faut expérimenter tout au long de notre vie si nous voulons grandir et devenir aussi solides et humains que possible. Rappelez-vous aussi : j'ai dit combien ce processus de désapprentissage ressemble à une mort. Autrefois, les moines et les nonnes s'adonnaient à un exercice appelé la mortification. Le mot vient du latin *mortis*, « mort », et signifie « discipline de la mort quotidienne ». Ils allaient peut-être trop loin avec leur flagellation et leurs cilices, mais il y avait une idée derrière tout cela. Par la mortification, ils essayaient de pratiquer la kénosis.

J'ai également dit que non seulement les individus mais aussi les groupes doivent passer par ce processus kénotique d'autoélimination afin de devenir et demeurer sains. Notons que nous avons baptisé « le vide » la phrase cruciale du processus de construction communautaire. À présent, il est temps de décrire les différentes étapes de développement que traversent les groupes quant ils s'appliquent à former des communautés.

La pseudo-communauté

Afin d'éviter la douleur du désapprentissage et du changement, lorsque des groupes se réunissent pour se constituer en communauté, ils commencent par faire semblant d'être déjà une communauté. Au fond, ils feignent de croire que tous les membres sont égaux, un leurre soutenu par la pratique d'un ensemble non écrit de règles connues de tous : les bonnes manières. À ce stade, désireux de nier leurs différences individuelles et d'éviter tout désaccord, les membres sont incroyablement polis les uns envers les autres. Mais la vérité est que, avec nos âmes et nos ego uniques, nous sommes tous différents, et c'est pour cette raison que nous appelons ce leurre de l'identité la « pseudo-communauté ».

Le chaos

Une fois que les différences ont fait surface (ou, comme dans le processus de construction communautaire, lorsqu'elles sont encouragées), le groupe se met à essayer d'oblitérer ces différences. La principale méthode utilisée est la « guérison », la « fixation », ou la « conversion ». Mais les gens ne se laissent pas facilement guérir ou fixer et donc, assez rapidement, les victimes se rebellent, entreprennent de vouloir guérir les guérisseurs autodésignés et de convertir les soi-disant convertisseurs. On assiste alors à un superbe chaos, aussi bruyant et polémique qu'improductif. Personne n'écoute personne.

Le vide

Il n'y a que trois moyens de sortir du chaos. Le premier est de revenir à une pseudo-communauté encore plus solide. Le deuxième est de s'organiser en créant des commissions et des sous-commissions. Le dernier est, comme nous l'expliquons aux groupes, « dans et à travers le vide ». Si un nombre suffisant de membres du groupe nous écoute, alors ils entrent dans un processus graduel, très douloureux, par lequel ils se défont des obstacles à la communication. Les barrières les plus communes sont les attentes, les a priori, les préjugés, la rigidité de l'idéologie ou de la théologie, et le besoin de guérir, convertir, réparer ou résoudre. Quand le groupe entre dans ce stade du vide – le stade le plus difficile de son apprentissage –, il semble avoir totalement perdu son chemin. Il a une sensation de mort. C'est le temps de la kénosis. Mais, si le groupe parvient à rester soudé – comme c'est presque toujours le cas lorsque les dirigeants sont compétents –, alors ce travail de kénosis ou de mort réussira, et il en résultera un renouveau.

La communauté

Lorsqu'un groupe a achevé sa mise à mort, qu'il est ouvert et vide, il entre dans la communauté. À ce stade final, une douce quiétude s'installe. Une sorte de paix, souvent précédée et suivie par une abondance d'expressions individuelles d'expériences et d'émotions personnelles, de larmes de joie ou de tristesse. C'est à ce moment, où personne n'essaie plus de convertir ni de guérir personne, que se produisent vraiment la guérison et la conversion – une communauté véritable est née.

Tous les groupes qui deviennent une communauté ne respectent pas exactement ce paradigme. Celles qui se forment de manière transitoire en réponse à une crise, par exemple, peuvent sauter une ou plusieurs étapes temporairement. Bien que j'aie parlé avec chaleur des vertus de la communauté lorsque les obstacles à la communication sont finalement transcendés, cela ne veut pas du tout dire qu'à partir de là tout soit facile. Une fois que la communauté est établie, selon les buts et les tâches du groupe, sa préservation reste un défi de chaque instant. Mais l'expérience d'avoir grandi à partir du vide laisse une marque durable, et la réaction émotionnelle la plus courante envers l'esprit communautaire est la joie et l'amour.

LA PRIÈRE ET LA FOI

Tout le monde prie. Même les athées les plus endurcis prient dans des moments de souffrance atroce ou d'extase, même s'ils n'en sont pas conscients. Instinctivement, ils crient au moment de l'orgasme : « Oh, mon Dieu ! » De même, lorsque la grippe les cloue au lit, ils gémissent : « Oh, mon Dieu ! » C'est parfois dans des moments de terreur que leurs pensées se tournent vers Dieu – un phénomène à l'origine du célèbre dicton : « Il n'y a pas d'athées dans les tranchées. » L'une des différences entre les athées et ceux de confession religieuse ou spirituelle est que nous (les seconds) pensons occasionnellement à Dieu tout au long des 99,5 % du temps où nous ne sommes ni à l'agonie ni en extase.

Mais qu'est-ce que la prière ? Je dois faire constamment remarquer aux gens que bien des choses dans la vie, comme la conscience, la communauté, l'amour et l'âme – qui ont toutes quelque chose à voir avec Dieu – sont trop vastes pour avoir une seule définition. Les gens prient depuis des millénaires, on pourrait donc penser que les théologiens seraient parvenus à une définition adéquate de la prière, depuis le temps, mais ce n'est pas le cas.

Pour la plupart des gens, prier c'est simplement « parler à Dieu ». Cette définition n'est pas mauvaise si l'on comprend qu'il existe d'innombrables manières de parler à Dieu. Les prières peuvent donc être subdivisées en de nombreux types : la prière de groupe et la prière individuelle, la prière formelle et la prière informelle, les prières de louange, d'adoration et de gratitude, les prières de repentir et de pardon, les prières de sollicitation pour soi-même ou pour autrui, et ainsi de suite. Je rangerai aussi la méditation dans les formes de prière et, là encore, il y a de nombreux types de méditation. Tous ces types n'entrent pas dans la catégorie de celles qui vous vident de vous-même, mais je pense que les meilleures formes de méditation sont celles où l'on se calme et se vide délibérément afin de pouvoir écouter Dieu ou l'attendre. Cela ne veut pas dire que Dieu répondra. Les expériences spirituelles se produisent en fait rarement lorsqu'on prie, mais nombre d'entre nous ont le sentiment qu'une vie de prière active améliore les chances de pouvoir vivre un jour – et identifier – une expérience spirituelle.

Et puis il y a la question de la pensée et de son rapport à la prière. Le fait de bien penser peut et doit se fondre dans la prière. Même si elle n'est pas entièrement adéquate, ma définition préférée de la prière – qui ne mentionne même pas Dieu – est celle de Matthew Fox : « Une réponse radicale aux mystères de la vie. »

La plupart du temps, lorsque je prie, je ne parle ni n'écoute Dieu ; en fait, je pense, tout simplement, mais en ayant Dieu en tête. Avant de pouvoir répondre avec certitude aux mystères de la vie, je dois d'abord y penser sérieusement, tout comme je dois penser aux mystères de ma propre vie et à tout le spectre de réponses potentielles à ces mystères. « Dieu, je me demande comment tu vois cela avec tes yeux ?... » Tel est le genre de question que je me pose. On appelle souvent ce type de prière la prière contemplative. Et, en général, elle est muette. L'une des raisons pour lesquelles j'aime tellement la définition de Fox est qu'elle implique que, au bout du compte, la prière doit se traduire en actions ; je sais, quant à moi, que je ne peux pas agir correctement sans contemplation préalable.

La routine de la prière possède de grandes vertus. Bien que je sois chrétien, j'imagine que toutes les autres grandes religions ont au moins une parcelle de vérité manquant au christianisme et certaines manières de mieux faire les choses. Le peu de théologie islamique que j'ai lu me semble contenir l'expression « souvenez-vous » avec une certaine fréquence. Je crois que ce n'est pas un accident si les musulmans élèvent des minarets et appellent les fidèles cinq fois par jour à prier ; en priant, ils se souviennent de Dieu. Le musulman de base fait ainsi de manière tout à fait routinière ce que seuls des chrétiens très contemplatifs, des moines et des nonnes, font.

Même si la prière formelle et publique possède de grandes vertus, ma préférence va à la prière privée, personnelle. Je ne sais pas si j'ai raison, mais je soupçonne que plus nos prières sont personnelles, plus elles plaisent à Dieu. La prière est une rue à double sens. Pour qu'elles soient personnelles (sauf dans des moments d'extase ou de souffrance extrême), nous devons au moins croire un petit peu qu'il y a une personne de l'autre côté pour nous écouter et peut-être nous répondre. Cela nous amène à la question de la foi et de sa relation avec la prière. Pourquoi une « personne » à l'autre bout ? Lorsque j'étais à l'université, ma citation préférée était une phrase de Voltaire : « Dieu a créé l'homme à son image, et l'homme lui a retourné le compliment. » Voltaire faisait allusion à notre tendance à représenter Dieu de manière anthropomorphique comme un homme ou une femme avec des caractéristiques corporelles. Il me semblait que Dieu devait être bien différent de ce que nous pouvons imaginer. Et il l'est. Toutefois, depuis, j'ai aussi compris que le moyen le plus commode dont nous disposions pour appréhender la nature de Dieu est de projeter sur lui ce que notre propre nature humaine a de meilleur. Autrement dit, entre autres et par-dessus tout, Dieu est *humain*.

J'ai aussi appris d'autres choses encore depuis l'université. À cette époque, je supposais que la foi précédait la prière, et que seuls ceux qui avaient vraiment la foi pouvaient vraiment prier. Mais, il y a quelques années, je suis tombé sur un vieux dicton chrétien – tellement ancien qu'il était en latin : *Lex orandi, lex credendi*, ce qui signifie « la loi de la prière précède la loi de la foi ». Autrement dit, j'avais tout faux. La vérité vraie, c'est que, si l'on prie beaucoup, alors – et seulement alors – la foi pourra venir.

Pourquoi ? Encore une fois, dans ma jeunesse, j'avais interprété les choses à l'envers. Je pensais que, si je comprenais mieux le monde, ma foi en Dieu serait plus forte. Puis je suis tombé sur une phrase d'un saint qui disait : « Ne cherche pas à comprendre pour avoir la foi, cherche la foi pour pouvoir comprendre. »

C'est grâce à ma connaissance grandissante de tels fragments de « science » que j'ai pu aider une femme merveilleuse, qui au départ était athée. Annie est venue me consulter parce qu'elle se faisait trop de soucis.

Nous avons identifié l'une des principales racines de son problème : son absence de foi en Dieu. Tout doucement, je lui ai appris à prier.

Après quelques années de rendez-vous peu fréquents, elle est venue me voir un jour et m'a avoué :

« Docteur Peck, je ne suis vraiment pas douée. Je ne sais toujours pas prier. La plupart du temps, ma seule prière – je l'ai trouvée quelque part dans la Bible – est "Je crois en toi, Seigneur, aide mon incroyance". C'est si pathétique.

— Annie, lui ai-je répondu, c'est une des prières les plus sophistiquées que j'aie jamais entendues. »

Le développement de la foi de cette femme fut très progressif (cela est typique de la transition du stade III vers le stade IV), mais il peut être très rapide, comme des yeux qui s'ouvrent tout à coup. L'expérience peut même être terrifiante. Le public de mes conférences était surtout composé de gens en transition entre le stade III et le stade IV, ou qui étaient déjà profondément engagés dans le stade IV. Souvent, je demandais : « Pour combien d'entre vous le voyage a-t-il été si rapide que vous vous demandiez si vous ne deveniez pas fous ? » La plupart levaient alors la main, et je poursuivais : « C'est une raison d'avoir un bon directeur spirituel, il vous dira si vous êtes en train de devenir fou. » Il arrive en effet que des « explosions » soudaines de foi soient la conséquence d'une maladie mentale. Mais ce dont les gens ont le plus besoin dans de telles circonstances, c'est d'un réconfort intelligent (qu'un grand nombre de psychiatres et de psychothérapeutes athées sont incapables de fournir).

Je viens de parler de l'acquisition de la foi. Que dire de son inverse, la perte de la foi ? C'est un phénomène très réel, courant chez ceux qui sont en train de faire la transition du stade II au stade III. Lui aussi peut être effrayant, c'est la raison pour laquelle une petite association a été fondée il y a peu : Fondamentalistes anonymes, un groupe de soutien aux personnes confrontées à la terrible angoisse survenant lorsqu'on abandonne une foi très tranchée, rigide et doctrinale. La perte de la foi peut être particulièrement douloureuse pour ceux dont l'identité religieuse est formelle ou professionnelle. Bien des prêtres ont prononcé leurs vœux alors qu'ils étaient au stade II, puis ont évolué vers le stade III et se sont vus dans la situation de devoir monter en chaire chaque dimanche pour parler d'un Dieu auquel ils ne sont même plus sûrs de croire. Eux aussi ont besoin d'un réconfort intelligent pouvant seulement être prodigué par un habitué des stades de ce que Fowler appelle « le développement de la foi ».

Il faut aussi considérer brièvement un phénomène que l'on pourrait appeler la mise à l'épreuve de la foi, auquel doit faire face toute personne religieuse en crise. En général, la crise est surmontée et la foi y survit. Mais il existe un autre type de mise à l'épreuve plus prévisible qui survient habituellement chez des gens au développement spirituel poussé et depuis longtemps installés au stade IV. Au XVIᵉ siècle, saint Jean de la Croix a inventé un terme pour cela : « la nuit noire de l'âme ».

La nuit noire de l'âme est ce point où Dieu devient totalement absent, et souvent pour une période prolongée. Pour ceux qui s'y trouvent, la petite voix blanche qu'ils ont fini par identifier comme appartenant à Dieu, semble s'être atténuée ou a totalement disparu. Les rêves, qui étaient source de révélations, se sont taris. Ce n'est pas une crise ni même une affliction. C'est juste un sentiment profond que Dieu, qui était présent et actif dans leur vie, est parti en vacances et semble injoignable, peut-être pour toujours.

Dieu tout-puissant se rend-il délibérément inaccessible ? C'est possible, si l'on pense qu'il peut être approprié de mettre une foi mûrie à l'épreuve. Dans *What*

Return Can I Make ?, j'ai utilisé l'analogie d'un jeune enfant, âgé peut-être de deux ans, qui n'a aucun problème pour croire en la présence de sa mère lorsqu'elle est dans sa chambre mais qui, dès qu'il ne la voit plus, panique et se met à penser qu'elle n'existe plus. Sa foi en elle étant ainsi testée au fil des années, il finit par comprendre que sa maman se trouve sans doute dans la pièce voisine, qu'elle n'a pas simplement disparu en l'abandonnant, qu'elle l'aime toujours et prendra encore soin de lui, mais d'une manière différente de ce qu'il attendait jusque-là.

Certes, lorsqu'ils ont atteint la nuit noire de l'âme, la plupart des croyants demeurent croyants. Ils continuent à prier et à louer leur Dieu apparemment absent, tout comme Job n'a jamais cessé de le faire. Ils pensent peut-être aux paroles du Christ sur la croix : « Pourquoi m'as-tu abandonné ? » Mais c'était bien à Dieu que Jésus s'adressait encore. Cela peut également être un réconfort de savoir que quelques saints qui n'étaient pas des martyrs, qui sont morts dans leur lit, ont passé leurs derniers jours, ou mois, ou années dans la nuit noire de l'âme, avant de progresser à nouveau.

LA THÉOLOGIE DU PROCESSUS

Nombre d'entre nous, aussi bien athées que soucieux de spiritualité, mettent en doute l'existence de Dieu lorsqu'ils contemplent leur monde ; ils se demandent pourquoi tant de douleur, de souffrance et de mal. Autrement dit, pourquoi les choses ne sont-elles pas parfaites ? Il ne suffit pas de répondre : « Les voies du Seigneur sont impénétrables. » On ne peut avancer aucune réponse avec certitude. Par contre, ce que l'on peut faire, c'est offrir quelques ajouts relativement modernes et spéculatifs à la « théorie de Dieu » traditionnelle, plus ancienne et, il me semble, inadéquate.

La théorie de Dieu traditionnelle, primitive pose l'existence d'un Dieu omnipotent. Mais une vision si simpliste ne peut expliquer le mal ni prendre en compte une bonne partie de la Bible et du sens commun. Alors qu'au commencement Dieu semble avoir tout créé (et même cela peut être contesté), dès le troisième chapitre de la Genèse – le tout premier livre de la Bible –, les problèmes abondent. Dieu expulse Adam et Ève du jardin d'Éden et leur dit que dorénavant ils devront souffrir. Pourquoi ? Dieu est-il un sadique ?

Je pense que la réponse est la suivante : Dieu doit tenir compte de contraintes, même s'il les a créées lui-même. Lorsqu'il est dit que « Dieu nous a créés à sa propre image », cela signifie surtout qu'il nous a accordé le libre arbitre. On ne peut pas donner le libre arbitre à quelqu'un et en même temps lui braquer une mitraillette dans le dos. Le libre arbitre implique que nous soyons libres, libres de choisir le bien ou le mal. Le moment où Dieu nous a octroyé le libre arbitre, c'est celui où le mal humain autant que le bien humain ont été lâchés sur le monde. En conséquence, Dieu n'est plus omnipotent. Il s'est imposé une contrainte et, même si cela le blesse, il doit nous laisser faire.

Le troisième chapitre de la Genèse laisse entendre que cette décision de nous laisser faire est aussi liée à l'existence de la mort (et, par voie de conséquence, de la maladie et de la vieillesse). Combien nous nous sommes torturés à propos de ces « malédictions » ! Pourtant, si nous gardons présent à l'esprit que la mort du corps ne signifie pas nécessairement la mort de l'âme, je ne suis pas certain que la vieillesse, la maladie et la mort soient en rien des malédictions. Je les maudis moi-même de temps à autre, mais, dans mes périodes plus rationnelles, je les perçois comme faisant partie intégrante de l'ordre naturel des choses, un ordre que Dieu lui-même a établi. Je ne veux pas dire que Dieu soit totalement impuissant. Je veux dire que Dieu n'est pas omnipotent ; il ne peut opérer en dehors des contraintes de cet ordre naturel : la maladie, le vieillissement, la mort et la déchéance physique. Ou en dehors de la contrainte la plus terrible qui permet l'existence du mal humain, même à une échelle aussi massive que l'Holocauste.

L'idée que Dieu n'est pas omnipotent de manière simpliste mais doit tenir compte de certaines contraintes n'est pas le seul ajout moderne à la théorie primitive de Dieu. Un autre ajout important s'est développé au cours des cinquante dernières années : c'est ce qu'on appelle la « théologie du processus », laquelle remet en cause l'idée traditionnelle de Dieu comme un être statique, qui ne change jamais. Elle suggère que, comme tous les êtres vivants, Dieu est un « processus » : il vit, souffre et croît en même temps que nous, même s'il a toujours de l'avance sur nous. On attribue l'origine de la théologie du processus au philosophe contemporain Alfred North Whitehead, mais elle était déjà présente dans la doctrine mormone il y a plus d'un siècle. Les mormons ont depuis toujours un dicton qui dit : « Tel que l'homme est, Dieu a été. Tel que Dieu est, l'homme sera. »

Dans mon roman *Au ciel comme sur terre*, j'ai proposé une sorte d'addenda à la théologie du processus, en suggérant que la création (y compris celle des âmes, humaines et autres) pourrait être une expérience en cours de réalisation. Dans la mesure où Dieu est un créateur, pourquoi n'expérimenterait-il pas autant que les scientifiques humains, même s'il est un peu plus imaginatif, subtil et artistique ? À nous, scientifiques, le fait que beaucoup de nos expériences, sinon la plupart, « échouent » ne nous pose pas de problème particulier, car ce sont des tentatives. Il y a toujours des possibilités d'amélioration. Ne pourrait-on pas considérer une âme très imparfaite, mauvaise même, comme une « expérience ratée » ? Nous savons bien que les expériences manquées sont aussi instructives que les expériences réussies ; elles nous font recommencer – peut-être en est-il de même pour Dieu. Tout cela prend un sens quand on cesse de penser à un Dieu omniscient, omnipotent et intangible, que l'on se met à l'imaginer comme un processus et à prendre au sérieux l'essence de la théologie du processus.

Dans *Ainsi pourrait être le monde*, j'ai raconté comment j'ai découvert le concept de la théologie du processus. C'était il y a quinze ans. Je me trouvais dans mon cabinet avec une patiente de trente-cinq ans. C'était une très belle femme, avec peut-être quelque kilos de trop pour son âge et sa taille. La veille, lors d'un dîner dans un restaurant, elle était de si bonne humeur qu'elle avait commandé et mangé une glace. À présent, elle se lamentait.

« Comment ai-je pu être si stupide ? J'ai fait une entorse à mon régime six jours à peine après avoir commencé. Je me déteste d'être si indisciplinée. Une glace, mon Dieu ! Avec de la sauce au caramel, épais, gluant… Je n'aurais rien pu choisir de pire, question calories. Un de ces jours, je vais… »

Et elle poursuivit ainsi, dans la même veine, et je me suis assoupi légèrement, tout en songeant qu'elle était vraiment caractéristique d'une vaste catégorie de femmes physiquement attrayantes mais qui dépensent des tonnes d'énergie à s'obséder sur les moindres variations de leur poids. Qu'avaient-elles donc ? En plein dans mes divagations, je l'ai soudainement interrompue et j'ai lancé :

« Mais qu'est-ce qui vous fait croire que Dieu n'est pas obligé de suivre un régime ? »

Elle m'a regardé comme si j'étais devenu fou.

« Pourquoi est-ce que vous dites ça ? » m'a-t-elle demandé.

Je me suis gratté la tête et j'ai répondu :

« Je ne sais pas. »

Mais il fallait que j'y réfléchisse, et, ce faisant, je me suis rendu compte que j'avais mis le doigt sur quelque chose. Ma patiente ployait sous le fantasme que, si elle faisait suffisamment de régimes (ou découvrait le régime idéal) ou de séances de psychothérapie, elle atteindrait un état dans lequel elle pourrait manger tout ce qu'elle voulait sans prendre un gramme, ou alors, si elle prenait un gramme, elle pourrait le perdre sans effort et de manière instantanée. Drôle de fantasme, quand on y pense.

« Il arrive peut-être à Dieu de prendre cinq kilos, lui ai-je expliqué, et après il doit les perdre. Seulement voilà, il n'en fait pas tout un plat, et c'est peut-être pour cela qu'il est Dieu. »

Ma patiente vivait dans l'illusion que la perfection était une notion statique. C'est une idée extrêmement courante mais profondément destructrice. Elle est abondamment répandue parce qu'elle est très logique. Si quelque chose de parfait change, ce ne peut être que pour devenir différent. Et en toute logique, ce qui est différent de la perfection, c'est l'imperfection. Mais, si une chose est réellement parfaite, elle ne peut, par définition, devenir imparfaite. Donc, la perfection ne connaît pas le changement. Et c'est pour cela que nous affirmons : « Dieu est Dieu, et il le sera toujours. »

Mais je ne pense plus de la sorte aujourd'hui car ce n'est vraiment pas ce que laisse entendre la Bible. Et c'est de moins en moins l'avis des théologiens à l'heure actuelle. Ce qui distingue le plus l'animé de l'inanimé, c'est l'« irritabilité ». Les choses animées bougent quand on les titille. Elles ne restent pas là. Elles sont vivantes, vont par ici, puis par là. Ça vit, ça meurt, ça se détériore, ça renaît. Ça change. Toute la vie est un processus. Et puisque je choisis de croire en un Dieu vivant, mon Dieu est aussi un processus. Il apprend, se développe, et peut-être même rit-il et danse-t-il.

Ce nouveau concept de la théologie du processus est d'une importance fondamentale non seulement parce qu'il ajoute une pièce capitale à l'énigme de l'existence de l'imperfection – et même du mal – dans le monde, mais aussi parce qu'il implique qu'il est bon que les gens soient dans un état de changement. La même chose est vraie pour nos organisations et notre société, pour tout ce qui fait la vie. Plus nous sommes sains, plus nous sommes « dans un processus ». Plus nous vibrons, plus nous sommes animés, plus nous changerons. Et plus nous nous rapprocherons de la perfection, plus nous changerons rapidement ; et à mesure que nous changeons, nous devons nous attendre à ce que nous-mêmes, les organisations dont nous faisons partie et même notre société soient agités et en émoi. Un individu qui a engagé une relation consciente avec Dieu aura probablement à cœur de la développer – souvent au prix d'une angoisse et d'un combat – pendant le restant de sa vie éternellement changeante.

Lorsque nous nous verrons, nous-mêmes ou nos organisations, comme des entités opulentes, contentes d'elles-mêmes ou définitivement établies, nous saurons alors que nous sommes indiscutablement dans un état – ou du moins une phase – de décadence. Et si nous nous voyons, nous ou nos organisations, souffrir, lutter, chercher de-ci de-là de nouvelles solutions, révisant et ravivant constamment nos positions, notre tendance ne sera pas de nous accorder le bénéfice du doute mais de soupçonner que nous sommes tombés sur un phénomène particulièrement divin.

Revenons à la question de savoir pourquoi les choses ne sont pas parfaites. C'est pour la même raison que même l'utopie n'est ni stable ni statique. Elle est en évolution. L'utopie ne doit pas être considérée comme un état que nous allons atteindre, car à peine l'aurons-nous atteint que nous le dépasserons. Et cela ne se fera pas sans souffrance, sans le stress et la tension qui accompagnent nécessairement le changement ou le développement.

Contrairement à des idées fort répandues, l'utopie n'est pas du tout synonyme de douceur et de lumière. À l'inverse, ce sera une société avançant avec une vitalité maximale vers la vitalité maximale. Autrement dit, tant qu'il y aura un rôle à jouer pour Dieu et de la place pour la grâce, l'utopie pourra être atteinte. Et elle le sera si nous nous accrochons à notre vision radicale de la perfection, définie comme statique par notre compréhension humaine limitée. L'utopie se trouvera toujours dans le futur parce que ce n'est pas un état auquel on parvient, mais un état de devenir. En fait, les jours où l'on se sent particulièrement optimistes, on peut en venir à penser que l'utopie a déjà commencé, au moins un petit peu.

LA GLOIRE

Au bout du compte, tout pointe vers Dieu.

Toutes les choses, absolument toutes. Je pourrais continuer à l'infini, mais je préfère citer saint Jean qui parle de Jésus à la fin de son évangile :

> *Jésus a fait tant d'autres choses encore*
> *Que, s'il fallait toutes les raconter,*
> *Le monde tout entier ne pourrait contenir*
> *Les livres qu'il faudrait pour les écrire. Amen.*

Moi aussi, je pourrais parler de toutes sortes d'autres choses inexplicables si on ne fait pas appel à Dieu. Je pourrais parler de gens exceptionnels. De Jésus, qui était si extraordinaire que personne n'aurait pu l'inventer. Mais Jésus est un chiffon rouge agité sous le nez de ceux qui ont été abusés par ceux qui ont abusé de Jésus. Alors prenez un autre être humain inexplicable, Abraham Lincoln, et voyez si vous pouvez le classer sans avoir recours au divin.

Ou bien je pourrais parler d'expériences mystiques, de changements de perception brutaux, lorsque, sans drogue ni maladie, on fait quelquefois des allers-retours avec ce qui semble être un autre univers. Je pourrais parler des démons et des anges, je pourrais parler de Dieu et de la nature, le Dieu des montagnes et des rivières, le Dieu des levers et des couchers de soleil, des forêts et des tempêtes. Ou de la musique et des mélodies intemporelles. Ou de la séduction et du sexe, quand Dieu nous a délibérément donné un avant-goût de lui-même et de son pouvoir, plus subtil que la dynamite et pourtant potentiellement aussi dangereux. Ou de ce qui se passe quand un groupe devient une communauté, ou qu'un exorcisme a été effectué, lorsque Dieu semble être entré dans une pièce ordinaire et que toutes les personnes présentes ne peuvent que pleurer des larmes de gratitude et de joie.

Dieu est trop immense pour se laisser réduire à un chapitre d'un livre, quand bien même s'agirait-il de la Bible. Il y a cependant un mot pour l'expérience humaine vécue chaque fois que l'on tombe par accident sur cette immensité, chaque fois que l'on y participe. C'est l'expérience de la gloire.

Et comme nous l'appelons de nos vœux ! Aveuglément, souvent hypocritement et généralement de manière destructrice, nous recherchons la gloire par-dessus tout. Le

« bonheur » passager, même l'extase sexuelle ne peuvent se comparer, à elle. En dépit de tous les pièges de cette quête, elle est à mon avis l'une des nombreuses « preuves » indirectes de l'existence de Dieu. Comme l'a fait remarquer l'écrivain C. S. Lewis dans son grand sermon, « Le poids de la gloire », Dieu dans sa bonté ne nous aurait jamais créés avides de quelque chose d'irréel ou de totalement inaccessible. Nous avons faim, seulement parce qu'il y a de la nourriture. Nous avons soif, parce qu'il y a à boire. Nous ne hurlerions pas de désir sexuel s'il n'y avait aucune possibilité de satisfaction de ce désir. Ainsi en est-il de la gloire : nous l'appelons de tous nos vœux, précisément parce qu'un Dieu nous pousse à nous unir à lui.

Mais ne vous y trompez pas. La vraie gloire est l'attribut du seul Dieu. Puisque la gloire est l'objet le plus puissant de nos désirs, notre désir pour elle est le plus sujet à perversion. Il existe un nom pour cela : l'idolâtrie, l'adoration de fausses idoles ou de misérables ersatz de Dieu. Comme le suggère l'un des noms du diable, les variétés de l'idolâtrie sont « Légion » : l'argent, le sexe, la nouveauté, le pouvoir politique, la sécurité, les possessions, et ainsi de suite. Tous sont de faux dieux. La véritable gloire nous appartient seulement dans la mesure où nous acceptons de nous soumettre au véritable Dieu. Mais qui... quoi... où est le vrai Dieu ?

La cocréation

Dans *Denial of the Soul* j'ai fait remarquer, en prenant toutes sortes de précautions, que le suicide, y compris l'euthanasie, est en général non pas un acte de courage, mais la preuve d'un orgueil des plus douteux. N'étant

324

pas notre propre créateur, nous n'avons pas le droit moral d'être notre propre destructeur.

L'humanité n'a pas le pouvoir de faire se lever ou se coucher le soleil. Nous pouvons prédire la météo et y réagir, mais nous ne déterminons pas quelle sera celle du jour. Je ne sais pas créer un iris ou une rose, je peux seulement vous en offrir. Ainsi en va-t-il de moi. Bien que plus sophistiqué qu'une fleur, je n'aurais même pas pu concevoir ma propre existence. Mais, dans une large mesure, je peux choisir de prendre ou non soin de moi d'un point de vue spirituel. Autrement dit, je ne puis être mon créateur, mais je peux jouer le rôle d'un co-créateur.

Ce concept de « cocréation » et la responsabilité qu'il implique sont devenus assez répandus dans les débats théologiques ces dernières années. Mais je n'ai lu nulle part que cette responsabilité soit poussée à l'extrême. Le fait est que nous, les humains, sommes libres de choisir notre propre vision de Dieu et qu'aucun autre choix ne peut être aussi important dans notre vie personnelle ou dans notre rôle en tant qu'agents sociaux. Nous arrivons donc à un crescendo dans le paradoxe. D'un côté, Dieu est sans conteste notre créateur. De l'autre, en optant pour le type de Dieu auquel nous croyons, en un sens nous le créons non seulement pour nous-mêmes, mais aussi pour d'autres qui le voient reflété dans nos croyances, nos actions et notre esprit lui-même.

Mais n'oubliez pas que nous ne pouvons pas *connaître* Dieu au sens scientifique traditionnel du terme. Erich Fromm m'a raconté une histoire hassidique qui illustre cette idée. C'est celle d'un brave juif (appelons-le Mordechaï) qui un jour a prié Dieu : « Seigneur, laisse-moi connaître ton véritable nom, comme les anges eux-mêmes le connaissent. » Le Seigneur entendit sa prière et exauça son vœu ; il permit à Mordechaï de connaître son véritable nom. Et Mordechaï se cacha sous son lit et cria, effrayé comme une bête : « Seigneur, laisse-moi oublier ton véritable nom. » Et le Seigneur entendit cette prière et exauça son vœu aussi. L'apôtre Paul disait un peu la même chose en déclarant : « C'est une chose terrifiante de tomber dans les mains du Dieu vivant. » Et pourtant...

Au bout du compte, tout nous ramène à Dieu.

Je vais à présent me détourner de la science plus ou moins abstraite et prosaïque de Dieu et me servir de la poésie pour conclure par cette récapitulation de ma pensée sur un ton très différent, en m'adressant directement au Dieu anonyme et inconnaissable.

8

La « poésie » de Dieu

Cher Dieu
Dieu adoré,

Te souviens-tu de ce journaliste ?
Celui qui faisait semblant d'être religieux.
Et puis, quand j'avais parlé de toi des jours durant,
Qui avait conclu en disant :
« Il me semble clair, Scotty,
Que tu ne t'es jamais vraiment bien entendu avec tes
parents.
Tu as dû avoir une enfance très solitaire.
Je me demande si
Cela n'a pas un rapport
Avec ta croyance en Dieu. »

Bien sûr, je savais
Qu'il n'y avait rien à faire.

« Voulez-vous dire que
Dieu est mon compagnon imaginaire ?
Ai-je répondu rhétoriquement.
En fait, je ne pense pas avoir été un enfant très solitaire,

ai-je poursuivi.
Tous les enfants sont solitaires.
Mes parents faisaient attention à moi
Et je pouvais leur parler de tout.
J'avais des amis – plus que d'autres
Et encore plus en grandissant.

Mais Dieu est-il mon compagnon imaginaire ?
Oh oui, il l'est.
Oh oui, certainement.
Pourtant, comme j'essayais de vous le dire,
C'est juste une des mille raisons pour lesquelles je crois. »

Naturellement, ça n'a servi à rien.

Mais le fait demeure,
Tu m'as accompagné
Dans mon imagination
Depuis si longtemps que je ne sais plus combien de
temps ça fait
Et le voyage a été merveilleux,
N'est-ce pas, Seigneur ?

À présent, je suis vieux, je ne sais plus très bien
Si nous sommes près de la fin
Ou si je me prépare simplement
À décoller,
Mais je suis sûr de ceci :
Il n'y a pas un moment, je peux en témoigner,
Où tu as été loin de moi.
Note bien mes mots.
Tu m'as créé avec des mots.
Je n'ai pas dit que j'ai toujours senti ta présence
Ou que j'ai été conscient de toi.
Franchement, la plupart du temps, je n'ai même pas
pensé à toi.

Tu as été si bon avec moi.

Oh, il y a eu quelques mauvaises années au début.
L'année de CM1 dans une nouvelle école.
Et deux ans plus tard
J'avais dix ans et je ne comprenais pas
Pourquoi mes camarades
M'agressaient à nouveau.
Comment pouvais-je comprendre
Que tu avais fait de moi un leader qui,
Sans faire exprès,
Avait menacé le caïd ?
(Il m'a fallu trente ans pour comprendre ce qui s'était passé,
Trente ans pour réaliser que j'étais
Un leader)
Mais c'était
Moins de deux ans
Sur douze.
Les autres
Étaient magiques.

Que puis-je dire ?
Il y avait un entrepôt de glace derrière notre maison de vacances.
Et un verger où paissaient les moutons du voisin.
Et en septembre
Les nuages blancs paissaient dans le ciel.
Et je savais que mes parents m'aimaient.

Et je savais
Que tu étais derrière tout ça,
Comme l'entrepôt de glace... profond, profond,
Vieux, frais l'été et par-dessus tout
Pourvoyant.

C'est un paradoxe.
En même temps j'étais reconnaissant
Et je te prenais comme allant de soi.
Comme l'entrepôt
Tu étais simplement là.

À treize ans, je suis parti à l'internat.
C'était un endroit sans amour.
Tout
Était faux.
Ils disaient que tout était bien.
Il m'a fallu trente mois
Pour penser tout seul.
Je suis parti.
Pas encore un adulte, pas tout à fait,
Mais un homme qui savait que son âme
T'appartenait et, plus jamais,
À la mode.

Pourtant c'étaient des années difficiles.
Les plus difficiles.
C'est aussi la première fois que je me souviens d'avoir
entendu parler de toi.
Vaguement, je me souviens d'une discussion.
Ton existence.
Avec mes amis adolescents.
Ou bien était-ce ton inexistence ?
Peu importe.
Ce qui compte, c'est que je pensais à toi.

Ma quinzième année était ma dernière mauvaise année.
Il y a eu depuis des moments difficiles
Peut-être même certains moments tragiques
Mais pas de mauvaise année.
Certaines années, on aurait même dit
Que tu avais prévu pour moi de grandes vacances.

Je ne sais pas ce que j'ai fait pour mériter
Tant de gentillesse.

Est-ce à cinq ans, ou dix ou quinze, que j'ai décidé de
dire
La vérité, alors que j'aurais pu m'en sortir
Avec un mensonge ?
Je ne me souviens pas
Mais à l'université
L'honnêteté était devenue une seconde nature
(certains auraient dit : une compulsion).
Je ne veux pas dire que je ne garde jamais pour moi
Un fragment de vérité de temps à autre,
Seulement que c'est douloureux pour moi
D'aimer de la sorte.

Mais j'essaie de ne pas garder pour moi
Même une miette.
Et s'il y a un secret
À tout mon bonheur,
Je suppose que
C'est cela
Mais ce n'est pas de mon fait.

C'est toi qui as planté la graine en moi
Cette soif brûlante pour le réel.
En plus
Puisque tu connais la réalité
De mon cœur, pourquoi
Devrais-je chercher à tromper
Si ce n'est pour m'isoler de toi ?
Et c'est vraiment la dernière chose que je désire.

Te souviens-tu de
Ce livre dont on m'a demandé de faire l'éloge,

Celui intitulé *Intuition* ?
Qui ne te mentionnait jamais.
Cela aurait été pardonnable
Sauf qu'il n'établissait aucune distinction
Entre intuition et révélation.
Je ne pouvais pas bénir un tel livre
Qui t'excluait
Mais étais-je équitable ?
Peut-être son auteur avait-il raison et moi tort.
Peut-être n'existais-tu pas.
Alors je me suis assis pour y réfléchir.
D'abord j'ai pensé qu'une grande partie de mon œuvre
Dépendait de toi.
J'avais beaucoup investi en toi.
Pouvais-je abandonner cela ?
Si c'était la réalité,
Pourrais-je te désavouer ?
Oui.
Alors j'étais entièrement libre
De contempler
Ton inexistence.
J'ai commencé comme d'habitude :
La famille et les inondations,
La sécheresse et la destruction,
La maladie, mentale et physique,
Et toutes les choses injustes,
La haine, le mensonge et la manipulation,
Mais cela ne servait à rien,
Il n'y avait pas de mal dont je ne pusse t'accuser,
Qui t'exigeât pour son explication.
Pleurer, oui,
Mais t'en rendre responsable, non.

Et puis il y avait la bonté humaine.
Comme d'autres avant moi, je pouvais spéculer
Sur la manière dont l'altruisme avait été instillé en nous

Pour sa valeur de survie.
Oh oui, je connaissais la sociobiologie et d'autres idées
modernes.
Et si je ne pouvais choisir de voir ta main dans ces affaires
Je pouvais aussi faire le contraire.

De même pour la beauté.
Les arbres et les fleurs,
Les vallées et les montagnes,
Les fleuves, les rivières, les lacs, les océans.
Et toute cette eau et ces climats
Me parlent de ta création.
Pourtant, si je le souhaitais,
Je pouvais me boucher les oreilles.
Il n'y a rien qui m'oblige
À voir ta présence dans un lever ou un coucher de soleil,
Dans la lumière des étoiles ou le clair de lune ou tout
ce qui est Vert,
Merveilleux, ô combien merveilleux,
Mais je ne peux pas insister sur ta création.
Je peux concevoir parfaitement
Un fabuleux accident.

Non, ces grandes choses, je peux m'en accommoder.
Ce sont les petites choses,
Cette histoire de révélation, je ne peux pas m'en
accommoder.
Ces rêves occasionnels, plus élégants
Que ma capacité de construction,
La petite voix dont on pourrait penser
Que c'est celle de mon cerveau éveillé.
Sauf que lorsqu'elle parle
Elle m'apprend la sagesse
Bien plus que tout cerveau,
Et ces coïncidences
Qui pourraient n'être qu'amusantes

Si on pouvait les comprendre en tant que telles.

Je ne peux pas expliquer ces « petites » choses
Sauf si je sais qu'en elles
Tu t'es révélé...
Et je ne peux pas expliquer pourquoi
Sinon que tu m'aimes...
Et que je ne peux pas expliquer
Sauf que tu nous aimes tous.

Je n'ai rien pu contrôler de tout cela.
Tu n'as jamais suivi mon emploi du temps,
Oui, mon très cher, je parle de toi comme si tu étais
Mon compagnon imaginaire,
Mais seulement comme si.
Si tu l'étais tu obéirais à mon imagination,
Sautant en forme et en temps
Selon mon désir.
Mais ce n'est pas comme cela que ça marche, non ?
Et c'est moi qui dois lutter
Pour être obéissant.

Non, mon compagnon,
Tu es une étrange compagnie
Venant à moi
Quand cela t'arrange,
Sous quelque forme que tu désires,
Totalement imprévisible.

Les hindous, me dit-on,
Ont un concept qu'ils appellent « le dieu du vide ».
S'ils se réfèrent à
Ton silence lorsque je recherche ta voix,
À ton absence apparente
Lorsque je réclame ta présence,
À ton imprévisibilité,

À ton absence de nom,
Au fait que tu es bien plus éphémère
Que mon imagination,
Alors je crois que je sais
Ce qu'ils veulent dire.

Mais tu n'es pas un vide,
Même si tu viens plus facilement à moi
Lorsque je suis vide,
À nous, lorsque nous sommes vides.
Tu es capable de te vider,
De te laisser de côté
Pour l'amour.
Mais tu n'es pas un vide.
Je devrais plutôt t'appeler
Un Dieu de plénitude.

Je ne suis pas prêt pour connaître
Ton véritable nom
Ni te voir face à face.
Mais aussi mystérieux que tu puisses être
Tu n'es pas un code,
Et il y a des choses que je puis dire au monde
Heureusement,
Sur qui tu es exactement.

Le plus important : tu es une personne.

Pourquoi ceci nous pose-t-il tant de problèmes ?
Pourquoi souhaitons-nous te rendre neutre,
Faire de toi une « force » abstraite ?
Je sais, je l'ai fait moi-même.
Je voulais
Être sophistiqué,
Je voulais être sûr
Que les gens sachent

Que tu n'étais pas
Mon compagnon imaginaire,
Une simple projection céleste de moi-même
Comme le vieil homme proverbial
Avec une longue barbe blanche.
Combien d'années ai-je dû attendre
Avant que je puisse enfin ouvrir mon cœur,
Reconnaître publiquement
Ta personne ?

Je suis si lent.

Tu n'as pas une longue barbe blanche.
Tu n'as même pas de corps,
Comme nous avons l'habitude
De le concevoir.
Mais tu as une personnalité,
Une personnalité précise, distincte de la nôtre,
Une personnalité plus vibrante que nous ne pouvons
l'imaginer.
Et comment cela serait-il possible
Si tu n'étais pas une personne ?

Ainsi, c'est de ta personnalité que je parle,
De ton esprit insaisissable,
Et mon langage est celui de l'émotion,
Non des gènes ou des barbes ou du protoplasme,
Même si parfois je suppose que tu es
Le protoplasme ultime.

L'évidence, c'est que tu es un Dieu aimant.
Essayant d'être scientifique dans mon travail publié
J'ai reculé devant l'émotion de l'amour
Et toute sa capacité d'illusion.
« La preuve du pudding, c'est qu'on le mange »,
Comme aurait dit mon grand-père,

Et j'ai insisté sur ce que j'appelle les définitions
opérationnelles de l'amour.
Ce qui a été pour le mieux
Sauf que cela a obscurci le fait
Que nous ne pouvons aimer sauf si nous voulons l'être,
Et derrière ce désir se cache
Une émotion,
La plus simple et moins exigeante
Émotion qui soit.

Le véritable amour exige
Que nous souffrions,
Que je permette à
Mon amour de briser mon cœur, morceau par morceau
Et continuer pourtant
À aimer avec un cœur
Qui n'en est que plus grand.
La veille de son exécution pour avoir comploté, par
amour,
D'assassiner Hitler,
Le martyr chrétien Dietrich Bonhoffer a
Écrit : « Seul un Dieu qui souffre fait l'affaire. »
Toi, mon cher Dieu, tu ne m'as pas appelé à une
Si terrible complexité.
Néanmoins, tu m'en as donné un avant-goût
Lorsque tu m'as appelé à intervenir
Dans la vie des autres.
Je pense à la manière dont tu es intervenu dans ma vie
Avec une bonté de jugement infaillible,
Je sens l'incroyable énergie que
Cela demande, et je sais que tu as veillé sur moi
Avec une dévotion que je peine à comprendre,
Je peux seulement supposer
Que tu souffres ainsi pour nous tous,
Et je pense être devenu un adulte

Seulement le jour où j'ai commencé à avoir de la peine
pour toi.

Mais tu es, faut-il le dire,
Un Dieu paradoxal,
Et ce qui me surprend encore plus
Que ta souffrance permanente,
C'est ta joie inépuisable.
Tu es un Dieu coquin,
Et une des choses que je sais de toi
C'est ton sens de l'humour,
Sinon pourquoi prendrais-tu tant de plaisir
À me faire tourner en bourrique ?
Dès que je pense te tenir,
Tu arrives pour me demander :
« Mais que penses-tu de ceci, Scotty ? »
Tu tournes ma certitude en ridicule
Avec une telle régularité que j'ai été forcé de conclure
Que tu dois y prendre un certain plaisir.

Quand je vois tous les malheurs du monde,
Je suis parfois tenté par le désespoir,
Et c'est ceci qui est le plus étrange en toi,
Je peux sentir ta souffrance
Mais je n'ai jamais senti en toi une seule seconde de
désespoir.
Ton plaisir devant ta création semble constant,
Tu es, pour moi, un Dieu incroyablement joyeux,
Et je prie qu'un jour je puisse connaître ton secret.

Tu es aussi un Dieu sexy.
Tantôt tu m'as l'air homme,
Tantôt femme,
Mais jamais neutre.
Car le sexe est un de tes tours préférés,
Plein de confusion, mais aussi,

Parmi d'autres choses,
Le jeu le plus glorieux – si glorieux que je ne puis l'expliquer
Sauf à y voir un don délibérément offert pour nous donner
Un avant-goût de toi
Et de ton sens du jeu.
J'ai parlé de cela dans une de mes conférences
C'était celle où le public risquait le plus
De pleurer par compassion
Sauf ceux qui sont partis,
Incapables de supporter ton intimité.

Pourtant tu es un Dieu de retenue.
Nous ayant donné, à ton image, le libre arbitre,
Tu n'imposes jamais,
Tu ne menaces jamais et ne punis jamais.
Je ne connais pas les limites
De ton pouvoir, mais parfois je me demande
Si tu peux seulement créer,
Ayant abandonné à tout jamais
La capacité de tout détruire.

Tu nous donnes notre « espace »,
Tu n'imposes rien
Et pas une fois tu ne m'as violé.
Tu es le plus doux des êtres.

Tu aimes la variété. Dans la variété
Tu te complais.
Je suis assis dans un pré
Un après-midi d'été
Et de cet endroit je peux observer
Cent plantes différentes,
Douze espèces d'insectes ailés,
Et j'ai une vision,

Dans le sol je peux observer des colonies de bactéries
Et des sociétés entières de virus
Se mélangeant.

Mais ce qui m'impressionne le plus
C'est la diversité des hommes,
Chacun avec ses propres limites,
Chacun avec ses dons uniques,
Tu m'as donné tant d'amis
Si différents, tous différents
Et toute ma vie s'est déroulée
Dans un réseau d'échanges.
Souvent je n'ai pas bien échangé,
Pardonne-moi, Seigneur, pour toutes ces fois
Où j'ai échoué.

Merci pour mes amis.
Et tout particulièrement pour ma meilleure amie.
Il y a trente-sept ans, lorsque j'ai épousé Lily,
Je ne savais pas qui elle était,
Et elle ne savait pas qui j'étais.
Et nous ne savions pas non plus qui nous étions.
Et nous ne savions pas grand-chose du mariage.
L'apprentissage fut souvent douloureux,
Mais, sans lui, il n'y aurait rien eu du tout.
Nous avons franchi les obstacles,
Et il serait erroné de ne pas nous en accorder un peu
le crédit,
Mais dis-moi une chose
J'étais, à l'époque, totalement innocent,
Comment savais-je alors dans mon ignorance aveugle
Que Lily – plus différente de moi que je ne pouvais
l'imaginer –
Était ce qu'il me fallait ? Je suis incapable de l'expliquer
Sauf si tu étais, invisible, à mes côtés,
Me guidant tandis que, comme Jacob,

Je ne me rendais compte de rien.
Et, comme Jacob, je dois à présent m'exclamer :
« Dieu était ici, et je ne le savais pas ! »

Au bout du compte, tout nous ramène à toi.

Nous sommes vieux, à présent,
Et nous attendons,
Nous nous occupons de ces corps qui nous font souffrir
Aussi bien que possible
Pour le peu de temps qui nous reste ici-bas.

Comme les personnes âgées,
Nous regardons en arrière,
Nous admettons nos échecs
Et nous réjouissons de nos succès.
Nous pouvons expliquer les échecs.
Les succès paraissent plus mystérieux.
Encore une fois,
Nous avons quelque mérite, mais
Nous savons aussi que tu nous as aidés
Dans tout ce que nous avons fait.
Ce regard en arrière est une partie du détachement.
La plupart du temps, nous regardons devant nous.
J'ai aimé ce monde,
Mais je m'y suis senti en partie étranger,
Comme si ma place n'était pas ici.
Il y a dix ans,
Après une réunion de cinq jours qu'il avait présidée,
Jim – un homme extraordinaire – m'a dit :
« Scotty, je ne sais pas
De quelle planète nous venons,
Mais on dirait que nous venons
De la même. »
Un an plus tard, presque jour pour jour,
Jim traversait une rue en France,

Et fut renversé par une voiture.
Il mourut sur le coup.
Ma réaction fut
Un tiers de chagrin,
Deux tiers d'envie.

Vers cette époque j'ai lu un roman de science-fiction.
L'histoire était que des extraterrestres se faisaient passer
Pour des humains et colonisaient la terre.
À un moment, on donnait à quelques-uns d'entre eux
La possibilité de retourner sur leur planète d'origine.
J'ai laissé tomber le livre et, sanglotant, je t'ai
demandé :
« Seigneur, je veux rentrer à la maison. S'il te plaît,
Ramène-moi à la maison. »

Aujourd'hui, dix ans plus tard,
Je suis moins agité.
Il devient chaque jour plus évident
Que je n'aurai pas à attendre longtemps
Que mon vœu soit exaucé.
Je rentre à la maison, Seigneur !

Je n'ai aucun désir de vilipender ce monde
À mesure que je deviens vieux,
Je comprends combien il est précieux pour toi
Tu l'as posé devant nous dans un but précis
C'est comme un puzzle dont on aurait perdu la boîte
Mais les pièces sont si colorées
Que nous autres enfants
Ne pouvons nous empêcher
De les ramasser et de jouer avec
Péniblement, nous plaçons deux pièces
Ensemble
Le puzzle est énorme

Bientôt nous comprenons
Que nous n'aurons jamais le temps de l'achever
Cela peut être un moment de désespoir
Nous pouvons être tentés de te rejeter
Tu es tellement plus grand que nous
Pourtant, si nous faisons attention, il y a d'autres
Leçons à apprendre ici.
En fait, le puzzle est si immense qu'il est étonnant
Que nous puissions mettre deux morceaux
ensemble
On dirait que ce n'est que de la chance,
Sauf que cela se produit très souvent
Nos sentons que nos mains et nos yeux
Ont été guidés par un instinct inexplicable
Qui n'a pas connu cette expérience ?
Ces petites pièces mises bout à bout
Nous offrent de petits aperçus de l'ensemble
Et cela est si beau… séduisant
Enfin,
Nous trouvons dans ces petits fragments des messages
énigmatiques.
Une fois, j'ai rassemblé des pièces et elles formaient un
signe étrange
C'était du français, et cela disait :
« Aimez-vous les uns les autres. »

Faites de ceci ce qui vous plaira,
J'ai moi-même choisi, par ta grâce,
D'y voir quelque chose de plus
Qu'un jeu d'enfant.
Et un jour, bientôt, j'imagine que je pourrai même voir
Le dessin sur la boîte ou,
Pénétrant plus profondément dans ton mystère,
Qu'on me confiera une scie pour découper des
morceaux ou même,
Apprenti tremblant,

Un pinceau.

En attendant,
Merci, Seigneur, de m'avoir fait comprendre
Que tu es le meneur de jeu.

Remerciements

Comme à chaque livre, hélas, il m'est impossible de remercier les centaines de personnes qui m'ont aidé à écrire celui-ci. Et, comme à chaque livre, je vais remercier celles qui continuent à m'accompagner, année après année, livre après livre : Gail Putterbaugh, Susan Poitras, Valerie Duffy, mon agent, Jonathan Dolger, mes éditeurs « seniors », Fred Hills et Burton Beals, et enfin celle qui était là avant tout le monde, mon épouse depuis trente-sept ans, Lily.

Mais ce livre ne ressemble pas à mes autres livres et il y a une personne à qui je dois un remerciement particulier. Le sujet de ce livre est si intime que j'ai eu besoin d'une assistance éditoriale spéciale pour me permettre de voir l'arbre caché dans la forêt. La personne apte à faire ce travail devait avoir une compétence remarquable dans les domaines de la psychologie, de la théologie et de l'édition. J'ai dû attendre une bonne année pour qu'un hasard heureux conduise la personne « idéale » jusque chez moi. Elle s'appelle Fannie LeFlore. Cela a été un plaisir de travailler avec quelqu'un doté d'un tel sens de l'humour, d'une telle humanité, et d'une intelligence féroce. Merci, Fannie. Sans toi, je n'aurais pas réussi.

Table

PARANORMAL / DIVINATION / PROPHÉTIES

Édouard Brasey • Enquête sur l'existence des fées et des esprits de la nature
Jean-Charles de Fontbrune • Nostradamus, biographie et prophéties jusqu'en 2025
Dorothée Koechlin de Bizemont • Les prophéties d'Edgar Cayce
Maud Kristen • Fille des étoiles
Rupert Sheldrake • Les pouvoirs inexpliqués des animaux
Sylvie Simon • Le guide des tarots

POUVOIRS DE L'ESPRIT / VISUALISATION

Marilyn Ferguson • La révolution du cerveau
Shakti Gawain • Techniques de visualisation créatrice
Shakti Gawain • Vivez dans la lumière
Bernard Martino • Les chants de l'invisible
Éric Pier Sperandio • Le guide de la magie blanche

LOBSANG T. RAMPA

Le troisième œil
Les secrets de l'aura
La caverne des Anciens
L'ermite

JAMES REDFIELD

La prophétie des Andes
Les leçons de vie de la prophétie des Andes
La dixième prophétie
L'expérience de la dixième prophétie
La vision des Andes
Le secret de Shambhala
(Avec Michael Murphy et Sylvia Timbers) Et les hommes deviendront des dieux (octobre 2004)

ROMANS ET RÉCITS INITIATIQUES

Deepak Chopra • **Dieux de lumière**
Laurence Ink • **Il suffit d'y croire...**
Gopi Krishna • **Kundalinî – autobiographie d'un éveil**
Shirley MacLaine • **Danser dans la lumière**
Shirley MacLaine • **Le voyage intérieur**
Shirley MacLaine • **Mon chemin de Compostelle**
Dan Millman • **Le guerrier pacifique**
Marlo Morgan • **Message des hommes vrais**
Marlo Morgan • **Message en provenance de l'éternité**
Michael Murphy • **Golf dans le royaume**
Scott Peck • **Les gens du mensonge**
Scott Peck • **Au ciel comme sur terre**
Baird T. Spalding • **La vie des Maîtres**

SANTÉ / ÉNERGIES / MÉDECINES PARALLÈLES

Janine Fontaine • **Médecin des trois corps**
Janine Fontaine • **Médecin des trois corps. Vingt ans après**
Caryle Hishberg & Marc Ian Barasch • **Guérisons remarquables**
Caroline Myss • **Anatomie de l'esprit**
Pierre Lunel • **Les guérisons miraculeuses**
Dr Bernie S. Siegel • **L'amour, la médecine et les miracles**

SPIRITUALITÉS

Jacques Brosse • **Le Bouddha**
Deepak Chopra • **Comment connaître Dieu**
Deepak Chopra • **La voie du magicien**
Sam Keen • **Retrouvez le sens du sacré**
Thomas Moore • **Le soin de l'âme**
Scott Peck • **Le chemin le moins fréquenté**
Scott Peck • **La quête des pierres**
Scott Peck • **Au-delà du chemin le moins fréquenté**
Ringou Tulkou Rimpotché • **Et si vous m'expliquiez le bouddhisme ?**
Baird T. Spalding • **Treize leçons sur la vie des Maîtres**

VIE APRÈS LA MORT / RÉINCARNATION / INVISIBLE

Vicki Mackenzie • Enfants de la réincarnation
Daniel Meurois & Anne Givaudan • Récits d'un voyageur de l'astral
Raymond Moody • La vie après la vie
Raymond Moody • Lumières nouvelles sur la vie après la vie
Jean Prieur • Le mystère des retours éternels
James Van Praagh • Dialogues avec l'au-delà
Brian L. Weiss • Nos vies antérieures, une thérapie pour demain
Brian L. Weiss • Il n'y a que l'amour
Neale D. Walsch • Conversations avec Dieu

7381

Composition Nord Compo
Achevé d'imprimer en France (La Flèche)
par Brodard et Taupin
le 17 août 2004. 25369
Dépôt légal août 2004. ISBN 2-290-33899-0

Éditions J'ai lu
84, rue de Grenelle, 75007 Paris
Diffusion France et étranger : Flammarion